U0514961

新見漢牘《蒼頡篇》《史篇》校釋

劉桓 編著

中華書局

圖書在版編目(CIP)數據

新見漢牘《蒼頡篇》《史篇》校釋/劉桓編著. —北京:中華書局,2019.6
ISBN 978-7-101-11048-7

Ⅰ.新… Ⅱ.劉… Ⅲ.①古漢語-研究②簡(考古)-研究-中國-漢代 Ⅳ.①H109.2②K877.54

中國版本圖書館 CIP 數據核字(2015)第 138104 號

責任編輯:陳 喬

新見漢牘《蒼頡篇》《史篇》校釋

劉 桓 編著

*

中 華 書 局 出 版 發 行

(北京市豐臺區太平橋西里 38 號 100073)

http://www.zhbc.com.cn

E-mail:zhbc@zhbc.com.cn

北京市白帆印務有限公司印刷

*

787×1092 毫米 1/8 · 37½印張 · 18 插頁 · 400 千字

2019 年 6 月北京第 1 版 2019 年 6 月北京第 1 次印刷

印數:1-600 册 定價:780.00 元

ISBN 978-7-101-11048-7

目録

《史篇》一　圖版

《史篇》二　圖版

二　釋文

《史篇》一　釋文

《史篇》二　釋文

三、研究論文

前言

二〇〇九年秋，在北京一友人处，我有幸獲觀一批木牘並得到實物的圖片資料，經過反復辨認和審慎研究，知其文字爲漢代真迹無疑。這批漢牘，文字爲墨寫隸書。保存完整的木牘長度約四十七釐米，寬五點四至六點一釐米，厚零點六至零點七釐米。其長度約合西漢尺二尺有餘。《論衡·謝短篇》：「二尺四寸，聖人文語，朝朝講習，義類所及，故可務知。」鄭玄《注論語序》也説「《易》《詩》《書》《禮》《樂》《春秋》策皆長二尺四寸，《孝經》謙半之，《論語》八寸，策又謙焉」。就是説，漢代經書簡長二尺四寸。蔡邕《獨斷》卷上：「策者，簡也。《禮》曰：不滿百文〔名〕，不書於策。其制長二尺，短者半之。」這批漢代木牘長度比不上經書，但長二尺，却也合乎漢制。

以前我國考古發現的木牘數量很有限。在形制上，一般認爲牘不穿孔，也不需要編連。像這批漢牘中數十板編連成一部書的，確實前所未見。這批漢牘在每板上端約二點八釐米以上處均塗紅色，中間穿孔，孔距上端約一點七釐米，孔徑約零點五釐米，以供編連，孔上端爲墨書序號，在形制上頗引人注目。

這批漢牘上爲墨寫隸書，書法秀逸有法度。從書法上看，隸書屬於扁寬型，波勢放縱，乃同一人書寫。關於漢代隸書字形的演變，張政烺先生曾經指出：「西漢中期以後，波勢在扁寬的形體中逐漸發展到放縱的地步，東漢中期纔開始收斂成適度的工整波勢。」（《張政烺文集·苑峰雜著》第一二四頁）由此判斷，這批漢牘上的文字正是西漢中期以後向八分書（楷隸）過渡的隸書字體。

這批漢牘在書寫格式上明顯可區分成兩類，內容包括三種古書及一首漢詩。其中一類是每板三行，每行二十字，共六十個字；另一類也是每板三行，前兩行也是每行二十字，第三行爲二十四字（最後八個字間距很小），每板六十四個字。前一類每板六十字的漢牘，包括兩種古書，一是疑難字較多的《蒼頡篇》，一是文字較淺近的《史篇》一。後一類每板六十四字的漢牘，內容也是啓蒙課本，暫定名爲《史篇》二。《蒼頡篇》見於《漢書·藝文志》記載，《史篇》則《藝文志》未載，僅見於《漢書·平帝紀》《王莽傳》及《揚雄傳》，同時提到《蒼頡》《史篇》的有揚雄的《法言》、應劭的《漢官儀》。

《蒼頡篇》亡佚已久，不過典籍還有隻言片語的徵引，如雪泥鴻爪般留下痕迹；《史篇》一只有《急就篇》《千字文》中見到相同的詞語或個別文句，《史篇》二則似乎失傳得很徹底，典籍中極少見有徵引。要之，以上三書均屬久已失傳的漢代佚籍，無疑都具有極高的學術價值。

先説漢牘《蒼頡篇》，這是西漢中期以後經閭里書師改定的五十五章本的一個增補本。

根據《漢書·藝文志》等文獻記載，起初秦始皇爲了統一全國的文字，規範秦篆字體作爲標準，命李斯、趙高、胡毋敬將大篆省改，分別撰《蒼頡》《爰歷》《博學》三篇，共二十章。西漢時期閭里書師將這三篇合而爲一，字體亦由篆轉隸，擴充至五十五章，三千三百字，名爲《蒼頡篇》。東漢時期《蒼頡篇》被編入《三蒼》一書，仍十分流行，但至宋代亡佚不傳。

《蒼頡篇》上繼《史籀篇》，是秦漢時期主要的文字學書兼課本，也是東漢許慎撰《説文解字》的重要資料來源之一。此書對於後來的字書的編纂都很有影響。清代文字學勃興，學者從孫星衍以來，輯佚此書有七種之多，足見此書受關注的程度。

自從上個世紀初以來，斯坦因進行第二次中亞考察，在疏勒河一帶發現的漢簡中就有不少《蒼頡篇》殘片。一九一四年羅振玉、王國維根據沙畹所提供的斯氏此次所獲的漢文簡牘，編著成《流沙墜簡》一書，其中就載有《蒼頡篇》簡四枚四十一字。在此後的漫長歲月中，在居延破城子、玉門花海、敦煌馬圈灣等地，均有《蒼頡篇》殘簡出土。特别是上世紀七十年代在安徽阜陽雙古堆西漢汝陰侯墓的考古發掘中，有漢簡《蒼頡篇》出土，該本載有五百四十一個字；二〇〇八年，甘肅永昌縣水泉子村漢墓經考古發掘，出土七言本《蒼頡篇》木簡一百四十餘枚，存字約一千餘個；次年，北京大學收藏的一批西漢竹書，其中也有《蒼頡篇》八十二枚，約有一千三百二十五字，殘字十一字；本書漢牘本《蒼頡篇》字數多達二千一百六十字，且序號清楚能辨認的很多。

在目前所知的《蒼頡篇》幾個本子中，以阜陽本最早，其下限當不晚於公元前一六五年（漢文帝時）；北大本次之，初步判斷當是漢武帝時經閭里書師修改過的向五十五章本過渡之本；漢牘本的時代當在漢武帝晚期或稍後，其下限當不晚於漢元帝時；水泉子本可能稍晚於漢牘本。

漢牘本《蒼頡篇》優長之處很多，不單是字數最多，而且文字整板（章）的很多，加之許多板所標序號清晰可辨，據此可知全書一多半內容次第。例如前十章，除缺第二、第九章外，其餘諸章大都完整，只個别章文字有殘缺，或者有缺字。第十一章到第十九章，保存的內容更多。本書在已知阜陽本《爰歷》篇首的基礎上，已能初步分清《蒼頡》《爰歷》《博學》三部分內容。根據本書《蒼頡篇》最大序號爲五十四，以及本書《史篇》二所述：「《蒼頡》之寫，五十五章」，均與《漢書·藝文志》所載《蒼頡篇》五十五章本相合；其中同一序號爲兩板的有第十一、第十八、第三十五、第四十、第四十三和第五十三板，表明漢牘本《蒼頡篇》是五十五章的增補本。

根據漢牘本《蒼頡篇》對校阜陽本、北大本已發表的部分以及水泉子七言本《蒼頡篇》，不單可以知道文字異同，並且可以聯綴殘文，判知上述諸本諸多文字的次第，進而拓展我們對《蒼頡篇》的認識。凡此對於《蒼頡篇》不同本子的復原整理和進一步深入研究無疑具有重要的意義。

漢牘《蒼頡篇》所載的字很多，以前《流沙墜簡》中的《蒼頡篇》文字，阜陽漢簡《蒼頡篇》的文字大都見於漢牘《蒼頡篇》；北大漢簡《蒼頡篇》，也有不少文字見於漢牘本，古書如《周禮·考工記·鮑人》注：「鄭司農云《蒼頡篇》有『鞄甍』」，漢牘本五十三板甲：「弦（弦）韇鞄甍」，正與之相合。漢牘本還收載一些以前未見過的隸書文字，奇文奧義，值得探究。書中所載商周秦漢的詞語，數量很多，或雅或俗，頗有意趣。由這些字詞所組成的文句，以及由文句所組成的段落或章，或爲敍述式，或爲羅列鋪陳式，又包含新的意蘊。例如第一板從「蒼頡作書」講起，主要内容是勸學，儒家著作《論語》首篇爲《學而》，《荀子》首篇爲《勸學》，與此如出一轍。第五板從「戲叢奢掩」開始，敘述秦末漢初的政治形勢。第十三板「室宇邑〔里〕」以下，講述建築、道路名稱等知識。第十四板「耳目鼻口」以下八句，講述人身體的部位器官。第三十四板「粲齎宕程」以下十句，敘説了鬼薪、白粲的逃亡過程，如此等等。全書涉及到天文、地理、政治、經濟、法律、歷史以及物質生産、生活各方面的知識，爲我們研究前人的故訓及典故，提供了寶貴資料。《蒼頡篇》訓詁失傳甚多，筆者儘管花了不少工夫，嘗試破解一些疑謎，自知還有不少疑難之處，有待來哲攻堅克難。

總之，漢牘《蒼頡篇》的學術價值不容低估，它是目前所知《蒼頡篇》的幾個殘本中，在保存文字的完整程度及前後次序方面最佳的本子，故爲《蒼頡篇》進行復原研究不可或缺和最有價值的一個本子。

其次，關於本書收載的《史篇》一、《史篇》二，儘管《史篇》之名《漢書·藝文志》失載，但《漢書·揚雄傳》明言「《史篇》莫善於《蒼頡》，作《訓纂》」。《史篇》亦稱《史書》，《漢書》《後漢書》多處提到《史書》，所指是一種啓蒙的識字課本。當然由於此書亡佚已久，過去學者都未能實指，故漢牘《史篇》一、《史篇》二的首次重昭於世，具有重要意義。

西漢時期的揚雄《法言·吾子》説：「或欲學《蒼頡》《史篇》。」東漢時期的應劭《漢官儀》上載：「能通《蒼頡》《史篇》（按，《通典》引作『史籍』），補蘭臺令史，滿歲補尚書令史。滿歲爲尚書郎，出亦與郎同，宰百里。」以上兩書均以《蒼頡篇》《史篇》相提並論，後者還説以這兩種書作爲當時史者考試的内容。《史篇》本是《史籀篇》的簡稱，亦稱《史書》，郭忠恕的《漢簡》所載《史書》中的字均爲古文字。《漢書》《後漢書》屢見《史書》之名，惟因《史書》（《史篇》）原書久佚，前人注疏争論不休，難得確解。漢牘《史篇》一、《史篇》二的重新發現，使西漢中期以後《史書》（《史篇》）何指趨於明朗。漢牘《史篇》一、《史篇》二均非完本，《史篇》章數未見文獻記載，《史篇》一最大序數爲五十七，《史篇》二最大序數爲五十一。

《史篇》兩書均用韻文編成，文字通俗易懂，内容豐富。《史篇》一作爲識字課本，通過從雲陽回來的史者回鄉，敘述農村有廣田大宅者、服徭役半道逃亡者、服軍役無錢辦裝賣盡田宅者的不同遭遇，講述了秦漢社會的一些真實情況。《史篇》二則明顯是漢代的宦學課本，内容從天地形成、陰陽變化的天道説到人道義理，反映個人修養、家庭倫理道德，兼述冠禮、婚禮、喪禮；書中還敘述爲君之道、爲臣之道，如何作一個稱職的官吏等等。由此使我們看到漢代教科書的真實面貌。這兩種書從多角度反映了秦漢時期的社會生活，是研究秦漢時期教育史、社會生活史和語言文字不可或缺的重要資料，可以説是填補了漢代史料的一個空白。最後，本書所收載的一首詩，應該定名爲漢《風雨詩》，因爲敦煌木簡漢代《風雨詩》上世紀三十年代已被著録和命名。漢牘本《風雨詩》的重要性在於，此詩敦煌本抄於東漢，而漢牘本屬西漢抄本，時代較早，故其文字較敦煌本保持原貌爲多。

《史篇》作爲漢代閭里書師教授學童的課本，本與《蒼頡篇》在一起，二者相輔相成。漢牘《蒼頡篇》《史篇》一、《史篇》二及那首《風雨詩》，從字迹看，應屬同一人抄寫。抄寫者很可能是書師，他所抄寫的這些漢牘書籍都是伴隨他教學所用的教科書，亦即課本。牘上端穿孔編連，是爲了便於攜帶使用而已。

漢牘《蒼頡篇》《史篇》一、《史篇》二及漢《風雨詩》，筆者都做了釋讀。爲了便於讀者閱讀參考，在《蒼頡篇》各板（章）釋文之後，還對校不同本子，做了文字校正，説明文字異同。在文字校正之後，勉力加了一些注釋，其中對於許多難懂的字句，做了自己的解讀。對於《史篇》一、《史篇》二，前者也做了一點文字校正，主要是與《急就篇》的文字做了對照，然後加了注釋；後者釋文後便是注釋。漢《風雨詩》釋文、注釋做法相同。《蒼頡篇》在漢代就以難懂著稱，《史篇》的内容也不無疑難之處，個人儘管勉力爲之，反復修改，但由於水平有限，謬誤之處恐難以避免，敬希方家及廣大讀者予以指正爲幸。

凡例

一、本書包括漢代木牘《蒼頡篇》《史篇》一、《史篇》二及漢代《風雨詩》一首的圖版、釋文、注釋及相關論文。

二、圖版爲木牘原大尺寸，依據木牘上端所標序號依次排列，失序號的圖版排在末尾。在每板木牘的左側，列出相應的隸定文字。

三、釋文大致由三部分組成：

（一）說明：這部分内容主要以《蒼頡篇》部分爲多並且較詳，著重列舉並校勘不同本子的文字異同，以分析各本的時代的早晚及其在校勘學方面的意義。《史篇》不同本子的材料較少，故說明大都不得不略去。

（二）釋文：力求作到有依據，一般根據隸書字書隸定，疑難字參考甲骨文、金文和簡帛資料及古文字學者的研究成果進行隸定。

（三）注釋：有字詞的訓詁解讀，也有整句或數句文義的講解，兼及全板的文義的理解。但因《蒼頡篇》《史篇》疑難程度不同，注釋有繁簡的區别。

四、各種符號的使用方法：

□　表示殘泐無法辨認或者殘缺不全的字，且可依據上下文或者旁簡格式推斷字數。

…　表示有缺字，後面加圓括號注明缺幾字。

〔〕　表示其内的字，係根據阜陽漢簡《蒼頡篇》、北大漢簡《蒼頡篇》、水泉子漢簡七言本《蒼頡篇》等所補簡文，僅供參考。

（）　表示其内的字，或注明原字應讀何字，或注明通假字是何字。

～　表示漢牘《蒼頡篇》與阜陽漢簡《蒼頡篇》及水泉子漢簡《蒼頡篇》相對應的文字；水泉子漢簡七言本《蒼頡篇》中屬於《蒼頡篇》的文字；《史篇》一中可對應的文字。

△　表示此字押韻。

五、文中采用阜陽漢簡《蒼頡篇》的釋文，主要是根據國家文物局古文獻研究室、安徽省阜陽地區博物館阜陽漢簡整理組（胡平生、韓自强）的《阜陽漢簡〈蒼頡篇〉》（《文物》一九八三年第二期）；個别釋文的修正據《英國國家圖書館藏斯坦因所獲未刊漢文簡牘》（簡稱《英斯》）胡平生的釋文，並酌采用李亦安所作的校釋。

北大漢簡《蒼頡篇》的釋文根據北京大學出土文獻研究所編《北京大學藏西漢竹書〔壹〕》（上海古籍出版社，二〇一五年），但不完全拘泥此書的隸定。

水泉子漢簡七言本《蒼頡篇》的釋文，因原釋讀不盡可從，本書采用的釋文，一是胡平生《讀水泉子漢簡七言本〈蒼頡篇〉》，簡稱

「暫」；一是復旦大學出土文獻與古文字研究中心讀書會（簡稱「復旦讀書會」）《讀水泉子簡〈蒼頡篇〉札記》，簡稱「簡」；文中偶爾使用張存良《水泉子漢簡七言本〈蒼頡篇〉蠡測》（中國文化遺産研究院編《出土文獻研究》第九輯）一文中的舉例材料，簡稱「例」。

六、本書所用《蒼頡篇》訓詁資料，主要來自王國維的《重輯〈蒼頡篇〉》一書。爲避煩瑣，一般只出一個書名或篇名。

一　圖版

《蒼頡篇》釋文

第一

蒼頡作書〔一〕，以教後嗣，幼子承詔〔二〕，謹慎〔三〕敬〔戒〕，〔勉〕〔力〕〔風〕〔誦〕，晝夜勿置，苟務成史，計會辯治〔四〕，超等軼〔羣〕，〔出〕〔尤〕〔別〕〔異〕〔五〕，初雖勞苦，卒必有意，愨願忠信〔六〕，微密瘱塞〔七〕，〔儇〕〔佞〕〔八〕…（原缺四字，補兩字）。

【説明】

《蒼頡篇》中第一章在漢簡中多有記載，胡平生《漢簡〈蒼頡篇〉新資料的研究》一文提供了以下資料：

甲、居延新簡《蒼頡篇》

一、蒼頡作書以教後嗣幼子承昭謹慎敬戒勉力風誦晝夜勿置苟務成史計會辨治超等軼羣出尤別異　居新EPT五〇・一A

初難勞苦卒必有意愨願忠信微密倓言〔言〕賞〔賞〕　B

二、……蒼頡作書（按，前後有無關文字不録）　居新EPT五〇・一三四A

三、以教後嗣幼子承詔謹慎敬戒勉　居新EPT五六・二七A

力諷誦〔勉雖子　幼子承〕　B

四、蒼頡作書以教後子□□史□□　居新EPT五六・四〇

本簡中「後子」爲「後嗣」之誤，「子」字也合韻。

丙、玉門花海漢簡《蒼頡篇》

七、蒼頡作書以教後嗣幼子承諷（桓按，「諷」爲「調」之誤，「八」引文同）謹慎敬戒勉力諷　敦一四五九A

晝夜勿置勉成史計會辯治超等　B

八、蒼頡作書以教後嗣幼子承諷謹慎敬戒勉力諷誦　敦一四六〇A

晝夜勿置苟勉力成史計會辯治超等　B

九、蒼頡作書以教後嗣幼子承諷謹慎敬戒勉力諷誦晝夜　敦一四六一A

勿置苟勉力成史計會辯治超等　B

戊、敦煌馬圈灣及附近所出漢簡《蒼頡篇》

十三、出尤別□（按，A面非《蒼頡》）　敦二四九B

十四、蒼頡作書以教後嗣幼子承詔謹慎　敦八四四

以上漢簡《蒼頡篇》第一章以「甲、居延新簡《蒼頡篇》一」的字數最多。即「蒼頡作書，以教後嗣，幼子承昭，謹慎敬戒，勉力風誦，晝夜勿置，苟務成史，計會辨治，超等軼羣，出尤別異」（一A）。「初雖勞苦，卒必有意，愨願忠信，微密倓言〔言〕賞〔賞〕。」（一B）玉門花海本字數次之，敦煌馬圈灣本字數最少。

以上諸本的《蒼頡篇》第一章個別文字需校正，居延新簡本「幼子承詔」，昭或作詔，按，幼子承詔，亦見許慎《説文解字・敘》，故「昭」應作「詔」。以《説文・敘》爲是。計會辯治，《居延新簡》作「計會辨治」，辯、辨可通，仍以後者爲宜。卒必有憙，《居延新簡》作「卒必有意」，則以前者作「憙」爲合理。因爲《急就篇》開篇幾句模仿《蒼頡篇》首章十分明顯。《急就篇》：「勉力務之必有喜」，《居延新簡》破城子探方五一四A作「勉力務之必有憙」，喜、憙古通用，仍以前者作「喜」爲是。所以漢牘《蒼頡篇》「卒必有憙」，爲《急就篇》所本。《居延新簡》引《蒼頡篇》此章作「卒必有意」，「意」當爲「憙」字之誤。

《居延新簡》引《蒼頡篇》此章最後七字爲「微密倓言言賞賞」。已有學者指出「倓言〔言〕賞〔賞〕」一句的釋文尚存在問題，具體討論見後。玉門花海本「幼子承調」，調、詔可相通假，猶蜩與蛁、裯與袑、惆與怊相通假（《古字通假會典》第七八〇頁）。「苟勉力成史」等文字之異，有可能是因記憶有誤造成的。至於敦煌馬圈灣本文字則未見不同。

本板内容在甘肅永昌縣水泉子村漢墓所出漢簡七言本《蒼頡篇》中也有發現。張存良、吴葒《水泉子漢簡初識》一文曾將水泉子漢簡七言本《蒼頡篇》首章進行聯綴。其後，張存良又在《〈蒼頡篇〉研讀獻芹》（二）中對此章作文本復原：

蒼頡作書〔智不願〕，
以教後嗣〔世□□〕，
幼子承詔〔唯毋（毋）□〕，
謹慎敬戒〔身既完〕，

勉力諷誦〔槫出官〕，
書夜勿置〔功□□〕，
苟務成史〔臨大官〕，
計會辯治〔推耐前〕，
超等軼羣〔□□□〕，
出尤別異〔白黑分〕，
初雖勞苦〔後必安〕，
卒必有喜〔□□□〕，
愨願忠信〔□事君〕，
微密瘱□〔天生然〕，
儇佞□□〔□□□〕。

其間，復旦讀書會發表《讀水泉子簡〈蒼頡篇〉札記》一文，曾就此章文字綴合及最後幾字的釋文進行考證。該文説：

第一五號、一六號、一七號、一八號簡及第七號簡：

前四支簡原整理者釋文爲「☑書智不願以教後嗣世☑」、「☑子承詔唯母」、「☑史臨大官計會辯治推耐前超等秩羣」、「☑慎敬戒身即完勉力諷誦槫☑」。整理者已經指出簡文即《蒼頡篇》首章。其實，簡七有誤釋之字。據圖版，「徵國」當是「微密」，「偍佞」當是「倪（姦）佞」。改正後可據居延簡「微密言談」等句綴入首章：

【蒼頡作】書智不願，以教後嗣世【□□。幼】子承詔唯母（毋）【□，謹】慎敬戒身即完。勉力諷誦槫出官，晝夜勿置功【□□，苟務成】史臨大官。計會辯治推耐前，超等秩羣【□□□，出尤別異】黑白分。初雖勞苦後必安，卒必有【喜□□□。愨願忠信□】事君，微密痣〈瘱〉塞天生（性）然。倪（姦）佞【□□□□，□□□□□□】。

關於「痣〈瘱〉塞」的校讀，我們簡單談一下看法。首先需要説一下《居延新簡》釋讀的問題。《居延新簡》原釋文作「微密談（桓按，原釋作倓）言。言賞賞」。其實細審圖版……所謂「談（倓）言言」三字，其實是「倓蹇」二字。《廣雅》有「懕□」，訓「安」，即《方言》「猒塞」，可詳參王念孫《廣雅疏證》（中華書局一九八三年影印本，一三頁）。據此，我們可知水泉子簡「痣」係「瘱」之抄訛，「瘱塞」亦可讀如「懕□」。簡文云「微密懕□」爲忠臣天性，文從字順。

按，以上對「微密」的釋文與本板相合。「倓塞」的「倓」字的釋讀，或暫可備一説。「秩」應是「軼」之誤字。唯該文關於水泉子簡「痣」、「俔」二字的隸定，恐未允。應從張存良説。

本板内容亦見《英國國家圖書館藏斯坦因所獲未刊漢文簡牘》，胡平生曾列舉屬於《蒼頡篇》的各條，我也有三條（《英斯》三七〇一、三六五九、三二四四）補充，一併抄之於下：

三〇四一：「⧄教後嗣幼子⧄。」三一二四：「⧄幼子承⧄。」三一二六：「⧄承詔謹慎⧄。」三二一二：「⧄謹慎敬⧄。」三三六七：「⧄勉力諷⧄。」三五六五：「⧄力諷誦⧄。」三一七七：「⧄誦晝夜勿置⧄。」二四六七：「⧄晝夜勿置苟務⧄。」三一七五：「⧄夜勿置苟務⧄。」三七〇一：「⧄成史計⧄。」三〇二九：「⧄□史計會⧄。」二八〇二：「⧄計會⧄。」三六五九：「⧄會辯⧄。」三七〇四：「⧄羣出尤別異⧄。」三三八〇：「⧄勞苦卒必有憙慤願⧄。」三〇一六：「⧄苦卒必有喜（字下端殘缺，亦可能是憙字）⧄。」三一四三：「⧄苦卒必有⧄。」三三五九：「⧄願忠信⧄。」二〇〇四：「⧄忠信微⧄。」三三七八：「⧄忠信微密底⧄。」三一五四：「⧄微密底⧄。」三二四四：「⧄密□⧄。」

聯綴《英斯》以上各簡，就可排列成：

□□□□，以教後嗣。
幼子承詔，謹慎敬□。
勉力諷誦，晝夜勿置。
苟務□史，計會辯□。
□□□羣，出尤別異。
□□勞苦，卒必有喜（或「憙」）。
□願忠信，微密底□。
□□□□。

與本板文字相校，可知二者僅有一字不同。本板「微密瘱塞」，同於水泉子本。瘱，《英斯》作「底」，知該本爲「窒」的通假字。

【注釋】

〔一〕蒼頡作書，王國維《重輯〈蒼頡篇〉》已指出：「蒼頡作書，語出《世本》及《吕氏春秋·審分覽》，故李斯作字書，用爲首句。」《韓非子·五蠹》《淮南子·本經訓》也都説「蒼（倉）頡作書」，戰國、秦漢時人都將文字創制之功歸於蒼頡。出土文獻《上博簡·容成氏》提到上古以前的氏族名，有「倉頡是（氏）」、「軒緩（轅）是（氏）」、「神戎（農）是（氏）」，可證早在神農、黄帝（軒轅氏）時期就有「蒼（倉）頡氏」存在。傳説中造字的蒼頡，蓋即蒼頡氏的首領。隨著《蒼頡篇》的流傳，「蒼頡作書」一語，流傳甚廣，《漢書·武五子傳》：「是以倉頡作書，止戈爲武。」《宋本玉篇》「書」字下：「世謂『蒼頡作書』，即黄帝史也。」皆其例。

〔二〕幼子承詔，幼子應指學童。漢牘《史篇》一：「寧來學書，告子之方。」漢牘《史篇》二：「興章造寫，教敕僮子。」所言的「子」、「僮子」，與「幼子」是一回事，此類課本，可以互證。承詔，詔非指詔書，乃告戒或教誨意。《莊子·盜跖》：「若子不聽父之詔。」釋文：「詔，告也。」又，雲公《涅槃經音義》引《三蒼》：「詔，告也。」（據王國維《重輯〈蒼頡篇〉》）承詔，意爲接受教誨。固然，因爲自秦始皇時，「上尊號王爲泰皇。命爲制，令爲詔」（《史記·秦始皇本紀》）。「詔」已用來表示皇帝的命令。不過《蒼頡篇》作爲字書，仍免不了用古義。

〔三〕謹慎，《急就篇》卷四：「不肯謹慎自令然。」「〔勉力風（諷）誦〕」以下至「卒必有意」，都是勸學之語。漢牘《史篇》二第一板：「勉力亟學，福禄歸之。」《急就篇》開首也有一句：「勉力務之必有喜。」二者都有類似的話，却都不如《蒼頡篇》講得細緻，内涵更多。

〔四〕苟務成史，計會辯治，是説若是學成了史，就能做會計的事。計會，意即會計，見《史記·孟嘗君列傳》。辯治，《淮南子·泰族訓》：「蒼頡之初作書，以辯治百官，領理萬事。」

〔五〕超等軼羣，出尤別異，超等軼羣，類似的説法，如《鶡冠子·天權》：「歷越逾俗，軼倫越等。」出尤別異，《廣雅·釋言》：「奇、尤，異也。」

〔六〕㲉願忠信，這句是説人的品德作風。㲉願，即慤（愨）願，誠謹老實，語出《管子·八觀》。忠信，也是古人所推崇的品德。《論語》中《學而》《顔淵》兩篇，孔子都説「主忠信」。在《衛靈公》中説：「言忠信，行篤敬，雖蠻貊之邦行矣。」《郭店楚簡》有《忠信之道》一文。《大戴禮記・哀公問五義》說：「躬行忠信。」賈誼《過秦論上》：「當是時，齊有孟嘗，趙有平原，楚有春申，魏有信陵。此四君者，皆明知而忠信，寬厚而愛人，尊賢重士。」《睡虎地秦墓竹簡・爲吏之道》：「吏有五善：一曰中（忠）信敬上。」忠信是忠誠信實。故「嗀願忠信」是指好的品德而言。

〔七〕微密瘱（音yì）塞，微密，精微周密，《管子・霸言》：「獨斷者，微密之營壘也。」《睡虎地秦墓竹簡・爲吏之道》：「微密韱（纖）察。」看來「微密」是對官吏工作作風的一種要求。瘱塞，水泉子本同。《說文・心部》：「瘱，静也。」段注：「静當作竫。亭安也。此篆或作嫕，見《後漢書》，傳寫誤作嫕。《洞簫賦》曰：『清静厭瘱。』《神女賦》曰：『澹清静其愔瘱。』李善引《韓詩》曰：『瘱，悦也。』引《蒼頡篇》曰：『瘱，密也。』引曹大家《列女傳》注曰：『瘱，深邃也。』」按，《蒼頡篇》訓瘱爲「密也」，甚合本板文意。瘱塞，即密塞，强調的是（做事）没有漏洞。「塞」前一字《英斯》三一五四作「底」，「底」從氏聲，與「至」聲字可通，例如《文選・七發》：「發怒庢沓。」李注：「庢或爲底古字也。」《爾雅・釋木》：「味荎著。」釋文：「荎，舍人本作抵。」（高亨《古字通假會典》第五六三、五六四頁）故可讀「窒塞」，《白虎通・鄉射》：「春陽氣微弱，恐物有窒塞不能自達者。」「窒塞」有閉塞義。微密窒塞，就是精微周密没有漏洞。

〔八〕儇佞，前引《讀水泉子簡〈蒼頡篇〉札記》一文認爲水泉子簡在「微密瘱塞」後是「倪（姦）佞」二字，張存良則釋爲「儇佞」，按後者所釋可從。儇佞同義，《楚辭・九章・惜誦》：「忘儇媚以背衆兮」，王逸注：「儇，佞也。」

第三

賞禄賢智（智）〔一〕，賜予分貸〔二〕，莊犯者（奢）强〔三〕，朋友〔四〕過克〔五〕，高嚻平夷〔六〕，寬惠（惠）善記〔七〕，桀紂迷惑，宗幽不識〔八〕，冣取（聚）穀肆（肆）宜〔九〕，益就獲德〔一〇〕，（賓）勳向尚〔一一〕，馮亦脊背〔一二〕，係孫褒俗〔一三〕，貇䜭（？）吉忌〔一四〕。瘛瘵癰痤〔一五〕。

【說明】

本板文字分别見於阜陽漢簡《蒼頡篇》C〇五四、C〇四六、C〇〇九、C〇〇七共四處者。即：

C〇五四　□分貸壯犯者（用胡平生釋文）

C〇四六　□

朋友過□

高䦸平夷

□

C〇〇九　紂辶□惑

宗幽不△識

冣穀肄宜

益就獲△得

賞勶向尚

C〇〇七　□□俗

貇鬻吉△忌

瘛痒癰痤

疢痛遬△欬

毒

本板「莊」，C〇五四作「壯」，應以作「壯」是。本板「肄」，C〇〇九作「肆」，二字相通。本板「獲德」，C〇〇九作「獲得」，「德」是「得」的通假字。本板「瘛痒」，C〇〇七作「瘛痒」，瘛，《説文》：「小兒瘛瘲病也。」據《急就篇》顏注：「瘛瘲，小兒之疾，即今癇病也。」賓（即「賓」，據《武威漢簡·士相見一》）與《英斯》本相同，C〇〇九作「賞」，從文義看，以作「賓」爲是。

本板文字又見水泉子漢簡本：「☒擁痤𢿱☒。」（例一六、五）擁通癰。

本板文字多見《英斯》所載，如《英斯》三二八九：「☒賞禄☒。」二四七二：「☒禄（？）賢知，賜予☒。」二五〇六：「☒禒（禄）賢知賜☒。」三四三〇：「☒賢知賜予分貸（貸）莊犯☒。」二二六三：「☒分貸□☒。」二六七三：「☒強（强？）崩〈朋〉友☒。」二九八七：「☒□强（？）崩〈朋〉友□☒。」一九五八：「☒崩〈朋〉友☒。」三〇七三：「☒友（？）□刻高□☒。」二六九九：「☒高䦸平☒。」三六〇四：「☒□惹（惠？）善記□☒。」三三〇一：「☒紂迷☒。」二〇二九：「☒惑宗☒。」二六四一：「☒宗☒。」三〇二四：「☒㓹〈幽〉不識宜

〼。」一九六三：「〼不識□〼。」二七三九：「〼識宦穀〼。」二五二二：「〼宜就獲得〼。」三一七〇：「〼□獲得□〼。」三五六一：「賓（賓）勳向尚馮亦脊〼。」（按，原釋賓爲實，非是）三二一四：「〼□向尚馬〼。」二九七三：「〼□亦脊背□〼。」三五八〇：「〼□亦脊背係〼。」三三四〇：「〼脊背〼。」二七五〇：「〼背係孫。」二五三二：「〼昌吉忌疕〼。」三一七六：「〼貇簪吉忌，□□癰痤〼。」二三二五：「〼癰痤□〼。」

值得注意的是《英斯》以下兩條：一是三五四三：

〼癰痤賞賜□〼

〼□□□□攴（穀）聿（肆）〼

一是三三八二：

〼㾦〈痒〉癰痤▲賞□〼

後者▲是章首的符號，故「賞□」應即「賞禄」，亦即前者的「賞賜」（「賜」是「禄」之誤）。竹簡應是學生抄寫重複練習，故此章的「末尾」文字「癰痤」又與第二次抄寫章首「賞禄」相接。本板「癱痤」應作「癰痤」。

以上《英斯》各簡聯綴起來，便成爲：

賞禄賢知，賜予分貸（或作貣，弋戈易混）。

莊犯□强，崩（朋）友□刻。

高囂平□，□惠（惠？）善記。

□紂迷惑，宗幽〈幽〉不識。

宦穀□宜，□就獲得。

賓勳（或作「賈勅」，乃錯字）向尚，馮亦脊背。

係孫□□，貇簪吉忌。

⿸疒⿱百夅（瘁）癰（或作「癕」，乃同一字）痤。

與本板相比較僅缺十個字，其中包括一個殘半的字。《英斯》的可貴之處，如本板「朋友過克」，「克」《英斯》作「刻」，似更合乎文意；本板「益就獲德」，「德」，《英斯》作「得」，也與文意相合。均可並存。

北大漢簡《蒼頡篇》有一章的標題爲「□禄」，應即「賞禄」。「賞禄」爲此章開首文字，由本板、北大本和《英斯》三三八一得到證明。北大本可與本板對校的文字是：

寬惠善志。
桀紂迷惑，
宗幽不識。
㝡□肆宜，
□□獲得。（一）
賓勦向尚，
馮奕脊北。
係孫襃俗，
貇鷩吉忌。
瘛瘁癰痤，（二）

「善志」，本板與《英斯》作「善記」，字義已有變化。「馮奕」，本板作馮亦，奕、亦可通假。脊北，本板作脊背，北、背可通假。貇鷩，本板作貇簪，鷩、簪可通假。瘛瘁，本板作瘛瘁，瘛、瘛亦可通假，詳見注釋。

【注釋】

〔一〕賞禄賢智，賞禄，馬王堆帛書《周易·繆和》：「君無賞禄以勸之。」又，「賞禄甚厚」。賢智，是説賞禄的對象爲賢者、智者。

〔二〕賜予分貸，賜、予爲同義字，《説文》：「賜，予也。从貝，易聲。」《爾雅·釋詁》：「予，賜也。」因而産生「賜予」一詞，《周禮·大府》：「幣餘之賦以待賜予。」《韓非子·二柄》：「夫慶賞賜予者，民之所喜也，君自行之。」分貸二字也是同義字。分有分給之義，《左傳·莊公十年》：「衣食所安，弗敢專也，必以分人。」貸也有給予義。《廣雅·釋詁三》：「貸，予也。」賞禄賢智，賜予分貸，這兩句是説（國君）賞禄給賢智之人，他們又將賜給的東西分給别人。

〔三〕莊（壯）犯者（耆）强，耆、强二字同義。者，即「耆」，《熹平石經·詩經·校記》作「耆」與此形相近。「耆强」，《廣雅·釋詁一》：「耆，强也。」王念孫《廣雅疏證》卷一下：「耆者，《逸周書·謚法解》云：『耆，彊也。』昭二十三年《左傳》：『不懦不耆』，杜預注云：『耆，彊也。』」按，古「彊」即「强」字。

〔四〕朋友，《公羊傳·定公四年》何休注：「同門曰朋，同志曰友。」唐徐彦疏：「出《蒼頡篇》。」今按此語乃是對《蒼頡篇》「朋友」二字的訓詁，當出自揚雄或杜林的著作，並不是《蒼頡篇》原文。

〔五〕過克，克，《英斯》作「刻」，意爲刻薄。

〔六〕高囂平夷，囂通敖，《詩·大雅·板》：「聽我囂囂。」《潛夫論·明忠》作「聽我敖敖」。敖亦通傲，高囂即高傲，《韓非子·八説》：「離世遁上，謂之高傲。」意即清高。平夷，一指地勢平坦，《漢書·溝洫志》：「處勢平夷。」引申爲平常意，《韓非子·外儲説左下》：「有難則以備不虞，平夷則以給朝事。」本板説高傲很平常。

〔七〕寬惠善記，寬惠，寬厚恩惠，《管子·小匡》：「寬惠愛民，臣不如也。」《韓非子·詭使》：「少欲、寬惠、行德，謂之仁。」善記，《禮記·内則》：「凡養老……五帝憲，養氣體而不乞言，有善則記之爲惇史。」正義：「言老人有善德行，則記録之，使衆人法則。」漢荀悦《申鑒·時事》：「内史執其彤管，記善書過，考行黜陟，以章好惡。」

〔八〕桀紂迷惑，宗幽不識，迷惑，《韓非子·觀行》：「身失道，則無以知迷惑。」桀紂迷惑，《吕氏春秋·慎大覽》：「桀迷惑於末嬉，好彼琬琰。」宗幽不識，復旦網 bulang（網名）指出此語見於揚雄《十二州箴》之《并州牧箴》，作「宗幽罔識」（《初學記》作「崇幽罔識」，《古文苑》作「宗周罔職」）。按，《并州牧箴》跟本板此句有關的語句是：「宗幽罔識，日用爽蹉。既不俎豆，又不干戈，犬戎作難，斃于驪阿。」bulang 於「宗周罔識」引張震澤校注謂：「上句《初學記》作「崇幽罔識」，《藝文類聚》作「宗幽罔識」。觀下文，《類聚》義長。蓋謂周幽王没有識見，蹉跎無所作爲，及犬戎作亂，幽王終斃於驪山之下。」（《揚雄集校注》三四三頁，上海古籍出版社，一九九三年）

〔九〕冣（聚）穀肄宜，胡平生、韓自强説：「冣，今通作最，古以聚物之聚爲冣。」宜，《文選·補亡詩·古詩十九首》注：「宜，得其所也。」（《重輯〈蒼頡篇〉》卷上）

〔一〇〕聚穀肆宜，益就獲德，聚通聚，聚穀，《史記·吴王濞列傳》：「敝國雖貧，寡人節衣食之用，積金錢，修兵革，聚穀食，夜以繼日，三十餘年矣。」二字義近。獲德，應讀獲得，獲本指獵獲，係由甲骨文會意字「隻」字孳乳而來。《易林·既濟之大有》：「蒙慶受福，有所獲得，不利出域。」《廣雅·釋詁》：「獲德，得也。」王念孫疏證：「德者，《樂記》云：『禮樂皆得謂之有德，德者得也。』《鄉飲酒義》云：『德也者，得於身也。』《大戴禮記·盛德篇》云：『能得德法者爲有德。』」

〔一一〕賓勬向尚，賓，應指賓爵，或賓雀，義爲老雀、家雀。《吕氏春秋·季秋紀》：「候雁來，賓爵入大水爲蛤。」高誘注：「賓爵者，老雀也，棲宿於人堂宇之間，有似賓客，故謂之賓爵。」賓是縮略語，本書第三四板「粲齋宕程」、「嫚捷隗丁」，「粲」指白粲、「隗」指鬼薪，是其例。勬，《説文》：「勞也。《春秋傳》曰：『安用勬民。』」義爲勞累。向尚，即向上，亦作「鄉上」。《漢書·五行志》：「劉向以爲馬不當生角，猶吴不當舉兵鄉上也。」晉干寶《搜神記》引此作「向上」。向上，即犯上。但本板非此義。尚，玄應《順正理論音義》引《蒼頡訓詁》：「尚，上也。」（《重輯〈蒼頡篇〉卷上》）故此句是説賓雀向上飛勞累了。

〔一二〕馮亦脊背，馮亦，似應從北大本讀作馮奕，玄應《出曜經音義》引《三蒼》：「馮，依也。」（《重輯〈蒼頡篇〉》卷上）奕，《文選·東京賦》：「儐從奕奕。」注：「奕奕，輕靡之貌。」《廣雅·釋訓》：「奕奕，行也。」當以後一義較合。馮亦脊背，張存良《〈蒼頡篇〉研讀獻芹》之（四）説北大簡：「馮奕青北」，「青北」應釋「脊背」，引北大簡《雨書》簡四「蟄蟲青」，已有學者指出應釋「青」爲脊，通瘠；又引陳劍説北大簡《節》簡二「弃青」，應釋弃脊。並舉字形證之。桓按，隸書青、脊易混，釋脊甚是。漢隸脊就有如青的寫法（《字源》第一〇八五頁）。馮，義爲憑依，奕在此義爲行，與馮依的意思相因。脊背，《玉篇》：「膂，背膂也。今作脊。」賓勬向上，馮亦（奕）脊背，大意是説家雀向上飛勞累了，憑依行走在（人的）後背上。

〔一三〕係孫襃俗，係，通繼，《後漢書·安帝紀》：「親德係後，莫宜於祜。」李賢注：「係即繼也。」繼有係念義。係孫，即係念孫子。襃（褒）俗，褒揚禮俗。

〔一四〕貇鬻吉忌，貇，字通懇，亦作狠，《吕氏春秋·下賢》：「狠乎其誠。」鬻，《文選·張協詠史詩注》：「鬻，笄也，所以持冠也。」慧琳《集沙門不拜俗議音義》：「笄也，男子以固冠；婦人爲首飾。」（《重輯〈蒼頡篇〉》卷上）鬻，阜陽本，北大本並作鬻，《英斯》本同本板。北大注釋已説貇、鬻二字字義相反。貇，誠貇。鬻應讀僭，番生簋銘云：「虔夙夜尃求不暜德。」不暜，當讀爲不僭，暜字本從甘，隸定後訛爲從日。《詩·大雅·抑》：「辟爾爲德……不僭不賊，鮮不爲則。」「不僭」屬於德之一種，《詩》與金文可以互證。毛傳：「僭，差也。」阮元校勘記曰：「案《釋文》云不譖，本亦作僭，差也，注及下我譖同。」馬瑞辰據此以爲譖爲僭之借字，考證宋本鄭箋「不信」爲「不不信」，與「不殘賊」對舉文義方順。馬氏舉證道：「《説文》：『僭，假也』，《玉篇》引作『儗也』。《説文》又曰：『儗，僭也。一曰相疑。』是僭疑同義，儗之言疑，故義又爲差，爲不信。」（《毛詩傳箋通釋》

卷二十六）總之，本板簪讀僭，有虚僞義。吉忌，吉日與忌日，《楚辭·九歌·東皇太一》：「吉日兮辰良，穆將愉兮上皇。」馬王堆漢墓帛書《出行占》：「凡出行者，毋犯其鄉之大忌日。」全句是説誠懇地或虚僞地對待吉日或忌日。

〔一五〕瘛瘁癰痤，瘛通瘛。《易·睽》：「六三：見輿曳，其牛掣。」《釋文》：「子夏傳作㸷，荀本作觭。」可證制、㓞古音近可通。瘁，即癃，指癃病，《急就篇》顔注：「癃，疲病也。」

第四

疢痛遬（嗽）欬（咳）〔一〕，毒藥醫工〔二〕，抑按開久〔三〕，嬰但揞紖〔四〕，何竭負載〔五〕，谿谷阪險，丘陵故舊〔六〕，長援（緩）肆延，奂涣若思，勇猛剛〔毅〕〔七〕，便疌巧亟〔八〕，景桓昭穆〔九〕，豐滿爨熾〔一〇〕，曮茖蜎柔〔一一〕，婏娟（同「媢」）款〔珥〕〔一二〕。

【説明】

本板文字有五處見於阜陽漢簡《蒼頡篇》，録之於下：

C〇〇七　□□俗
貇驚吉忌
瘛瘁癰痤
疢痛遬欬
毒
C〇九五　藥醫
C〇三七　冒工
印按启久
被（三一）

C〇〇八　▯曷負載△

谿谷阪險

丘陵故舊△

長▯長肆延

C〇五三　奐若思

勇（據李亦安校釋）

C〇〇五　亟△

暠和▯昭穆

豐盈夔熾△

▯睘□▯肙□

C〇〇七至C〇三七阜陽本「疢痛遬欬，毒藥醫冐工」可連讀。「冐工」，「冐」字衍。「印按削久」，「印」，本板作「抑」，屬古今字。「削」，本牘作「開」是避漢景帝啓之諱，屬後改。「被」字對應「嬰」字，是爲不同。

C〇〇八「負載，谿谷阪險，丘陵故舊」，同於本板。「長▯長肆延」，「▯長」字似不確。

C〇五三「奐若思」，本板「奐」作「涣」。

C〇〇五「亟」字與本板相同。「暠和▯昭穆」，本板「暠」作「景」;「豐盈夔熾」，本板「盈」作「滿」，應與避漢惠帝劉盈諱有關，均可見本子不同，漢牘本有改動之處。「瞏□▯肙□」，應即「瞏茖蜎柔」，「▯肙」據摹本應作「▯肙」無疑。

本板文字有一處可與水泉子漢簡《蒼頡篇》對校，水泉子本釋文四一：「▨開灸疾偷廷，嬰。」本板「開久」水泉子本作「開灸」。灸應是本字。

還有一段文字，《尼雅漢簡》七五五（N一四·一）：

谿谷阪險，丘陵故舊，長緩肆延，涣□（正面）

本板「長援肆延」，循文意似以「援」作「緩」爲是。

本板文字多見於《英斯》。如《英斯》三六一一：「⧄藥醫工⧄。」三四四一：「⧄□藥醫□⧄。」三五五一：「⧄按刻久⧄。」三三一一：「⧄□久嬰但（？）⧄。」三五五九：「⧄釦久嬰担（？）揞振柯楬（原釋「根」）□⧄。」三〇四〇：「⧄□谿谷阪險⧄。」三六八三：「⧄谷阪險⧄。」三〇四三：「⧄□谿谷阪險⧄。」三〇一〇：「⧄險丘陵⧄。」三六八一：「⧄□險丘陵故⧄。」三三二五：「⧄陵故舊⧄。」三四五四：「⧄猛（原釋「貍」）剛頟⧄。」三四四一：「⧄便接（？）巧亟⧄。」三〇三二：「⧄便接巧㚇（亟？）□⧄。」三四七七：「⧄亟（原釋「敬」）景桓昭䵒〈穆〉⧄。」三五一八：「⧄□桓〈桓〉昭䵒〈穆〉⧄。」（胡平生已知阜陽本C〇〇五木▯應釋桓）二〇三五：「⧄□桓（原隸定作『木▯』）昭䵒〈穆〉⧄。」一九三六：「⧄桓昭⧄。」二九八六：「⧄□戴環荼蜎⧄。」三四三八：「⧄娩（娩）▯唱款珥⧄。」

以上《英斯》各簡可聯綴排列於下：

□□□□。
□藥醫工，□按刻（或「釦」）久，
嬰但（或「担」）揞振。柯楬□□，
□谷阪險，丘陵故舊，
□□□□，□□□□，
□猛剛頟，便接巧亟，
景桓昭䵒（或「䵒」、「䵒」，均「穆」字誤寫），□□□戴，
環荼蜎□，娩（娩）▯唱款珥。

與本板相校，知本板「抑按開久」，《英斯》「開」作「刻」，按二字可通，開與亥聲字通，《莊子·秋水》：「今吾無所開吾喙」，釋文説開「又作閡」，可證。本板「嬰但揞紀」，《英斯》後二字作「揞振」，似可從。本板「何竭負載」首二字《英斯》作「柯楬」，皆從木旁，屬通假字。本板「勇猛剛□」，據《英斯》可補一「頟」字，實通「毅」字。本板「便疌巧亟」，疌，《英斯》作「接」，乃通假字。本板「景木▯昭穆」，據《英斯》「木▯」爲「桓」無疑。本板「豐滿㸑熾，睘荼蜎柔」，《英斯》存「戴，環荼蜎」四字，熾乃古字「戴」的通假字，這是以前所不知道的。五年琱生尊：「惟五年九月初吉，䀇（召）姜以琱生戝五尋、壺兩」，戝，王輝疑「熾」訛省，讀織。按，此「戝」字與「戴」都是以「𡴀」爲聲，故「戝」以讀「織」爲允。「娩▯款珥」，本板作「娩娟款……」缺一字，得補「珥」字。

北大簡與本板對應的很完整：

疢痛遬欬。
毒藥醫工，
抑按啓久。
嬰但捾援，
何竭負戴。〔三〕
谿谷阪險，
丘陵故舊。
長緩肆延，
涣奂若思。
勇猛剛毅，〔四〕
便疌巧亟。
景桓昭穆，
豐盈爨戭。
嬛苔蜎黑，
娩姡款餌。〔五〕

抑按啓久，本板「啓」作「開」，顯係避漢景帝諱改，是北大本年代早於漢牘本之證。負戴，本板作負載，含義有別。最明顯的差異是「嬛荅蜎黑，娩姡款餌」，本板作「睘荅蜎柔，娩娟款〔珥〕」，《英斯》本作「環荅蜎□，娩□昌款珥」，從咎聲的綹通鮥，《爾雅·釋魚》鮥字下《釋文》：「鮥，《字林》作䱜。」荅、荅可通，但黑、柔義别。故北大本此句含義與後兩本有所不同。

【注釋】

〔一〕疢痛遬欬，疢痛，《廣雅·釋詁一》：「疢，病也。」王念孫疏證：「疢者，《説文》：『疢，熱病也。』《小雅·小弁篇》：『疢如疾首。』鄭注云：『疢猶病也。』《小宛》釋文引《韓詩》云：『疹苦也。』《越語》云：『疾疹貧病』，疹與疢同。」《説文》：「痛，病也。」

遬欬，胡平生、韓自强注：「遬，今通作嗽，唐本《玉篇》引《蒼頡篇》：『齐郡謂欶曰欬。』」

〔二〕毒藥醫工，毒藥，《周禮·天官·醫師》：「聚毒藥以共醫事。」鄭注：「毒藥，藥之辛苦者。」醫工，指官醫，泛指一般醫生。《史記·扁鵲倉公列傳》記述淳于意的老師公孫光對他説：「公必爲國工。」《後漢書·第五倫傳》説第五倫曾「補淮陽國醫工長」。以上兩句大意是説生了病便需要醫藥治療。

〔三〕抑按開久，抑，按，《黄帝内經·素問》卷四《異法方宜論》：「其治宜導引按蹻。」王冰注：「按，謂抑按皮肉。」抑，《説文》「𠨘，按也，从反印，抑俗从手。」開久讀開灸，久，《説文》有「從後灸之」之訓，《儀禮·既夕》：「晉本桁久之。」注：「久，當爲灸。」開久，即進行針灸。

〔四〕嬰但揎紉，嬰似當讀攖，有觸碰義。《荀子·議兵》：「延則若莫邪之長刃，嬰之者斷。」盧文弨讀嬰爲攖（見《荀子集解》）。但，通担，《玉篇》：「担，拂也。」揎，《説文》：「搯，揎也。从手、官聲。一曰援也。」這幾個字都是説手的動作。

〔五〕何竭負載，何字甲骨文象人負戈形，「小篆從人可聲，則演變爲形聲字」（《甲骨文字詁林》第一〇七頁）。故「何」有負荷義。竭，通揭，有負、擔義。王念孫《廣雅疏證》卷一下：「舉物謂之揭，負物亦謂之揭。《説文》：『竭，負舉也，从立、曷聲。』《禮運》：『五行之動，迭相竭也。』鄭注云：『竭猶負戴也。』」《莊子·胠篋》：「然而巨盜至，則負匱、揭篋、擔囊而趨。」負載，古有兩義，一指負載書（即盟書），《左傳·哀公八年》：「景伯負載，造於萊門。」杜預注：「負載書將欲出盟。」一指負荷裝載，《晏子春秋·内篇·雜上五》：「晏子歸，負載使人辭于公曰（云云）。」本板用後一義。何竭（揭）負載，四字義近。

〔六〕谿谷阪險，丘陵故舊，谿谷，《急就篇》：「輪屬詔作谿谷山。」谿谷二字義近，但有區別。《説文》「谿」字下訓「山瀆無所通者」。《説文》：「泉出通川爲谷。」（《一切經音義》九引作「泉之通川者曰谷」。此本桂馥《説文義證》）「谿谷」一詞，見《戰國策·秦策四》。阪險，《吕氏春秋·孟春紀》：「善相丘陵阪險原隰」，高誘注：「阪險，傾危也。」丘陵，《易·坎》：「地險山川丘陵也。」故舊，《周禮·太宰》：「二曰敬故」，鄭玄注：「敬故，不慢舊也。」「故」「舊」爲同義詞。《論語·秦伯》：「故舊不遺，則民不偷。」楊伯峻釋「故舊」一詞爲「相識和相交多年的人」（《論語譯注》第二六一頁）。《千字文》：「親戚故舊」，亦有「故舊」一詞。

〔七〕勇猛剛頪，頪，《説文》訓「癡不聰明也」。按，頪通毅，剛頪，即剛毅，此詞見《禮記·中庸》。

〔八〕便疌巧亟，便疌，即便捷，《説文》訓疌爲「疾也」，《荀子·君道》：「其應變故也，齊給便捷而不惑。」巧，《説文》：「技也。」「巧亟」應爲一個詞。

〔九〕景桓昭穆，景桓，應指已故齊國國君。《淮南子·主術訓》：「衛君役子路，權重也；景桓公臣管晏，位尊也。」高誘注：「管仲輔相桓公，晏嬰相景公，二君位尊故也。」王念孫《讀書雜志》十三《淮南内篇第九》認爲：「『公』字後人所加。」所説是。景桓，即齊景公和齊桓公，桓公世次年代，早於景公很多。若按世次，應稱「桓景」。此種顛倒，猶周朝厲王世次在幽王前，而稱「幽厲」。昭穆，自周代以來宗廟和墓葬，除始祖外，繼位者均按輩分一左一右順序排列。《周禮・春官・小宗伯》：「辨廟祧之昭穆。」鄭玄注：「祧，遷主所藏之廟，自始祖之後，父曰昭，子曰穆。」

〔一〇〕豐滿爨熾，豐滿，是一個多義詞，有富足（《管子・輕重乙》）、飽滿（《管子・小問》）等意。此處當爲豐富意。爨熾，爨，應指燒火做飯，《左傳・宣公十五年》：「易子而食，析骸而爨」，杜注：「爨，炊也。」又，爨，玄應《出曜論音義》引《三蒼》：「炊也。」（《重輯〈蒼頡篇〉》卷下）熾，《周禮・考工記・鍾氏》：「染羽，以朱湛熾之。」鄭玄注：「熾，炊也。」景桓昭穆，豐滿爨熾，大意是説爲祭祖準備豐盛食物。

〔一一〕瞏茖蜎柔，瞏茖，應讀蠉落，蠉，《説文》：「蟲行也。」段注認爲是「蟲疾行」。蜎柔，應讀蜎蠕，古書「柔」與「需」聲字相通，《詩・周頌・時邁》：「懷柔百神。」《釋文》：「柔，本亦作濡。」濡、柔音近，故《淮南子・説山訓》云：「厲利劍者必以柔砥」，高注：「柔，濡。」古書屢見「蜎飛蠕動」之語，如《鬼谷子・揣》：「故觀蜎飛蠕動，無不有利害。」《文子・道德》：「雖絶國殊俗，蜎飛蠕動，莫不親愛。」《抱朴子・仁明》：「蜎飛蝡（桓按，字通『蠕』）動，亦能有仁。」《文選・頭陀寺碑文》李善注引《春秋元命苞》曰：「跂行喙息，蠕動蜎蜚，根生浮著，含靈盛壯。」可知本板「蜎柔」，義即蜎飛蠕動。

〔一二〕婏娟款珥，婏即婏，《説文》：「婏，宴婏也。」段注：「按古宛、冤通用，婉、婏音義皆同。」《説文》：「婉，順也。」段注：「《鄭風》傳曰：『婉然美也。』《齊風》傳曰：『婉，好眉目也。』」娟，即娟。《正字通》認爲肙同冐，是對的。娟，《顔氏家訓・書證篇》引《三蒼》：「妬也。」《史記・五宗世家》索隱引郭璞《三蒼注》：「丈夫妒也，妒女爲娟。」（《重輯〈蒼頡篇〉》卷下）款，本義爲誠懇，此處有至義。款即欵，《原本玉篇》：「欵，誠重也，至也。」珥，《文選・七發》注：「珠在耳也。」（《重輯〈蒼頡篇〉》卷下）此句似是説女子美好遭到丈夫嫉妒，反而給丈夫戴耳珠。

第五

戲叢奢掩〔一〕，〔顛〕顉（顯）重該〔二〕，悉起臣僕〔三〕，發傳約載〔四〕，趣遽觀望〔五〕，行步駕服〔六〕，逋逃隱匿〔七〕，往來眄睞（睞）〔八〕，漢兼天下〔九〕，海内屏厠〔一〇〕，胡無噍類〔一一〕，菹醢離異〔一二〕，戎擢（翟）給賨〔一三〕，佰（百）越貢織〔一四〕。□方（飭）（端）□育（脩）〔瀼〕。

【説明】

《居延漢簡》（甲乙編九・一A+B+C）亦載《蒼頡篇》第五章，其文與本板應屬同一系統的本子，但釋文有出入：

第五
琖（箋）表書插，顛顧重該，
已起臣僕，發傳約載，
越遽觀望，行步駕服，
逋逃隱匿，往來□□，
漢兼天下，海内并廁，
□□□類，菹盔離異，
戎翟給賓，但致貢諾，
□□□□。

（此據胡平生、韓自强利用阜陽漢簡校訂）

胡平生、韓自强文中已指出，從第三句起，阜陽漢簡《蒼頡篇》作：

C〇〇一　已起臣僕　發傳約載△　趣遽觀望　行步駕服△　逋逃隱匿

C〇〇二　□兼天下　海内并廁△

飭端脩瀀
變亻□

「已起」，本板作「悉起」。「逋逃隱匿」後面，缺「往來眄睞」一句。「海内并厠」後面，缺「胡無噍類」四句。關於本板與居延本開頭兩句之異同，朱鳳瀚説：「勞榦與甲乙編所釋『戲表書插』，據北大簡應訂正爲『戲叢書插』，『往來□□』（按，勞榦釋作『往來前□』，甲乙編作『往來□』）應是『往來睞旴（眄）』。」（《北大漢簡〈蒼頡篇〉概述》）按，據本板，以上「戲叢」二字的訂正是對的。但「書插」，應釋「奢掩」，隸書有時「書」、「奢」形近，「掩」易被誤作「插」（詳見《甲金篆隸大字典》第一九四頁「書」字，七〇九頁「奄」字）。

北大簡《蒼頡篇》六、七：

戲蕞奢掩，
顯顯重該。
悉起臣僕，
發傳約載。
趣遽觀望，（六）
行步駕服。
逋逃隱匿，
往來眄睞。（七）

掩，原釋插，已正。眄，本板作眄，無不同。

漢兼天下，海内并厠，胡無噍類，菹醢離異，戎翟給賓，百越貢織，飭端脩瀀（法），變大制裁，男女蕃殖，六畜逐字。

其中從「漢兼天下」到「飭端脩瀀」這段文字，基本上與本板漢牘相同。唯「并厠」的「并」，漢牘作屏；「戎翟」的「翟」，漢牘作擢；「飭端脩瀀」，漢牘殘「瀀」字，其餘三字尚可辨識。説明北大本這段文字同於漢牘本。而《居延漢簡》所載《蒼頡篇》經過校正誤釋，大致可以判定，應與北大本、漢牘本基本相同。不過北大本以「漢兼」爲篇名，説明分章有不同。

阜陽漢簡「□兼天下，海内并厠」之後便是「飭端脩灋」，説明該本比上述諸本爲早，中間還没有「胡無噍類」這四句。

張存良已指出水泉子漢簡《蒼頡篇》有第五章文字，他舉出例十，第五章：

□起臣僕（僕）囚老丁，發

⧄壂□□□，行走駕服□使令，逋

⧄□□□□不平，漢兼天下盡安寧，海内⧄□

菹藍離異毋入刑，戎翟給賨賦斂

但他所作的釋文有不全待補及誤釋之處，故本文亦采用胡平生的釋文（「暫」），與漢牘本文字對校。本板的「悉起臣僕，發傳約載」兩句，水泉子漢簡七言本《蒼頡篇》暫三十八有「⧄□起臣僕毋（無）老丁，發」，二者文字未見不同。本板的「趣遽觀望，行步駕服，逋」，例一〇作：「⧄望□□□，行步駕服□使令，逋」，二者文字全同。本板「漢兼天下，海内屏厠」，暫十四作：「⧄□□心不平，漢兼天下盡安寧，海内庰（并）㕟（厠）。」「庰㕟」乃「并厠」的通假字。本板「菹醢離異，戎擢（翟）給賨」兩句，暫十五作：「⧄□醢（醢）離異毋入刑，戎翟給賨賦斂」，二者只個别字用了通假字，文字基本相同。

本板的内容見於《英斯》者頗爲不少。《英斯》三二五四：「⧄洱（珥？）戲叢奢掩顛⧄。」（原釋文：「⧄□沽（？）咤㕧（？）𠷎（？）掩□⧄。」）三〇九七：「⧄□㪘奢⧄。」三五五八：「⧄顛頷重刻⧄。」三五四〇：「⧄顛（？）原（？）重⧄。」一九三八：「⧄顛頷□⧄。」三五一六：「⧄重該⧄。」二五一二：「⧄臣僕氏⧄。」三五一九：「⧄趣據觀□⧄。」三四〇七：「⧄□觀望行⧄。」三七一二：「⧄觀望行⧄。」三〇四六：「⧄望行步□⧄。」二六七〇：「⧄步駕⧄。」三三一六：「⧄駕肛〈服〉逋逃⧄。」三一四〇：「⧄服逋恌〈逃〉⧄。」三三五五：「⧄逋逃⧄。」三三七〇：「⧄□逋逃（？）⧄。」三一二三：「⧄恌〈逃〉隱匿⧄。」三一七三：「⧄逃隱匿往來⧄。」二八七九：「⧄䀠睞（睞）漢□⧄。」二七〇〇：「⧄睞（睞）漢⧄。」二八三六：「□睞（睞）漢□天⧄。」三五三四：「⧄□天下□⧄。」二七二九：「⧄天下⧄。」二七二三：「⧄天下海⧄。」二七八三：「⧄厠□⧄。」二〇二四：「⧄燋類□⧄。」二五四三：「⧄百越貢織（按，字殘左半，似應釋『織』）⧄。」二〇九四：「⧄□越貢⧄。」二九一四：「⧄貢織（按原釋『諾』，似應釋『織』）昉⧄。」二七〇六：「⧄飭端⧄。」二六〇六：「⧄記□飾〈飭〉□脩⧄。」三一五九：「⧄□飾端脩⧄。」三三四八：「⧄飭端脩法▲㦰（戲）⧄。」（按，▲爲章首符號。）三七〇六：「⧄飭端⧄。」三六七五：「⧄脩法▲戲□（字僅存上端似叢字所從）⧄。」（「戲」字是筆者釋出。）

《英斯》所述可聯綴爲：

戲叢奢掩，顛顉重該（或作「刻」），
□□臣僕，氏□□□
趣據（遽）觀望，行步駕服，
逋逃（或「恌」）隱匿，往來眄睞，
漢□天下，海□□廁，
□□焦（噍）類，□□□□，
□□□□，百越貢織，
飭端修法。

本板「戲叢奢掩，顛顉重該」，《英斯》作「戲（《英斯》三六七五『戲』字相同）叢奢掩，顛顉重該（或『刻』）」。《英斯》三二五四「掩」字清晰，據此可確定本板「掩」字。本板與《英斯》大致相同。居延本首句作「戲（不是『戔』）表（朱鳳瀚訂正爲『叢』字）書插」（按，「書插」應釋「奢掩」），也看不出出自不同的本子。本板「悉起臣僕，發傳發載」，《英斯》「發」作「氏」，當是異文。以下諸句，本板的「逋逃」，《英斯》或者相同，或作「恌」，恌爲逃的通假字。本板「噍類」，北大本同，《英斯》「噍」寫成通假字「焦」。其餘全同。

據北大漢簡《蒼頡篇》：「飭端脩灋，變大制裁。男女蕃殖，六畜逐〈遂〉字。」其中「飭端脩灋」一語見阜陽漢簡《蒼頡篇》，而經考證屬於第五章的末句，則此章從「變大制裁」開始，應屬第六章。此點梁靜的文章《出土本〈蒼頡篇〉對讀一則》中亦曾指出。

胡平生、韓自强還論到：

居延漢簡中「漢兼天下，海内並廁，□□□類，菹醢離異」幾句，另有一種異文，見於顏之推《顏氏家訓·書證篇》，作「漢兼天下，海内并廁，豨黥韓覆，畔討殘滅」。勞榦在《居延漢簡考釋》裏説：「蓋閭里流傳各異其文，無足異也。」于豪亮同志指出，這裏，前兩句和後兩句是不相連屬的，因爲「廁」字在職部，「滅」字在月部，在漢代這兩個字並不叶韻。于説無疑是正確的，勞榦的解説不能成立。

他們考證「豨黥韓覆，畔討殘滅」屬第九章，現在看來不誤。

【注釋】

〔一〕戲叢奢掩，戲叢，基師《法華經音義》：「戲，希義反，笑也，美也，遊也。」（《重輯〈蒼頡篇〉》卷上）叢，《急就篇》卷四：「祠祀社稷叢臘奉。」（叢，葉本作葴）顔注：「叢謂草木岑蔚之所，因立神祠也。《戰國策》曰：『恒思有神叢，恒思之悍少年與叢博。』《史記》曰：『吴廣之次所旁叢祠中夜構（桓按，應作「篝」）火』，皆謂此叢也。一曰叢者，合聚諸神而祭之也。」《太玄・聚》：「示于叢社。」奢掩，大掩，似指叢祠之門大掩。戲叢，並非真祭叢，似與陳勝、吴廣發動起義事有關。

〔二〕顛顲重該，顛顲，《説文》：「顲，顛頂也。」二字義同。此二字説人頭頂，實際上指人數。《漢書・武五子傳》：「頭盧相屬於道。」是同一種表達法。重該，重有加重之義。《楚辭・離騷》：「紛吾既有此内美兮，又重之以脩能。」「重」字類似用法如「重惑」，《漢書・楊胡朱梅云傳》：「今費財厚葬，留歸鬲至，死者不知，生者不得，是謂重惑。」義爲特别的不明白。該，《原本玉篇殘卷》：「《國語》：『以該姓於王宫』，賈逵曰：『該，偹也。』」顛顲重該，是説人數已經完全具備。

〔三〕悉起臣僕，悉，盡。起，指起兵。臣僕，奴隸，《書・微子》：「商其淪喪，我罔爲臣僕。」

〔四〕發傳約載，發傳，《張家山漢墓竹簡・二年律令・傳食律》：「非當發傳所也，毋敢發傳食焉。」「發傳」指發出「乘傳」，即驛站的車馬，用來傳遞文書、消息。約載，即約盟，《周禮・秋官・司盟》：「司盟，掌盟載之灋。」鄭玄注：「載，盟辭也。」

〔五〕趣遽觀望，趣遽，二字均有急速意。《漢書・高帝紀》：「令趣銷印。」師古曰：「趣讀曰促。促，速也。」《禮記・玉藻》：「士曰傳遽之臣」，疏：「遽是促遽。」按，促遽即趣遽。觀望，觀察動向，猶豫不見行動，《史記・魏公子列傳》：「名爲救趙，實持兩端以觀望。」

〔六〕行步駕服，行步，《説文》：「行，人之步趨也。」段注：「步，行也。趨，走也。二者一徐一疾，皆謂之行，統言之也。」駕，玄應《維摩詰經四分律音義》，引《三蒼》「馬曰駕」（《重輯〈蒼頡篇〉》卷下）。駕馬車而行，《國語・晉語五》：「孟獻子駕，將救之。」服，亦指用牛馬駕車，《戰國策・楚策四》：「夫驥之齒至矣，服鹽車而上大行。」行步駕服，是説步行和駕車而行。

〔七〕逋逃隱匿，逋逃，《左傳・昭公七年》説：「紂爲天下逋逃主，萃淵藪。」隱匿，隱藏，《吕氏春秋・觀表》：「人之心隱匿難見，淵深難測。」逋逃隱匿，在典籍中頗見類似説法，《韓非子・詭使》：「而士卒之逃事伏匿，附托有威之門以避傜賦，而上不得者，萬數。」「逃事伏匿」與「逋逃隱匿」意思相近，都是説逃跑後隱藏起來。在此顯然指秦末情況。鼂錯《賢良文學對策》説當時：「是故親疏皆危，外内咸怨，離散逋逃，人有走心，陳勝先倡，天下大潰。」當然「逋逃隱匿」這種社會現象，在西漢初期也是習見的，賈誼《新書・益壤》説：「今淮南地遠者或數千里，越兩諸侯而縣屬於漢（建、潭本無『兩』字，别本有，與《漢書》同），其苦之甚矣，其欲有卒也類良有所至，逋走而歸諸侯殆不少矣。」又，《新書·屬遠》又舉淮南國繇使長安（今陝西西安）的例子，因爲路途遥遠非常辛苦，「逋遁而歸諸侯者類不少矣」。

〔八〕往來眄睞，往來，往返，往是去，到，來是返回，卜辭屢見這一用法。又《左傳·僖公三十年》：「行李之往來，共其乏困。」眄，玄應《華嚴經音義》：「眄，旁視也。」（《重輯〈蒼頡篇〉》卷下）睞，玄應《平等覺經音義》：「童子不正内視也。」（《重輯〈蒼頡篇〉卷下）《説文》：「睞，目童子不正也。」所言都是「睞」之本義。本板「睞」用引申的旁視意，《文選·洛神賦》：「明眸善睞」，李善注：「睞，旁視也。」或者爲視意，《廣雅·釋詁一》：「睞，視。」往來眄睞，是説往來（的人）張目旁視，也就是冷眼旁觀。從「戲叢奢掩」到「往來眄睞」，所述應是秦末豪傑諸侯併起的形勢。

〔九〕漢兼天下，阜陽本作「□兼天下」，「□」是否爲「漢」字還有懸念，加之《戰國策·燕策》有「秦兼天下」之語，所以可能有人會認爲阜陽本作「秦兼天下」。這一推論，雖有可能，仍須實證。漢兼天下，指經過秦末農民起義，楚漢相爭，劉邦建立了西漢政權一統天下。

〔一〇〕海内屏厠，屏厠，《顔氏家訓·書證》《急就篇》均作并厠，《説文》：「并，相從也。」（段注本）《文選·秋興賦》注：「厠，次也，襍也。」（《重輯〈蒼頡篇〉》卷上）海内并厠，是説全國各地的人們相從服從統治。

〔一一〕噍類，噍，慧琳《大寶積經音義》：「咀也。」玄應《華嚴經音義》：「咀嚼也。」（《重輯〈蒼頡篇〉》卷下）《漢書·高帝紀》：「襄城無噍類」，注引如淳曰：「青州俗呼無孑遺爲無噍類。」

〔一二〕菹醢離異，菹醢，指把人剁成肉醬的酷刑，《楚辭·九章·涉江》：「伍子逢殃兮，比干菹醢。」離異，分離，此義見《風俗通·過譽》。

〔一三〕賨，《説文》：「南蠻賦也。」段注指出即「賨布」。

〔一四〕織，《説文》：「作布帛之總名也。」

第六

變大制裁〔一〕。男女潘殖，六畜遂字〔二〕，顫顧觭贏（羸）〔三〕，䚕失（㚖）左右〔四〕，㔟旱（悍）驕裾〔五〕，誅罰訾（貲）耐〔六〕，丹勝誤亂〔七〕，圄（圉）奪侵試（弒）〔八〕，胡貉〔九〕離絶〔一〇〕，〔冢〕椁棺柩〔一一〕，巴蜀〔一二〕蕭竹〔一三〕，筐篋籢笥〔一四〕，廚宰〔一五〕㹊豢〔一六〕，甘穀羹胾〔一七〕。

【説明】

本板文字見於阜陽漢簡《蒼頡篇》的除了上板所引的C〇〇二「變⬜」之外，還有三處，即C〇八九、C〇〇三、C〇〇四。

C〇八九　觭⬜

C〇〇三　䚕㚖佐宥
　　　　　慹悍驕裾
　　　　　誅罰貲耐
　　　　　政勝誤亂

C〇〇四　　　　絶
　　　　　冢章棺匧
　　　　　巴蜀筡竹（竹字，原釋朾，胡平生改釋竹）
　　　　　筐篋籢笥
　　　　　厨宰㹊豢

北大漢簡《蒼頡篇》有「顫觥（觵）觭羸，䚕㚖左右，㔟悍驕裾，誅罰貲耐，丹勝誤乳（一〇），圄奪侵試，胡貉離絶。冢章棺柩，巴蜀筡竹，筐篋籢笥」（一一）。三者相校，可知本板「顫顧」，北大本作「顫觥（觵）」，觵、顧通，《説文》：「觵，角傾也」，顧即頗，應訓頭傾。《龍黿手鑑》訓顱爲「好也」，非本義。觓失左右，本板「觓失」不詞，「失」顯係「𡗜」字之訛。北大本「觓𡗜左右」可從。皁陽本「佐宥」乃「左右」之通假字。㔟旱（悍），皁陽本作「㔟悍」，北大本作「㔟悍」，「悍」字是，「㦭」則非本字。驕裾，三本相同。誅罰訾耐，訾，皁陽本、北大本作貲，可從。丹勝誤亂，只有皁陽本作「政勝誤亂」，當是保存秦本之舊。但皁陽本不見「固奪侵試」之句，「胡貉離絶」，可能存在，但也只剩一個「絶」字。「冢椁棺柩」以下四句，本板「椁」、「柩」，皁陽本作「𩫏」、「匛」，北大本「椁」亦作「𩫏」，用古體。柩，同本板。按，匛、柩一字，《説文》「匛」或從木作柩。本板「蕭竹」，皁陽本、北大本均作「箖竹」，這也是這兩個本子早於漢牘本的明證。廚宰㹌豢，廚，皁陽本作厨，其餘相同。以上三者文字，除個别通假字外，基本相同。

本板文字又見水泉子漢簡七言本《蒼頡篇》，如暫十二：「☑臯（陶）主變大，制裁好衣服男女，藩屏（？）」，「變大」以下句讀當依本板，作「變大制裁好衣服，男女藩屏（？）」，此處最末一字尚待進一步辨識。例一五：「☑䑀觭贏思美食，觓𡗜左右行。」暫二十：「☑□䤚責未塞，丹勝誤亂有所惑。」「丹勝誤亂」，同於北大本和本板。暫二五：「☑□□成（？），冢椁棺柩不復出，巴蜀」，冢椁棺柩，與本板相同。暫三六：「☑□□㹌豢肥突突，甘醪（酸？）羹胾」，其中「㹌豢」二字與本板相同。「甘醪（酸？）」本板作「甘轂」，説明這兩個本子仍有小的區别。「羹胾」的「胾」同於本板。

本板内容有見於《英斯》者。如本板「誅罰訾（貲）耐」，《英斯》二三三一作：「☑貲耐□☑。」二三一七作：「☑□罰貲☑。」（以上兩條胡平生曾與皁陽漢簡《蒼頡篇》C〇〇三「誅罰貲耐，政勝誤亂」比對過）二一一〇作：「☑耐貲☑。」本板「巴蜀蕭竹」，《英斯》二四七〇作：「☑巴蜀苿竹□☑。」胡平生注：「皁陽雙古堆漢簡《蒼頡篇》C〇四四作『巴蜀箖朾』，『朾』或可據此訂正爲『竹』。」其實後來公佈的資料如北大本作「箖竹」，無不説明應作此校正。

北大本「漢兼」章是完整的：

漢兼天下，
海内并廁。
胡無嘸類，
菹醢離異。
戎翟給賓，（八）
百越貢織。
飭端脩灋，

變大制裁。
男女蕃殖，
六畜逐字。（九）
顫觵觭贏，
骫奊左右。
勢悍驕裾，
誅罰貲耐。
圄奪侵試。
丹勝誤乳，（一〇）
胡貉離絶，
冢章棺柩。
巴蜀箖竹，
筐篋籢笥。（一一）

但至第八句「變大制裁」，纔成爲本板的首句。北大本與本板對校，最明顯的一處不同是「箖竹」，本板作「簫竹」。北大本同於阜陽本，知早期的本子作「荼竹」。其餘不同大都屬文字通假。漢牘本有錯字，北大本「逐」也是「遂」的錯字。

【注釋】

〔一〕變大制裁，北大本「飭端脩灋，變大制裁」相連，故這兩句一起講方好理解。大，雲公《涅槃經音義》：「大，巨也，遍也。」（《重輯〈蒼頡篇〉》卷上）制裁，本指裁制衣服。水泉子本《蒼頡篇》：「變大制裁好衣服。」存此訓詁。《英斯》三一三六：「☒□財〈裁〉衣制☒。」即裁衣制裳。轉指懲罰。我同意「端」原本作「政」的看法，秦國飭政教、修法令的做法在秦始皇時期得到發揚，某一政治勢力若變大，就會加以制裁。嫪毐被殺就是這方面的一個例子。與此相關的是，《史記·秦始皇本紀》載：「十年，相國吕不韋坐嫪毐免。」看來，「變大制裁」不是一句空話，而是依據史實概括出來的。

〔二〕男女潘（從北大本讀蕃）殖，六畜遂字，亦應兩句連讀，是説隨著家庭人口增長，開始飼養家畜。蕃殖，《淮南子·俶真訓》：「是故仁義不布，而萬物蕃殖。」六畜遂字，蔡偉引《廣雅·釋言》：「遂，育也。」《廣雅·釋詁》：「字，育，生也。」並將《墨子·尚同中》：「六畜不遂」與《管子·小匡》「六畜不育」作比較以説明字義，是對的。玄應《法華經、涅槃經音義》引《三蒼》：「字，養也。」（《重輯〈蒼頡篇〉》卷上）《漢書·嚴安傳》：「五穀蕃孰，六畜遂字。」正用此語。《急就篇》卷三：「六畜蕃息豚豕豬。」亦從《蒼頡篇》套用。顔注：「六畜，牛馬羊豕雞犬，人所畜養者也。」

〔三〕觭贏，即奇贏（《漢書·食貨志》），蔡偉已説明此點。

〔四〕骫失（臾）左右，本板「骫失」，「失」是「臾」的誤字，阜陽本、北大本作「臾」是。胡平生、韓自强説「骫臾佐宥」：「骫臾，音委（wěi）頡（jié），屈曲之狀。佐宥，今通作佐佑。」朱鳳瀚説：「骫臾，依《説文》段玉裁注，是『謂屈曲之狀』。『左右』，在『骫臾』之後，應是與『骫臾』義相聯，是講左右彎曲。」兩説不無可取之處。「顛顧觭贏，骫臾左右」實應連讀，大意是説商賈贏利時，（因得意）頭和身體左右屈曲，這是形容人們追逐利益的樣子。

〔五〕㔔旱（悍）驕裾（倨），阜陽本作「憝悍驕裾」，北大本憝作㔔。胡平生、韓自强説：「憝，傲。裾，通倨。雲夢秦簡《爲吏之道》：『倨驕毋（無）人，㔔（傲）悍衺暴。』」朱鳳瀚説：

> 睡虎地秦簡《爲吏之道》：「㔔（桓按，以下凡『㔔』字均應作『㔔』）悍衺暴」，亦作「㔔悍」，《集韻》釋㔔其音爲豪，亦通作豪，訓爲「健也，彊也」，此字雙古堆簡寫作「憝」，從心，「憝」即「慠」、「傲」，似與㔔字意相接近，但又微有差別；悍義爲勇猛，亦有蠻横之義，故「㔔悍」從上下句子文義看，在此當釋作桀驁而蠻横。驕、裾二字義近，均是傲慢之意，睡虎地秦簡《爲吏之道》有「見民杲（倨）敖（傲）」。

按，捍，慧琳《成唯識論音義》：「桀也。」（《重輯〈蒼頡篇〉》卷上）有凶暴義。我意全詞當指豪横倨傲。

〔六〕誅罰貲耐，「誅罰」一詞見《周禮·地官·川衡》：「犯禁者執而誅罰之。」誅罰就是責罰。貲耐，朱鳳瀚謂：「貲，《説文》：『小罰以財自贖也。』耐是耐刑，剃除頰鬚。」按，段注：「按耐之罪輕於髡，髡者鬄髮也；不鬄其髮，僅去鬚鬢，是曰耐，亦曰完。謂之完者，言完其髪也。」（參看吴榮曾《隸臣妾制度探討》，吴榮曾、汪桂海主編《簡牘與古代史研究》，北京大學出版社，二〇一二年）貲耐都屬於誅罰。聯繫上下文，知是對「傲悍驕倨」者，責罰其出貲或加耐刑。睡虎地秦簡《爲吏之道》：「㔔

（傲）悍宎暴。」注釋：「宎，應讀爲戮。《淮南子·時則》：『孟秋之月……求不孝不悌，戮暴傲悍而罰之。』可與簡文相對照。」（第二八六頁）《張家山漢墓竹簡·奏讞書》：「律曰……勢（傲）悍，完爲城旦舂，鐵顡其足，輸巴縣鹽。」注釋：「顡，《説文》訓爲絆足。鐵顡其足即戴鐵鐐。巴縣，當指巴郡之縣。鹽，鹽官。《漢書·地理志》巴郡朐忍有鹽官。」（第二二七—二二八頁）説明西漢初期對傲悍者確有懲處，應是沿襲秦制。

〔七〕丹勝誤亂，阜陽本作「政勝誤亂」。關於「政」是否指人名，學者認爲不指人名，看來是對的（胡平生《讀〈蒼〉札記十一》）。王寧在網上跟帖，引用《公羊傳·僖公二十六年》：「師不正反，戰不正勝也。」謂《蒼頡篇》「政勝」可能與此類似。又舉出《商君書·説民》：「八者有羣，民勝其政；國無八者，政勝其民。民勝其政，國弱；政勝其民，兵强。」《戰法》：「凡戰法必本於政勝，則其民不争。」《淮南子·兵略》：「政勝其民，下附其上，則兵强矣。」按，王氏所舉之例，當以《商君書》《淮南子》有助於解讀《蒼頡篇》的「政勝」，「政」應指政治、施政；「勝」即戰勝，亦就優劣而言。故「政勝誤亂」，本是稱贊秦朝的政治好，能戰勝誤亂，下句的「圄（圉）奪侵試（弑）」，也屬於「政勝」的影響範圍，即政治好也能戰勝圄（圉）奪侵試（弑）。阜陽本「政勝」尚存秦本之舊，本板及水泉子本、北大本均作「丹勝」，是漢本無疑。那麽，爲什麽要用「丹」字取代「政」字呢？既然秦朝《商君書》數見「政勝」的表述，知此語當時讀書人都能知曉。而當秦亡漢興，改朝换代之際，再講「政勝誤亂」就不合時宜了，特别是秦始皇名「政」，「政」字在教科書中無疑已成了一個敏感的字，西漢書師們不敢再照本宣科，而必須加以修改。那麽用什麽字既能與秦朝劃清界綫，又能標明是漢朝人寫的教科書呢？書師巧妙地换了「丹」字。《廣雅·釋器》：「丹，赤也。」《楚辭·惜誓》：「涉丹水而駝騁兮」，王逸注：「丹水猶赤水也。」《説文》：「丹，巴越之赤石也。」就是説「丹」可以表示「赤」義。《史記·高祖本紀》記述高祖當亭長時「爲縣送徒酈山，徒多道亡」。到豐西澤中斬大蛇的故事，説有一老嫗夜哭，問其緣故，她説：「吾子，白帝子也，化爲蛇，當道，今爲赤帝子斬之，故哭。」顯然是將劉邦説成「赤帝子」。《史記·封禪書》説劉邦爲沛公後，「遂以十月至灞上，與諸侯平咸陽，立爲漢王。因以十月爲年首，而色上赤。」可見劉邦被神化爲「赤帝子」，成爲漢王後，其政權「色上赤」，所以「赤」可以指漢朝而言。故换成「丹」字，「赤」就是「丹」，其内涵不變。書師如此修改，其實似通非通，不無郢書燕説之嫌，故水泉子本説：「丹勝誤亂有所惑」，是對此句訓詁存有疑惑，感到不好理解。臺灣學者説「政勝」指嬴政、陳勝，不可從。誤亂，揚雄《法言·重黎》：「或問陳勝吴廣，曰亂。曰不若是則秦不亡。曰亡秦乎？恐秦未亡而先亡矣。」是漢代人視陳勝爲亂之證。

〔八〕圄奪侵試，圄通禦，王念孫《廣雅疏證》卷八下：「《周頌·有瞽篇》：『鞉磬柷圉』，毛傳云：『柷，木椌也。圉，楬也。』圉與敔同，柷之言俶，敔之言禦也。《爾雅》：『俶，始也；禦，禁也。』《釋名》云：『柷以作樂，敔以止樂。』」故知圉同敔，可讀禦。圂奪即圂奪，《漢書・酷吏傳》：「圂奪成家者爲雄桀。」王念孫《讀書雜志》：「今案圂讀曰禦，禦人而奪其財，以成其家也。」（《漢書》第十四，第九十三頁）侵義爲侮、犯。慧琳《大般若經音義》：「侵，侮也。」又，慧琳《六波羅密多經音義》訓爲「犯也」（皆據《重輯〈蒼頡篇〉》卷上）。在秦末「侵」字何指，則見鼂錯《賢良文學對策》：「秦始亂之時，吏之所先侵者，貧人賤民也；至其中節，所侵者富人吏家也；及其末塗，所侵者宗室大臣也。是故親疏皆危，外内咸怨，離散逋逃，人有走心，陳勝先倡，天下大潰。」試，疑讀爲弑。《石經・公羊殘碑》：「『何隱爾試也。』今本作弑，碑蓋借試爲弑。」（《隸辨》上聲志第七）

〔九〕胡貉，貉通貊（音mò），指古代北方民族。

〔一〇〕離絶，猶言離異，《詩・邶風・谷風序》：「夫婦離絶。」

〔一一〕冢椁棺柩，冢是墳墓，《玉篇・土部》：「塚，墓也。正作冢。」椁，指外棺。棺，指内棺。柩，《説文》作匛：「棺也。」段注：「虚者爲棺，實者爲柩。」

〔一二〕巴蜀，《急就篇》卷四：「邯鄲河閒沛巴蜀」，顔注：「巴，巴郡。蜀，蜀郡。」王應麟補注：「巴郡，今渝夔、閬等州。蜀郡，今成都府、蜀、邛等州，秦置。」按，詳見《漢書・地理志》。

〔一三〕蕭竹，蕭，蒿類植物，《漢書・鼂錯傳》：「萑葦竹蕭，中木蒙蘢，枝葉茂接」，師古曰：「蕭，蒿也。」

〔一四〕筐篋籢笥，筐，王念孫《廣雅疏證》卷八下：「《説文》：『匡，飯器也，筥也。』或作筐。《召南・采蘋》傳云：『方曰筐，圓曰筥。』……對文則筐與筥異，散文則通。」篋，箱類。《史記・老莊申韓列傳》正義：「篋，箱類也。」《儀禮・士冠禮》：「同篋」，注：「隋方曰筐。」筐、篋皆方形，故並稱。《晏子春秋・内篇襍下》：「厚取之君而不施於民，是爲筐篋之藏也，仁人不爲也。」籢，玄應《涅槃經音義》：「匳，盛鏡器名也，謂方底者也。」（《重輯〈蒼頡篇〉》卷上）笥，也是篋一類竹器。《説文》：「笥，飯及衣之器也。」《公羊傳・昭公二十五年》：「高子執簞食」，注：「圓曰簞，方曰笥。」筐篋籢笥，都帶方形，故並稱。

〔一五〕廚宰，廚，庖廚。庖，玄應《俱舍論音義》：「廚也。」（《重輯〈蒼頡篇〉》卷下）宰，主酒食者。見《儀禮・聘禮》：「宰夫徹几改筵」注。

〔一六〕犓豢，即芻豢，指牛羊犬豕，楊伯峻《孟子譯注》：「食草曰芻，牛羊是也；穀食曰豢，犬豕是也。」（第二六三頁）

〔一七〕甘穀羹胾（zì），甘穀，味甘之穀。《急就篇》卷二有「甘麩」，顔注：「煮麥爲甘粥也。」羹胾，賈誼《新書・匈奴》：「飯物故四五盛美胾膹炙」，孫詒讓《札迻》卷七云：「《急就篇》云『膹膾炙胾各有形』。此當讀『羹胾膹炙』爲句。」按，所校可從，本板可證有「羹胾」一詞。亦作「胾羹」，《詩・魯頌・閟宮》：「毛炰胾羹」，毛傳：「胾，肉也。」《説文》：「胾，大臠也。」段注：「切肉之大者。」

第七

稻粱黍穈〔一〕，術麥飯食〔二〕，□□□𩚀，痀疕……〔麩〕〔三〕（原缺六字，補一字），秫釀釋截〔四〕，駔徒好美，冠帶環佩〔五〕，……□（缺七字）。進御狎習〔六〕，辭愛〔七〕迡吁……（缺十二字）

【説明】

本板内容見於《英斯》的有三條：《英斯》一九〇九：「☐粱黍穈。」三五〇二：「▲稻〈稻〉粱穈麐籺☐。」「稻粱」應即章名，作爲章首與本板相同。「穈麐」爲「黍穈」之顛倒。又，

二八七六：

☐□□□□☐

☐□麩林〈秫〉釀☐

據此，本板「秫釀」二字前，可補一「麩」字。本板「𩚀」字不見於字書，皀與食義近，故應即飡（餐）字。林素清《〈蒼頡篇〉研究》從居延漢簡中列出「進□狎習嬖愛□」（九·二C）應屬《蒼頡篇》。林氏所考正屬本板，二者文字基本相同，唯「嬖愛」之「嬖」，本板作「辭」爲異。

【注釋】

〔一〕稻粱黍穈，《急就篇》卷二：「稻黍秫稷粟麻秔。」顏注：「稻者，有芒之穀總名也，亦呼爲稌。黍，似穄而黏，可以爲酒者也……秔，謂稻之不黏者，以別於稬也。秔，字或作粳。」王應麟補注：「《詩集傳》：『稻即今南方所食稻米，水生而色白。』《説文》：『沛國謂稻爲稬。』徐鍇曰：『稬，懦也。許慎謂稷爲秫，稻爲稬，今則同之。』《爾雅》：『稌，稻。』注：『今沛國呼稌。』粱，《史

記・太史公自序》索隱引《三蒼》：「粱，好粟。」（《重輯〈蒼頡篇〉》卷下）（下略）黍，殷墟卜辭屢見記載，即黄米，亦可造酒。穈，應讀糜（音 mí），《説文》：「穄也。」段注：「穈，黍之不黏者。」穈，《玉燭寶典》五：「穄也。」（《重輯〈蒼頡篇〉》卷下）

〔二〕衙麥飯食，《急就篇》卷二：「餅餌麥飯甘豆羹。」飯食，《普曜經・論降神品》有「衣被飯食」。

〔三〕麩，玄應《樓炭經音義》：「麩，煮麥也。」慧琳《道地經音義》：「煮麥粥曰麩。」（皆見《重輯〈蒼頡篇〉》卷上）又，《急就篇》卷二：「甘麩殊美奏諸君。」顔注：「甘麩者，煮麥爲甘粥也。」

〔四〕秫釀釋截，秫，《急就篇》顔注：「似粟而黏，亦可爲酒。」王注：「《説文》：『稷之黏者。』氾勝之云：『三月種秔稻，四月種秫稻。』《字林》云：『穤，黏稻也。』」王注將「秫稻」與「秫」混爲一談，欠妥。《睡虎地秦墓竹簡・秦律十八種・倉律》注釋：「秫，《説文》：『稷之粘者。』古時用來作酒和煮糖。稷，過去多認爲是高粱，近人有的認爲是穀子。從簡文看，後一説似更可信。」（第四一頁）所説較可取。釀，玄應《大智度論音義》引《三蒼》：「米麴所作曰釀。」（《重輯〈蒼頡篇〉》卷上）《急就篇》：「酤酒釀醪稽極程。」王注「《説文》：『作酒曰釀。』」截，《廣雅・釋器》：「酪、截，漿也。」王念孫疏證：「《禮運》以爲醴酪。鄭注云：『酪，酢截也。』《説文》：『截，酢漿也。』鄭注《内則》云：『漿，酢截也。』」

〔五〕駔徒好美，冠帶環佩，駔徒，《廣雅・釋言》：「駔會也。」王念孫疏證：「會或作儈，《衆經音義》卷六引《聲類》云：『儈，合市人也。』《吕氏春秋・尊師篇》：『段干木，晉之大駔也。』高誘注云：『駔，儈人也。』《史記・貨殖傳》：『子貸金錢千貫，節駔會』，《漢書》作『儈』，顔師古注云：『儈者，合會二家交易者也。駔者，其首率也。』」駔徒就是兩家交易爲首的經紀人。冠帶，戴帽束帶，乃中原服飾。環佩，《急就篇》卷三：「玉玦環佩靡從容。」《鹽鐵論・散不足》：「今富者皮衣朱貉，繁路環佩。」《禮記・經解》：「行步則有環佩之聲。」環佩，是指佩玉。駔徒好美，冠帶環佩，是説爲首的經紀人好打扮，頭上所戴的冠和腰間所束的帶，全是中原服飾，身上還佩著玉。

〔六〕進御狎習，古代將帝王讓后妃侍寢稱爲「御」，進御意思差不多。《周禮・天官・九嬪》：「各帥其屬，而以時御敘於王所。」鄭注：「御猶進也，勸也，進勸王息，亦相次敘。」《潜夫論・潜歎》：「妲己懼進御而奪己愛也。」「進御」則指「進御」之女子。狎習，在此爲親近意。《韓非子・南面》：「故鄒賈非載旅狎習於亂而容於治，故鄭人不能歸。」

〔七〕⿱辟㡀愛，⿱辟㡀是「辟」加「㡀」聲的字，應讀嬖愛，《説文》：「嬖，便嬖，愛也。」《史記・周本紀》：「幽王嬖愛褒姒。」此語承「進御狎習」而來。

第八

肸齎尼皖〔一〕，餛餓鎌餔〔二〕，潎〔帛〕羞獻（獻）〔三〕，請謁任姑〔四〕，禮〔節〕〔揖〕〔讓〕，送客興居〔五〕，鶉鶴戱誰〔六〕，雉兔〔七〕烏烏，鸐雞芸卵〔八〕，禁〔九〕〔堇〕〔菧〕〔菹〕，貔（貔）獺⿰鼠卯〔一〇〕⿰鼠□，⿰鼠益鼩〔一一〕〔貂〕〔狐〕，蛟龍龜虵（蛇）〔一二〕，黿〔一三〕〔鼉〕〔鼈〕〔魚〕，〔陷〕〔阱〕〔鍇〕〔釣〕。

【説明】

本板文字，阜陽漢簡《蒼頡篇》C〇一五作：

⿰柰□堇菧菹，
貔獺⿰鼠卯殼，
⿰鼠益鼩貂狐，
蛟龍虺蛇。（⿰柰□虺二字，據李亦安改釋）

我已在釋文中據此有所訂補。關於文字校正，胡平生、韓自强曾説到：「按《流沙墜簡》有『貍獭⿰鼠卯殼』四字，羅振玉釋『貔』爲『貍』，釋『獺』爲『獭』，誤。」今按，筆者複檢《流沙墜簡》，見其原字就是「獭」，阜陽漢簡《蒼頡篇》作「獺」，看來本板「獺」乃由「獺」訛作「獭」，而寫作「獺」的。羅氏並非誤釋，只是文字校正未明，漢牘《蒼頡篇》作「獺」，明顯受「獭」字影響，其本子似同一來源。阜陽漢簡《蒼頡篇》獨不誤。本板「⿰鼠卯⿰鼠□」，C〇一五作「⿰鼠卯殼」，是本子之異。⿰柰□，北大本作禁，二者應相同。阜陽本C〇一三：「鼈魚，陷阱鉶釣，箸笱罶罝。」前兩句屬本板。

北大簡有四簡屬本板内容：

肸奮尼皖，

䬾餓䭑餔。（二六）

幣帛章：

幣帛羞獻，

請謁任辜。

禮節揖讓，

送客興居。

雗䧴䳄雔，（二七）

雉兔鳥烏。

雓雛芸卵，

禁菫菧菹。

貇獺鼰㲉，

貖鼩鼦狐。（二八）

鼃鼉鼈魚。

蛟龍虫蛇，

陷阱錔釣，（二九）

其文字與阜陽本比較，阜陽本「𥘅」即「禁」字，其餘僅「虫蛇」，阜陽本作「虵蛇」，「貖」，阜陽本作「䶌」，兩字實爲一字，見注釋〔一〕。北大本與本板比較，一是分章有不同；二是文字有異同，其中「雗䧴䳄雔」，本板作「鶾鴼䳄雔」，中間二字有別。又「雓雛」本板作「鶇雛」。

【説明】

《急就篇》卷二：「芸蒜薺芥茱萸香。」本板「芸」、「䔮」即「芸」、「蒜」無疑。彼「芸蒜薺芥」既連言，聯想到北大本《蒼頡篇》二二〇二：「藿藜薊葉，薺芥萊荏」，與失序號第一文字相合，則本板序號雖不能知，亦必與之相鄰近。

【注釋】

〔一〕肸齎尼晥，肸，《説文》：「肸蠁，布也。」《説文》：「佾，振肸也。」（段注本）齎，《急就篇》卷三：「妻婦聘嫁齎媵童」，顔注：「齎者，將持而遺之也。」尼，近。晥，玄應《佛本應集經音義》：「目出皃也。」（《重輯〈蒼頡篇〉卷下》）本板似非此意。晥，似指脘老，減半服徭役的老者，見《張家山漢墓竹簡・二年律令・傅律》注釋（第一八一頁）。本句意爲用因獵所獲的鮮獸送給脘老，親近他們。

〔二〕餽餓鎌餔，「餽餓」爲同義詞。《説文》：「餽，飢也。从食，戹聲。讀若楚人言恚人。」「餓，飢也。从食，我聲。」後來多用「餓」字。鎌，《韓詩外傳》卷八引《穀梁傳・襄公二十四年》：「一穀不升謂之鎌，二穀不升謂之飢。」鎌，今本作嗛。餔，玄應《大智度論音義》引《三蒼》：「夕食也，謂申時食也。」（《重輯〈蒼頡篇〉卷下》）此字與餽、餓、鎌三字字義不同。餽餓鎌餔，讓飢餓者吃晚飯。

〔三〕幣帛羞獻，羞獻，二字是同義詞。《説文》：「羞，進獻也。」《廣雅・釋詁二》：「獻，進也。」北大本有「幣帛羞獻」，幣帛指作爲禮物的絲織品（《戰國策・秦策一》），亦指財物，《禮記・月令》：「開庫府，出幣帛。」此應指後者，指進獻財物。

〔四〕請謁任姑，請謁，《説文》：「請，謁也。」《韓非子・孤憤》：「則修智之士不事左右，不聽請謁矣。」此爲請托意。《戰國策・秦策二》：「請謁事情。」則爲請告。請托義習見，本板「請謁」承「幣帛羞献（獻）」而言，應指請托。北大簡説「請謁任辜」，任辜，本板作任姑，「任」義同「保」。《管子・大匡》：「吾權任子以死生。」尹注：「任，保也。」若然，任辜有可能是「保辜」。《急就篇》：「疻痏保辜謕呼號。」顔注：「保辜者，各隨其狀輕重，令毆者以日數保之，限内致死，則坐重辜也。」

〔五〕送客興居，送客，指送出請謁者。興居，起居，《抱朴子・至理》：「食飲有度，興居有節。」

〔六〕戴雎，《急就篇》卷四：「鳶鵲鴟梟驚相視。」（顔本作鳶，葉本作戴）顔注：「鳶，即今俗所呼老鴟者也。」王應麟補注：「《詩》：『鳶飛戾天。』《蒼頡解詩》（曾仲珊按，「詩」，當作「詁」）：『鳶即鴟也。』朱雲曰：『戴鵲遭害則仁鳥增逝。』《曲禮》：『前有塵埃則載鳴鳶。』注：『鳶鳴則將風。』」北大本戴，應釋鳶，古書弋、戈作爲字符常相混。

〔七〕雉兔，《尹文子・大道上》：「彭蒙曰：『雉兔在野，衆人逐之，分未定也。（下略）』」《急就篇》卷四：「鳳爵鴻鵠鴈鶩雉。」又：「貍兔飛鼯狼麋麐。」顔注：「雉有十四種，其文采皆異焉。」王應麟補注：「《易》：『離爲雉』。《周禮》：『士執雉。』取其守介而死，不失其節。《説文》：『雉有十四種（以下從略）。』」顔注：「兔，其子曰娩，絶有力者欣。」

〔八〕鸚雛芸卵，鸚，《説文》：「鷚，天龠也。」（段注本）段注引「郭（按，指郭璞）云：『大如鷃雀，色如鶉，好高飛作聲，今江東名之天鸐。音綢繆之繆。』按此與隹部雡異義。」雡，幼鳥。《說文》：「雡，雞子也。」段注：「按雡引申爲凡鳥子細小之偁。《釋鳥》曰：『生哺鷇，生噣雛。』」「鸐雛」指天鸐的幼鳥。芸，《齊民要術》卷十引《蒼頡解詁》：「芸蒿葉似邪蒿，香可食。《春秋》有白蒻，可食之。」（《重輯〈蒼頡篇〉》卷上）

〔九〕䔉，即蒜字。蒜，《急就篇》卷二顔注：「蒜，大小蒜也，皆辛而葷。」

〔一〇〕貔豻鼮鼩，貔，即貔，《說文》：「豹屬，出貉國。从豸、㲋聲。《詩》曰：『獻其貔皮。』（段注：『《大雅·韓奕》。』）《周書》曰：『如虎如貔。』（段注：『《牧誓》。』）貔，猛獸。」鼮，王念孫《廣雅疏證》卷十下：「《說文》：『鼮，竹鼠也，如犬。』《玉篇》：『鼮，力久切，似鼠而大。』《廣韻》：『鼮，食竹根鼠也。』《藝文類聚》引劉欣期《交州記》云：『竹鼠，如小狗子，食竹根，出封溪縣。』」

〔一一〕鼩鼩，鼩，《說文》：「鼠屬。」又說：「𤢪，或从豸作。」鼩，《說文》：「精鼩鼠也。」段注：「《爾雅》謂之『鼩鼠』。郭注：『小鼱鼩也。』亦名鼨鼩。《漢書·東方朔傳》如淳注曰：『鼱鼩，小鼠也。音精劬。』」

〔一二〕蛟龍，《廣雅·釋蟲》：「有鱗曰蛟龍。」王念孫疏證：「《楚辭·天問》『河海應龍。』王逸注云：『有鱗曰蛟龍，有翼曰應龍。』」但王念孫認爲蛟龍「皆爲二物」。《管子·形勢解》：「蛟龍，水蟲之神者也，乘於水則神立，失於水則神廢。」《荀子·勸學》：「積水成淵，蛟龍生焉。」龜虵（蛇），《周禮·春官·司常》：「龜蛇爲旐。」鄭玄注：「龜蛇象其扞難辟害也。」

〔一三〕黿，《說文》：「大鼈也。」玄應《涅槃經音義》：「似鼈而大也。」（《重輯〈蒼頡篇〉》卷下）

第一〇

漆鹵氏羌〔一〕，贅拾挾鉛〔二〕，鑄冶（冶）鎔鑲〔三〕，豈□視歡豎〔四〕，很黽〔五〕運粈（糧），攻穿櫓魯〔六〕，壘鄣隊京（亭）〔七〕，咸地斥鏡（境）〔八〕，盡薄四荒〔九〕，豐鐈（鎬）林禁〔一〇〕，驅馳〔一一〕跌踼〔一二〕，貳曲順（？）□辛（辭），緒業未央〔一三〕。爰磨（磨）次貤〔一四〕，□巤（繼）□賣（續）前（圖）〔一五〕。

【說明】

本板文字見於阜陽漢簡《蒼頡篇》的有六支簡，即：

C〇三六　氏羌△　贅拾鈎鉛　鑄冶鎔鑲△

C〇四〇　⿰豈□□　⿱□黽暨偃鼂

C〇三一　□鄣隊亭△　咸⿰土□斥競　盡摶四荒△　酆鎬

C〇六三　林禁□

C〇三八　業未央。△按，「央」下爲白簡。

C〇一〇　爰歷次貤△　繼續前圖△　輔廑顆⿰□且△　軷儋闒屠△　⿰□覃□

C〇三六「贅拾鈎鉛」，本板作「贅拾挾鉛」。「挾」字顯係書師後改，本板「偃（偃）鼂」的「鼂」有點模糊，借助C〇四〇「⿱□黽暨偃鼂」得以確認。C〇三一「□鄣隊亭」，本板「亭」作「京」，當爲「亭」字之誤。C〇三一「咸⿰土□斥競」，本板「競」作「鏡」，揆其文意，當以作「境」爲是，C〇三一「競」乃通假字。C〇三一「盡摶四荒」，本板「摶」作「薄」，文意似較順適。C〇三一「酆鎬」的「鎬」，本板誤作「鐈」，當據正。C〇一〇「爰歷」，本板作「爰磨」，「磨」乃「磿」之訛。《漢書·藝文志》和《説文解字敘》都作「爰磿」，當從之。

水泉子簡《蒼頡篇》有四簡文字可與本板對勘。

復旦讀書會在《讀水泉子簡〈蒼頡篇〉札記》一文中説：

第二十一號簡：

原釋文爲：☐未得行，驅馳☐踼樂未央。

「驅馳☐踼」當即「驅馳跌踼」，皆取不拘束之義，所以後接「樂未央」。全句當在「未得行」後點斷，押陽部韻。

本書的釋文正作「驅馳跌踼」，該文推測是對的。該文又説：

第十四號簡：

原釋文爲：☐爰磨次貤少巧功，繼續前圖。

「磨」恐是「磿」之誤排。

以上校正基本可從，故不贅述。

除該文所舉之外，水泉子本還有兩簡可與本板對勘：

暫二一：

☐偃鼂運糧載穀行。

例一二：

☐某在北方，咸地斥競陂四旁。

☐四荒高☐☐。

☐☐鎬林禁☐。

例一二的「某」恐是「京」字之誤，「咸地斥競」的「競」通「鏡」、「境」，以下兩句應相同。北大本有兩簡屬本板内容：

漆鹵氏羌。

贅拾鋏鎔，（六一）

僉冶容鑲。
顛視歃豎，
偃鼂運糧。
攻穿襜魯，
壘鄣墜京。（六二）

其中「漆鹵」，本板相同，漆字確有本板寫法（《甲金篆隸大字典》第七六〇頁），鹵字寫法與北大本同，北大本考辨應釋鹵，其説可從。漆、鹵皆地名。漆，《詩・小雅・吉日》：「漆沮之從，天子之所。」漆在涇水東、渭水北。鹵，《漢書・地理志》安定郡有：「鹵，灈水出西。」北大本「鋏鎔」，本板作「挾鎔」，均與阜陽本作「鈎鎔」不同。北大本「墜京」，本板作「隊京」，阜陽本「京」作「亭」。其他區別，北大本「鑄」保存古體寫法，「襜」作「襘」等用了通假字。本板「鼂」字欠清晰，「糧」字殘破「米」旁，賴此簡及阜陽本方能確認「鼂」字，「糧」字則全憑此簡確認。

【注釋】

〔一〕漆鹵氏羌，鹵字寫作㘣，須考辨。先説㘣字，《玉篇・口部》云：「莫兮切。地名。」㘣通菌，《睡虎地秦墓竹簡・封診式》：「有失全及菌不來者。」注釋「菌（音shǐ），讀爲遲」（第二五八頁）。北大簡注釋詳舉字形説明鹵亦可作此形，故應釋鹵，漆、鹵是秦漢時期氏羌人羣的活動區域。氏羌，我國古代西北的兩個部族。《詩・商頌・殷武》：「自彼氏羌，莫敢不來享，莫敢不來王。」

〔二〕贅拾挾鋊，阜陽本作「贅拾鈎鋊」，胡平生、韓自强説：「贅，通掇。贅、掇，上古皆端母月部字。鋊（音yù），《説文》：『可以句（鈎）鼎耳及爐炭。』《集韻》：『鈎鋊，取炭器。』」從文意説，阜陽本作「鈎鋊」爲長，不過「鋊」也是鈎鋊的意思，挾鋊是攜帶這種器具，本板「挾」字是書師修改過的明證。

〔三〕鑄冶鎔鑲，冶，玄應《涅槃經音義》引《三蒼》：「冶，銷鑠也。遭熱即流，遇冷即合，與冰同義，故字從仌。」鑄冶，《漢書・貨殖傳》：「邯鄲郭縱以鑄冶成業。」後代漸變成「冶鑄」一詞。鎔鑲，指鑄器的模型。鎔，《文選・上蕭太傅固辭奪禮啓》：「鎔炭鑪所以行銷鐵也。」（《重輯〈蒼頡篇〉卷下》）《漢書・董仲舒傳》：「猶金之在鎔，唯冶者之所鑄。」鑲，《説文》：「作型中腸也。」

腸指型中的瓤。賫（掇）拾挾鉛，鑄〔冶〕鎔鑲，這兩句應連讀。

〔四〕⿰鼂欠豎，⿰鼂欠，《説文》：「歍⿰鼂欠也。」又，「歍，心有所惡若吐也。从欠、烏聲。一曰歍⿰鼂欠，口相就也」（段注本）。⿰鼂欠豎，似應讀曹豎。

〔五〕偃鼂，《説文》：「鼂，匽鼂也。讀若朝。楊雄説：『匽鼂，蟲名。』杜林以爲朝旦，非是。」然從本板「偃鼂運糧」的文意判斷，反倒是杜林的説法是對的，《説文》段注已指出許慎之誤。偃、匽通晏，有晚義，故偃（匽）鼂（朝）即早晚。

〔六〕檐魯，《梁書・諸夷傳・東夷》：「號所治城曰固麻，謂邑曰檐魯，如中國之言郡縣也。」指郡城縣邑。

〔七〕壘鄣隊京〔亭〕，壘，營壘，軍壘，本作垒。《禮記・曲禮上》：「四郊多壘，此卿大夫之辱也。」鄭玄注：「壘，軍壁也。」鄣，胡平生、韓自强説：「鄣，《漢書・張湯傳》顔師古注：『鄣謂塞上要險之處，别築爲城，因置吏士而爲鄣蔽以扞寇也。』」所釋可從。可知「壘障」的意思跟「壘壁」相近。隊京〔亭〕，胡、韓二位又説：「隊，隧之假字，《説文》：『塞上亭，守烽火者也。』」説亦是。所以漢代人以「隧」、「亭」並稱，《後漢書・西羌傳》：「邊海（按，指西海之地）亭燧相望焉。」

〔八〕咸地斥鏡〔境〕，斥鏡〔境〕，開拓國境，曹全碑：「世宗廓土厈（斥）竟。」竟，通境。《漢書・地理志上》：「至武帝攘却胡越，開地斥境。」此「開地斥境」略同於「咸地斥境」。

〔九〕盡薄四荒，承上句而言，意爲全都迫近四方荒遠之地。四荒，《吕氏春秋・諭大》：「湯欲繼禹而不成，既足以服四荒矣。」高誘注：「四表之荒服也。」「四荒」一詞可追溯至戰國時期，清華簡《赤鵠之集湯之屋》：「乃卲然四巟之外，亡（無）不見也。」《爾雅・釋地》：「觚竹、北户、西王母、日下，謂之四荒。」薄，迫近。

〔一〇〕林禁，似應指秦漢時上林苑，《文選・西京賦》：「上林禁苑，跨谷彌皐。」班固《西都賦》：「西郊則有上囿禁苑。」（參看王輝《出土文字所見之秦苑囿》，《古文字論集（二）》，《考古與文物》叢刊第四號，二〇〇一年）

〔一一〕驅馳，《説文》：「驅，驅馬也。」「馳，大驅也。」意即趕著馬車疾行。《詩・鄘風・載馳》：「載馳載驅，歸唁衛侯。」「驅馳」一詞見《漢書・周勃傳》：「將軍約，軍中不得驅馳。」

〔一二〕跌踼，亦作跌蕩、跌宕，放縱不拘。踼，玄應《大智度論音義》：「驅馳皃也，亦失迹也。」（《重輯〈蒼頡篇〉》卷下）《後漢書・孔融傳》：「又前與白衣禰衡跌蕩放言。」李賢注：「跌蕩，無儀檢也。」

〔一三〕緒業未央，緒業，《文子・自然》：「故能法天者，天不一時，地不一材，人不一事，故緒業多端，趨行多方。」《淮南子・泰族訓》亦有此語，文字大同小異。未央，未盡，《詩・小雅・庭燎》：「夜如何其，夜未央。」《釋文》引王逸注《楚辭》云：「央，盡也。」

〔一四〕爰磨（曆）次貤，爰，指爰書，《漢書・張湯傳》：「傳爰書，訊鞫論報。」磨，通厤，《莊子・天地》：「則是罪人交臂厤指。」今人根據《説文》「櫪」字段注以木棍夾手指釋之。西周金文大盂鼎有「人鬲」，唐蘭説：「鬲，《説文》引《漢令》作𤮼。𤮼與磨通。」而認爲《逸周書·世俘解》記載武王征四方，「馘磨億有十萬七千七百七十有九」的磨，即人鬲，「人鬲都是戰俘奴隸」（《西周青銅器銘文分代史徵》第一七八頁）。磨的另一義是指名版。《周禮·地官·遂師》：「及窆抱磨。」賈疏：「執綍之人，背碑負引而退行，遂師抱持版之名字，巡行而校録之，以知在否，故云『抱磨』也。」本板似用此名版義。要之，「爰磨」當指審訊犯人的文書及名版。次貤，次或爲依次，貤，《説文》：「重次弟物也。」段注：「重次弟者，既次弟之，又因而重之也。」《漢書·司馬相如傳》集注：「貤，猶延也。」此處意即按次第（程序）進行。

〔一五〕繼續前〔圖〕，前圖，前人的法度。《楚辭·九章·懷沙》：「章畫志墨兮，前圖未改。」《史記·屈原賈生列傳》作「前度」。

第一一甲

輔廑顆頣〔一〕，軷儋闕屠〔二〕，贉頌緊均〔三〕，侈憲廹（逭）夸（夸）〔四〕，撟蹻□□〔五〕，頓骸（駭）醜夫〔六〕，顫益重最〔七〕，鉗齔董豬（豬）〔八〕，拙茡龐顏〔九〕，嗘詨嘸慕，虞豪〔一〇〕鼬鼷〔一一〕，鼢鼠〔一二〕即且〔一三〕，購項〔一四〕猗積，虔遽〔一五〕贊拏〔一六〕，煩慮〔一七〕……（缺兩字）

【説明】

本板文字三見於阜陽漢簡《蒼頡篇》，一是C〇一〇（上一板曾引）：「輔廑顆咀，軷儋闕屠，嘾□。」其中「闕」字，本板作「闕」，其餘全同。一是C〇七七「頌緊」，一是C〇九三「均多」也同見於本板，唯「均多」，本板作「均侈」。

【注釋】

〔一〕輔廑顆頣，輔指頰骨、面頰，《左傳·僖公五年》：「輔車相依，脣亡齒寒。」杜注：「輔，頰輔。車，牙車。」輔車，就是頰骨與牙床骨。輔，本板指面頰。廑，《説文》：「少劣之居。」徐鍇曰：「僅，能居也。」故有「居於……」之義。顆，《説文》：「小頭也。」頣，《集韻·魚韻》：「頷也。」即下巴。所以，「輔廑顆頣」是説（因爲人多擁擠）人們的面頰、頭和下巴彼此離得很近。

〔二〕軙儋閼屠，阜陽本「閼」作「闞」，胡平生、韓自强説：「『軙儋』疑當讀爲跋涉。儋，上古端母談部；涉，定母葉部，音近可通。闞，雲夢秦簡《魏奔命律》通旅。屠，讀爲途。」我認爲軙、闞、屠分別讀跋、旅、途，可從，但「跋涉」之釋非是。「跋」字本身就可表示跋涉，故有「跋山涉水」的説法。儋，應讀擔，《國語・齊語》：「負任擔荷。」《舊音》擔作儋。《列子・説符》：「臣有所與共擔纆薪菜者。」《淮南子・道應》擔作儋。《隸釋》卷四《趙孟麟羊竇道碑》：「騎馬儋負。」洪适釋：「儋即擔字。」（以上所引見《古字通假會典》第二六一頁）則「軙（跋）儋（擔）闞（旅）屠（途）」，顯然是説走路的、挑擔的都在旅途上。本板「閼屠（讀途）」，閼有阻塞之義，《説文》：「閼，遮攤也。」「閼屠」是説（人多）阻塞了道路。

〔三〕贉頌緊均，贉（音dàn），《玉篇》：「預入錢也。」《廣韻・勘韻》作「買物預付錢也」。頌，通容，有寬頌義，《漢書・惠帝紀》：「有罪當盜械者，皆頌擊。」顔師古注：「古者頌、容同。」胡平生、韓自强説：「頌，今通作鬆。《漢書・王莽傳》：「赤煒頌平。」晉灼曰：「頌，寬頌也。」《漢書・刑法志》：「當鞠繫者，頌繫之。」」所釋可從。緊，《説文・臤部》：「緊，纏絲急也。」段注：「緊急雙聲。」頌（容）與緊字義相反，正如今語有「鬆緊」。均，《急就篇》卷四：「遠取財物主平均。」（「遠取財物」，一作「援衆錢穀」。「平」，一作「辨」）《説文・土部》：「均，平偏也。」段注：「平偏者，平而帀也，言無所不平也。」贉頌緊均，是説購物預付的錢鬆緊要平均。

〔四〕侈憲這夸，侈，《説文》：「掩脅也。从人、多聲。一曰奢泰也。」《玉篇・人部》：「《書》曰：『禄弗期侈』，侈，泰也。」此當用後一義。這，就是誕，夸誕之義。《説文》：「誕，詞誕也。這，籀文省企。」夸，《廣雅・釋詁一》：「大也。」

〔五〕撟蹻，撟，《文選・長笛賦》注：「正也。」蹻，玄應《阿毗曇毗婆沙論音義》引《蒼頡解詁》：「舉足行高也。」（皆見《重輯〈蒼頡篇〉》）即翹足。

〔六〕頓骸（駭）醜夫，骸應讀駭，驚駭。《文選・甘泉賦》注：「驚也。」（《重輯〈蒼頡篇〉》卷下）。醜夫，醜陋的男子。此句是説醜陋的男子頓時很驚駭。

〔七〕顝盌重最，顝，《説文》訓「大頭也」。《玉篇・頁部》：「顝，《蒼頡》云：『相抵觸。』」盌（音mǐng），《説文》：「盌，北方謂地空因吕爲土穴爲盌户。」段注：「因地之孔爲土屋。《廣雅》：『盌，窟也。』」盌是在地下修的窟室，人行其中狹窄、陰暗，容易碰頭相抵觸，此即「顝盌」的涵義。重最，是説（碰頭相抵觸，碰的）極重。

〔八〕鉗齔董豬（豬），鉗，《急就篇》卷四：「鬼薪白粲鉗釱髡。」顔注：「以鐵錔頭曰鉗。」鉗是古代的一種刑罰，以鐵圈束頸。齔，《説文》：「毁齒也。男八月生齒，八歲而齔。女七月生齒，七歲而齔。」此處指七八歲換牙的兒童。鉗作爲刑罰，一般只用於成年人觸犯刑律者，「鉗齔」則指給七八歲兒童戴鉗具，這實在很少見。《漢書·刑法志》：「凡有爵者，與七十者，與未齔者，皆不爲奴。」可相參證。董豬，董，《玉篇》：「藕根。又，正也。」「正」有糾正義，也有掌管義，此當用掌管義。此句似是説頸上載鉗具的七八歲兒童負責放豬。

〔九〕拑葙龐顔，《説文》：「葙，籋也。」段注：「拑，脅持也。以竹脅持之曰箝，以鐵有所劫束曰鉗，書史多通用。」故「拑葙」實承「鉗」字字義。龐顔，《詩·小雅·車攻》：「四牡龐龐。」毛傳：「龐龐，充實也。」顔，即顔面，臉。此句説被鉗所束者臉很飽滿。

〔一〇〕虡豪，虡，《説文》：「虡，鐘鼓之柎也。飾爲猛獸。从虍異，象形。其下足。鐻，虡或从金豦。𧇊，篆文虡。」據段注歷來有兩種説法。一是長卿（司馬相如）謂「虡爲神獸」，一是許慎謂「栒虡字飾以猛獸」。支持前一説的，有段注引戴氏《考工記圖》所引《西京賦》：「『洪鐘萬鈞，猛虡趪趪，負筍業而餘怒，乃奮翅而騰驤。』薛注云：『當筍下爲兩飛獸以背負。』張揖注《上林賦》曰：『虡獸重百二十萬斤，以俠鐘旁。』」段注又説：「又考《上林賦》『櫟飛虡』，《廣韻》引正作虡。張揖曰：『飛虡，天上神獸，鹿頭龍身。』」本板蓋以虡爲神獸。豪，《説文》作𧰲，篆文作豪，訓「𧰲豕」。段注釋爲「《西山經》之豪彘，《長楊賦》之豪豬也」。指豪豬。

〔一一〕鼬鼷，鼬，《説文》：「如鼠（段注：『小徐作「如鼦」，鼦乃俗字。貂，鼠屬也。』），赤黄色，尾大，食鼠者。段注：『見《小正》《爾雅》，今之黄鼠狼也。』」鼷，《説文》：「小鼠也。」段注：「何休《公羊傳》注云：『鼷鼠，鼠中之微者。《玉篇》云：『有螫毒，食人及鳥獸皆不痛，今之甘口鼠也。』』」

〔一二〕鼢（音hán）鼠，《説文》：「鼢，鼠屬。」段注：「謂之鼢鼠。」

〔一三〕即且，即蝍蛆，《史記·龜策列傳》張守節正義：「即吴公也。狀如蚰蜒而大，黑色。」即蜈蚣。

〔一四〕購項，《説文·貝部》：「購，㠯財有所求也。」段注：「縣重價以求得其物也。漢律：『能捕豺貀，購錢百。』」桂馥注：「《漢書·高帝紀》：『乃多以金購豨將。』顔注：『購，設賞募也』。」購項，似指對取得項羽人頭的懸賞。《史記·項羽本紀》：「項王乃曰：『吾聞漢購我頭千金，邑萬户，吾爲若德。』」

〔一五〕虔遽，虔，《説文》：「虎行皃。」遽，字書未載。

〔一六〕拏，《文選·長笛賦》注：「捽也，引也。」《史記·衛將軍列傳》正義引《三蒼解詁》：「紛拏，相牽也。」（以上兩條皆見《重輯〈蒼頡篇〉》卷下）

〔一七〕煩膚，煩，《玉篇》：「垂頭之皃。」（《重輯〈蒼頡篇〉》卷下）膚，從構形説應與臚爲一字，仍待書證。

第一一乙

顓頊祝融〔一〕，袑（招）䌛（摇）奮（奮）光〔二〕，㒚豫録恢〔三〕，均隋（隋）愷鑲〔四〕，鄢鄧〔析〕〔酈〕〔五〕，宛鄂鄂鄘〔六〕，閬通竈遲（畢）〔七〕，騰先登慶〔八〕，陳蔡宋〔衛〕〔九〕，吴邗許〔莊〕〔一〇〕，建武牴觸〔一一〕，軍役嘉臧〔一二〕，貿易賣販〔一三〕，市旅賈商〔一四〕，鯤展賁〔達〕〔一五〕。

【説明】

本板隋，即隋，隸書隋寫作隋，參看清顧藹吉的《隸辨》第八頁「隨」下：「《楊君石門頌》『更隨圍谷。』」第一〇七頁「隋」「《郙閣頌》：『人物俱隋。』」隋即隋，亦即墮字。

本板文字，阜陽漢簡《蒼頡篇》有兩處記載，即：C〇八二「莊建武」，C〇三二「□展賁達，游敖戠章」（參李亦安校釋），可相參證。

此外本板「陳蔡宋〔衛〕，吴邗許〔莊〕」，見於水泉子本：

例一一：⍁蔡宋衛故有王，□

⍁□邗許莊姓不亡

二者文字相合。本板以「顓頊」開端，北大漢簡《蒼頡篇》有一章篇題「顓頊」，是兩本相合之處。

本板所述，《英斯》亦有一些記載。《英斯》二六七四：

⍁員肌□，顧（顓？）[頊]（？）⍁。

三五〇九：

☑招榗（搖）舊〈奮〉光頤（？）豫（？）☑

☑□□□☑

又，三〇七〇：

☑□□□□☑

☑□榗（搖）奮〈奮〉光[口頁]暘（？）☑

二六八三：「☑□榗（搖）奮光☑。」三五五四：「☑□光頤豫録灰☑。」三〇九八A、B：「☑□頭豫録灰☑。」三四四七：「□[口頁]豫（？）録灰（？）☑。」二三三三：「☑□鄴閲通竈☑。」三四六五：「☑閲通竈畢☑。」三四四五：「☑吴干許莊建武☑。」二四九六：「☑牴觸軍役☑。」二九四一：「☑牴觸（？）☑。」二五二九：「□牴牴觸軍役☑。」三三四二：「☑觸軍役☑。」二四六九：「☑嘉臧（藏）貿易賣□☑。」二五六七：「☑役（？）嘉臧貿易賣販□☑。」二八四六：「☑□展（？）賁肌☑。」

以本板文字「顡豫録恢」與《英斯》「頤豫録灰」比較，「頤豫」即「逸豫」，安樂。《詩・小雅・白駒》：「爾公爾侯，逸豫無期。」《英斯》當有所據；北大本亦作「顡豫録恢」，説明漢牘作「顡」也不是後改的。本板「閲通竈遝」，「遝」《英斯》作「畢」，二字可通。本板「吴邗許〔莊〕」，《英斯》作「吴干許莊」，「邗」乃「干」的通假字。本板「建武牴觸，軍役嘉臧」，與《英斯》完全相同。本板「貿易賣（音yù）販」，《英斯》二四六九「貿易賣」三字都很清晰，可互證。

本板即北大簡「顓頊」章：

顓頊祝融，
招榣奮光。
顡豫録恢，
彴隋（隨）愷褭。
鄢鄧析酈，（四六）

宛郢邪鄭。

閔谿竃趯，

縢先登慶。

陳蔡宋衛，

吴邗許莊。（四七）

建武牴觸，

軍役嘉臧。

貿易買販，

市旅賈ᆖ。

鯢展賁達，（四八）

……

與本板對校，北大本文字多古意，大都相同。縢（滕）通騰，乃通假字。主要不同是「徹」本板作通，「買」作賣。與阜陽本比較，北大本「賁達」，與阜陽本相同。「鄢鄧□□」，北大本作「鄢鄧析酈」，得補「析酈」二字。

【注釋】

〔一〕顓頊祝融，顓頊，《大戴禮記・五帝德》：「孔子曰：『顓頊，黄帝之孫，昌意之子也，曰高陽。』」祝融，《世本》：「祝融作市。」宋衷曰：「祝融，顓頊臣，爲高辛氏火正。」顓頊、祝融都是我國傳説時代的部族首領。

〔二〕招摇奮光，胡平生在《英斯》二六八三簡釋文下注：「《開元占經》卷六十五《招摇占四》：《荆州占》曰：『招摇奮光明動天子强。』」招摇是北斗第七星。

〔三〕顙豫録恢，顙，《玉篇》：「頭大也。」（《重輯〈蒼頡篇〉》卷下）顙豫，意似爲大樂。録，《廣雅・釋詁三》：「具也。」王念孫疏證：「録者，記之具也。隱十年《公羊傳》云：『《春秋》録内而略外。』」録常指録功。《三國志・魏志・明帝紀》：「録諸將功。」恢，玄應《光贊般若經音義》引《蒼頡解詁》：「大也。」（《重輯〈蒼頡篇〉》卷下）此句大意是説非常快樂地録了大功。

〔四〕均隋愷鑲，應讀均隨凱驤，凱指軍隊打勝仗後奏凱樂而還。愷通凱，《周禮·春官·大司樂》：「王師大獻則令奏愷樂。」鑲通驤，指奔馳，《文選·張衡〈西京賦〉》：「乃奮翅而騰驤」，李善注引薛綜曰：「驤，馳也。」故此句是説都隨著軍隊凱旋而奔馳。

〔五〕析酈，據《史記·高祖本紀》載劉邦約降封宛守之後，「引兵西，無不下者。至丹水，高武侯鰓、襄侯王陵降西陵，還攻胡陽，遇番君别將梅鋗，與皆，降析、酈。」索隱：「析屬弘農，酈屬南陽，出《地理志》。而《左傳》云析一名白羽。顔師古云『析，今内鄉縣。酈，今菊潭縣。』」

〔六〕宛鄂鄂鄽，宛、鄽，即《張家山漢墓竹簡·二年律令·秩律》的「宛、穰」，注釋：「宛、穰，屬南陽郡。」《説文》：「鄽，今南陽穰縣。」鄂，《史記·楚世家》説熊渠「乃興兵伐庸、楊粤，至于鄂」。《漢書·地理志》載江夏郡有鄂（縣）。前者指武昌，後者指湖北鄂城縣。鄂，北大簡作咢，《説文》：「咢。南陽淯（《漢書·地理志》作「育」）陽鄉。」鄂，可能是咢。鄂字不見於字書記載。《正字通》説：「咢，咢字之訛。」顯然不對。咢，《龍龕手鑑·口部》説同「囂」。

〔七〕閱通竈遲（畢），《蒼頡篇》的訓詁以闋「訓閱也」（慧琳《續高僧傳音義》）。又訓：「闋訖也。」（《文選·七命注》）以上所引皆見（《重輯〈蒼頡篇〉》卷下）。竈，《説文》：「竈，炊竈也……竈，或不省作。」遲畢，均假作箅。《説文》：「箅，蔽也。所㠯蔽甑底。」本板則指炊竈的箅子。閱通竈遲（畢），即訖通炊竈之箅，形容時間非常短暫。

〔八〕騰先登慶，騰先，應讀乘先，騰、乘聲近可通。慶，慶賀。登慶言致以慶賀。

〔九〕陳蔡宋衛，皆諸侯國名。

〔一〇〕吴邗許莊，吴邗，《墨子·兼愛中》：「以利荊楚干越。」《左傳·哀公九年》《説文·邑部》干作邗（《古字通假會典》第一八三頁）。《説文》：「邗，國也。今屬臨淮。」段注：「《左傳·哀九年》：『吴城邗，溝通江淮。』杜云：『於邗江築城穿溝，東北通射陽湖，西北至末口入淮，通糧道也，今廣陵邗江是。』……許云國者，許必有所據矣。」古書屢言「干越」，如《莊子·刻意》《荀子·勸學》《淮南子·原道》等，《釋文》引司馬彪曰、楊倞注、高誘注均釋「干」爲「吴」。《管子·内業》：「昔者吴干戰」，「據《管子》説，則吴、干本二國，後干爲吴所滅，遂通稱吴爲干，故此云『干越』矣。」（以上皆見孫詒讓《墨子閒詁》第一〇二頁）水泉子七言本《蒼頡篇》：「〔吴〕邗許莊姓不亡。」揭示出吴、邗（干）、許、莊應是姓氏，筆者亦傾向於此種解釋，吴、邗（干）皆由國名作姓，許、莊也如此，《説文·敘》：「大岳佐夏，吕叔作藩，俾侯於許。」説出了許姓來源，《説文》段注作了較詳考證，於此不贅。莊姓，戰國時有莊周、莊蹻。

〔一一〕建武牴觸，建武二字見於阜陽本《蒼頡篇》，該竹書出土於西漢汝陰侯墓，故「建武」絶不可能是東漢光武帝的年號。胡平生、韓自强説：「建，通健，强也。武，《廣雅·釋詁》：『勇也，健也。』」按，《廣雅·釋詁二》：「武，健也。」王念孫疏證：「健謂之武，猶疾謂之舞也。」牴觸，《急就篇》：「讒諛爭語相牴觸。」王國維《重輯〈蒼頡篇〉》「抵」字下引此，謂：「趙本作抵。」本書所用顏本作「觝」。顏注：「有爭語者，常相觝距擊而觸也。」

〔一二〕軍役嘉臧，軍役，《史篇》一第十三板：「軍役發急，毋可齎行。」指爲軍興所服的役。嘉臧，是好的意思。

〔一三〕貿易賣販，貿易，《睡虎地秦墓竹簡·法律答問》：「節（即）亡玉若人貿傷（易）之」，睡虎地秦墓竹簡整理小組注釋：「貿，《一切經音義》引《三蒼》：『换易也。』貿易，更换，《漢書·李尋傳》：『高下貿易。』」（第二三九頁）按，基師《法華經音義》引《三蒼》訓「貿」爲「换易也，交易物也」（《重輯〈蒼頡篇〉》卷下）。在本板「貿易」應爲「交易物」之義。賣販，賣就是賣，《廣雅·釋詁三》：「賣，賣也。」字通作鬻、粥。《國語·齊語》：「市賤鬻貴」，韋注：「鬻，賣也。」《禮記·曲禮下》：「不粥祭器」，鄭玄注：「粥，賣也。」販也有賣義，《說文》：「販，買賤賣貴者。」賣販，即賣東西的商販。

〔一四〕市旅賈商，市指集市，旅指旅客。市旅，指市中往來的人。賈商，《周禮·天官·太宰》：「六曰商賈，阜通貨賄。」鄭玄注：「行曰商，坐曰賈。」故有「行商坐賈」之稱。行商必須行走販賣貨物，坐賈則有固定場所做生意。

〔一五〕䚡展賁達，䚡，《說文》：「角中骨也。」段注訂正爲「角中肉也」。然此處「䚡」疑是「鰓」的抄訛。揚雄《太玄·密》：「密有口，小鰓。」范望注：「鰓，難也。」蓋假爲葸。《漢書·刑法志》有「鰓鰓」一詞，顏注引蘇林曰：「鰓，音『慎而無禮則葸』之葸，懼貌也。」䚡，北大本注釋認爲可能是鰓。鰓，應是多數水生動物的呼吸器官，「鰓展」是魚類吸足氣的狀態。「奮」是振起兩鰭（魚的運動器官），「達」是游到目的地。魚振起鰓旁的兩鰭之「奮翼」。宋玉《高唐賦》：「黿魚蝦鮪，交積從横，振鱗奮異，蜲蜲蜿蜿。」王逸注：「翼，魚腮邊兩鬣也。」以上見北大本注釋。賁，應讀噴，《說文》：「噴，吒也，从口、賁聲。一曰鼓鼻。」噴有吐氣、噓噴義。《戰國策·楚策四》：「驥於是俛而噴，仰而鳴，聲達於天。」則「賁（噴）達」之義，似指魚游吐氣到達某處。

第三

游敖周章〔一〕。鉗（黚）黶黯黮，黦黝黭䵢，黔黤〔二〕赫赧，〔儵〕赤白黄，殣棄臞瘦〔三〕，兒孺俚（里）殤〔四〕，恐懼懷逯（歸），趨走病狂〔五〕，〔疵〕疕禿瘻〔六〕，齮齕痍〔傷〕〔七〕，毆⿰口戈（伐）瘨〔痏〕〔八〕，〔⿰月夬〕〔胅〕〔瞢〕（矇）〔盲〕，⿰口丸（執）囚〔束〕⿰口尃（縛）〔九〕，論⿰口凡（訊）〔既〕咩（詳）〔一〇〕。

【説明】

「游敖周章」至「儵赤白黃」亦見《流沙墜簡》。本板文字見於阜陽漢簡《蒼頡篇》的C〇三二、C〇三三、C〇三四、C〇二五和C一〇五，其中C〇三二、C〇三三、C〇三四是相連的。C〇二五的頭一句可與《流沙墜簡》的「□走病狂，疵疕災殃」的後一句相互校證。

C〇三二　□展賁遴
游敖戠章△
C〇三三　黚黶黯黮
C〇三四　〔黦黝䵫〕黖〈黖〉△
黔黤赫赧
儵赤白黃△
殭棄臞瘦
兒孺旱陽△
恐懼

胡平生、韓自强説：「按，據《流沙墜簡》，C〇三二、C〇三三、C〇三四當相連。《流沙墜簡》殘文爲：『游敖周章、黚黁黯黮、黦黝䵫黖、黔黤赫赧、儵赤白黃。』羅振玉以『黶』爲『黁』，誤。」

C〇二五　疷疕秃瘻
齮齕痍傷△
毆伐疻痏
胅胅
C一〇五　兒盲執□□

今按，本板文字與阜陽本對校，僅「周章」阜陽本爲「戠章」，臞瘦，阜陽本「⿰月矍」「戄」是「臞」「懼」的繁寫。「疷疕」，疷，本板作「疵」，屬於通假。C一〇五「兒」字水泉子本作「矇」、「兒」，疑屬誤摹。「幸□」即本板的「⿰口丸」，水泉子本的「執」。

胡平生、韓自強說：「按，《流沙墜簡》：『□走病狂，疵疕災殃（桓按，原釋「瘓」）。』羅振玉誤釋『禿瘻』爲『灾殃』。又《居延漢簡》五九·三八：『瘁□病汪。』或亦與此節有關。」

今按，《流沙墜簡》「□走病狂」的「□」無法辨識，但從本牘尚可看出是「趨」字。《說文》：「趨，走也。」「走，趨也。」二字互訓。「趨走」一詞又見《莊子·盜跖》：「孔子再拜趨走，出門上車。」《疏勒河出土漢簡》中有「趨走病狂，疵疕禿瘻」（第六九頁）。屬《蒼頡篇》文字與本板相合。

水泉子漢簡七言本《蒼頡篇》有五處文字可與之對勘，暫四四：「〼化，黚黶黯黮黑如夜，〔𪓊〕黝黭□赤（？）。」此處「黚黶黯黮，〔𪓊〕黝黭□」，本板作「鉗黶黯黮，𪓊黝黭黮」，二者對勘，知「鉗」爲「黚」之訛字或通假字。水泉子簡「黝黭」二字前應補「𪓊」字，「黭」後補「黮」字。又，暫四一簡：「〼□詑多，黤赫〈赧〉。」與本板「黔黤赫赧」相校，尚未見不同。又，簡六原釋文：「〼當道魁兒嬬早殤父母悲恐。」則須考校。

復旦讀書會《讀水泉子簡〈蒼頡篇〉札記》中說：

此簡（按，指簡六）能與阜陽簡C〇三四對讀。C〇三四釋文爲：殣棄臞瘦，兒孺早陽。恐懼……

據此，第六號簡當校讀爲：

〼【殣棄臞瘦】當道魁，兒孺旱〈早〉殤父母悲。恐【懼】〼

句中「魁」、「悲」押韻。另外，據水泉子簡還可以校正阜陽簡釋文。C〇三四釋文中「旱陽」、「旱殤」皆不辭，「旱」當是「早」之誤抄。「兒孺早殤」，與「父母悲」文意合。

按，此讀「旱」爲「早」，恐非是。張存良將水泉子本的例二〇釋作「兒孺里殤」，「里」應即「里」字，本板作「俚」，可爲證。隸定「旱」字，顯然受到阜陽本的影響。阜陽本讀爲「早殤」，北大本作「旱傷」，應以作旱爲是。水泉子本及本板則均應讀「里殤」。俚通里，清朱珔《說文假借義證》俚字下說：「《一切經音義》引《蒼頡》曰：『國之下邑曰俚。』是以俚爲里之假借。」可證。

水泉子七言本暫九：「〼胱回，庛（疵）庇（疕）禿屢（瘻）頭傷脩（？），齮齕。」（桓按，「脩」應讀隋「隨」），本板「〔疵〕疕禿瘻，齮齕痍〔傷〕」之句與之對校，可見水泉子七言本抄寫有錯字。

此外，暫四：「☑肤肤瞢（矇）盲樂府師，執囚東。」「執囚東」之句，北大本作「執囚束縛」，「東」顯係「束」的錯字。肤肤瞢（矇）盲，肤，《説文》訓「孔也」，有弄穿義。肤（音 dié），《説文》：「骨差也。」段注：「謂骨節差忒不相值，故肤出也。」《睡虎地秦墓竹簡·法律答問》：「妻悍，夫毆治之，夬（決）其耳，若折支（肢）指、肤膿（體），。」注釋説：「決，撕裂。」又説：「肤……意即脱臼。」瞢，玄應《菩薩見實三昧經順正理論音義》引《三蒼》：「瞢，不明也。」（《重輯〈蒼頡篇〉》卷下）此句是説將盲人打得皮膚撕裂，骨節脱臼。阜陽漢簡《蒼頡篇》C〇二五有「肤肤」二字，與之相同。

北大簡此章很完整：

游敖周章。
黚黶黯黮，
黭黝黚黯。
黔黤赫赧，
儵赤白黄。（四九）
殣棄朧瘦，
兒孺旱殤。
恐懼懷歸，
趨走病狂。
疵疕禿瘻，（五〇）
齮齕痍傷。
毆伐疻痏，
肤肤睛（按，應釋瞽）盲。
執囚束縛，
論訊既詳。

其中釋文有兩字需糾正，一是原釋睛字，應是上端從土，下端從冒，即堥字。或者即冒字，綴加「土」符。《説文》：「冒，冢而前也。从冃、从目。」從冒聲字可讀蒙（參看《古字通假會典》第七七一頁，瞀與瞶、務與冒相通之例）。《説文》霿字，段注：《釋名》作蒙，《開元占經》作濛」，可證。

【注釋】

〔一〕游敖周章，游敖，《戰國策·韓策三》：「中國白頭游敖之士。」《漢書·循吏·召信臣傳》：「府縣吏家子弟，好游敖，不以田作爲事，輒斥罷之。」周章，《楚辭·九歌·雲中君》：「龍駕兮帝服，聊翱游兮周章。」宋朱熹注：「周章，猶周流也。」《文選·魯靈光殿賦》：「俯仰顧眄，東西周章。」

〔二〕鉗（黚）黶黯黮，䵝黝黤黬，黚黤，諸字皆從黑旁，與黑色有關。《廣雅·釋器》：「黝䵝黯黶黴黮黚，黑也。」王念孫疏證：「《説文》：『黑，火所熏之色也。』《釋名》云：『黑，晦也，如晦冥時色也。』《爾雅》：『黑謂之黝。』《説文》：『黝，微青黑色也。』黝之言幽也，幽與黝古同聲而通用……䵝，《説文》作䵝，云：『黑有文也，讀若飴䴅字。』《廣韻》：『䵝音於勿、於月二切，黄黑色也。』……黯之言闇也。《説文》：『黯，深黑也。』《史記·孔子世家》云：『黯然而黑。』春秋晉蔡黯字墨，是其義也。《説文》：『黶，中黑也。』《玉篇》云：『黑子也。』……《衆經音義》卷十七引《蒼頡篇》：『黯黮，深黑不明也。』」（《廣雅疏證》卷八上）

〔三〕殣棄臞瘦，殣，通饉，饑饉，此泛指災荒。棄，拋棄或放棄，從甲骨文看，棄（弃）與舉字義相反，舉是人兩手向上舉子於床形，有抚養之義（參看于省吾《釋棄》，《考古》一九七九年第四期），而棄是生子不養拋棄義，《史記·周本紀》説：「周后稷，名弃。」取名「弃」正是這個原因，《詩·大雅·生民》曾咏他出生後被棄的傳奇經歷。臞瘦，臞同癯，《文子·自然》：「神農形悴，堯瘦癯。」殣（饉）棄臞瘦，是説災荒年月瘦弱的人身體耐不住而死。

〔四〕兒孺俚殤，兒孺，《説文》：「兒，孺子也。从儿，象小兒頭囟未合。」段注：「子部曰：『孺，乳子也。』乳子，乳下子也。《襍記》謂之『嬰兒』，女部謂之『嫛婗』。兒孺雙聲，引申爲凡幼小之偁。」《玉篇》引《蒼頡》：「女曰嬰，男曰兒。」（《重輯〈蒼頡篇〉》卷上）俚殤，應讀里殤，即里中之殤。

〔五〕恐懼懷歸，趨走病狂，恐懼，《尸子·發蒙》：「若羣臣之衆，皆戒慎恐懼。」懷歸，二字義近。《廣雅·釋詁》：「懷，歸也。」趨走，《列子·楊朱》：「趨走不足以逃利害。」《戰國策·趙策一》：「不佞寢食，不能趨走。」

〔六〕疵疕秃瘻，《説文》：「疵，病也。」「疕，頭瘍也。」《周禮·醫師》鄭玄注：「疕，頭瘍，亦謂秃也。」桂馥《説文解字義證》疕字下：「《一切經音義》十八引《蒼頡篇》：『疕，瘑秃也。』」但我國古代還有「身疕」。馬王堆漢墓帛書《五十二病方》：「身疕：疕毋名而養（癢）……」注釋：「《説文》和《周禮・醫師》鄭玄注都釋疕爲「頭瘍」。此處稱身疕，指身體的瘡瘍，與許、鄭的説法不同。」（該書第一二二頁）可參證。《説文》：「秃，無髮也。」「瘻，頸腫也。」《急就篇》顔注：「瘻，久創也。」非此處文意。

〔七〕齮齕痍〔傷〕，胡平生、韓自强説：「齮齕，《説文》皆訓『齧也』。《一切經音義》引《蒼頡篇》云：『齊人謂齧咋爲齮。齮，側齒也。』《史記・田儋傳》：『則齮齕用事者墳墓矣。』如淳曰：『齮齕猶齚齧。』《索隱》：『齮齕，側齒齩也。』」痍傷，受創傷，《史記・蒙恬列傳》：「痍傷者未瘳。」

〔八〕毆伐疻痏，毆伐，毆打，《説文》：「毆，捶擊物也。」段注：「謂用杖擊中人物也。」伐，本義爲殺伐，此用引申義「擊」，「伐鼓」即擊鼓。疻痏，胡平生、韓自强説：「疻痏，音只（zhī）委（wěi）。《急就章》顔師古注：『毆人皮膚腫起曰疻，毆傷曰痏。』按，此兩句係當時法律用語。《漢書・薛宣傳》應劭注曰：『以杖手毆擊人，剥其皮膚，腫起青黑而無創瘢者，律爲疻痏。』」玄應《阿唯越致遮經音義》：「疻痏，毆傷也。」（《重輯〈蒼頡篇〉》卷上）則本板此句是説毆打以致人皮膚腫起青黑受傷。

〔九〕執囚束縛，《急就篇》卷四：「縛束脱漏亡命流。」（束，一作購）王應麟補注：「賈誼疏：『束縛之，係緤之。』」（此處原有闕文，已據曾仲珊按引《漢書・賈誼傳》補齊）

〔一〇〕論訊既詳，論是論決，《急就篇》卷四：「閭里鄉縣趣辟論。」據顔注，論是「則依憲法而論決也」。訊，慧琳《文陀竭王經音義》：「問也。」（《重輯〈蒼頡篇〉》卷下）全句大意是論罪訊問的程序很詳盡。

第一三

卜筮兆占〔一〕，祟（祟）在社殤〔二〕，寇賊盜殺，捕獄問諒〔三〕，室宇邑〔里〕〔四〕，縣鄙封彊〔五〕，徑路衝術〔六〕，街巷〔七〕垣牆〔八〕，開閉門閭〔九〕，闕廷廟郎〔一〇〕，殿層屋内，窻牖（牖）〔一一〕户房，桴楣榱梠〔一二〕，柱枅橋梁〔一三〕，屏图（溷）廬廡〔一四〕。

【説明】

此章文字見於阜陽漢簡《蒼頡篇》C〇四一、C〇二七、C〇二八、C〇二九、C〇二〇。

C〇四一　殺捕獄問
諒

C〇二七　□邑里
縣鄙封彊△
徑路衝□

C〇二八　街巷垣蘠△
開閉門閭
闕

C〇二九　室内
窻牖户房△
桴楣榱槐
枙枙橋梁（第二字應釋「枅」，李亦安校釋）

C〇二〇　圂廬無

二者互校，可知C〇四一的斷句，當以「捕獄問諒」爲一句。其餘文字基本相同，唯C〇二九「室内」本板作「屋内」，「窻」，本板作「窻」，二字可通；C〇二〇之「無」，本板作「廡」，用本字爲宜。本板「縣鄙封彊，徑路衝術」兩句，水泉子漢簡七言本《蒼頡篇》暫二四作：「☐鄙封彊（疆）垣聚土，徑路衝術通」，二者大致相同。「闕庭廟郎」一句，上述七言本《蒼頡篇》暫三三作：「☐堆正怒，闕廷郎（廊）廟列轂（繫）馬」，「桴楣榱槐，柱枅」，七言本《蒼頡篇》例一八作：「☐□□母父，桴楣欀棍（愢）益廡，柱耕」，其中「欀棍」、「耕」三字當是誤釋，應從本板爲是。

北大漢簡《蒼頡篇》有一章名「室宇」，即簡五三、五四、五五（首句屬於本板内容）。本板可能從「室宇」以下爲一章。其文曰：

卜筮𠧞占，
祟在社場。
寇賊盜殺，
捕獄問諒。（五二）
室宇邑里，
縣鄙封彊。
徑路衝術，
街巷垣蘠。
開閉門閭，（五三）
闕廷廟郎。
廏層屋内，
窻牖戶房。
桴楯榱梠，
柱枅橋梁。（五四）
屏圂廬廡，（五五）

以上北大簡「𠧞」、「殤」，本板作「兆」、「殤」，其餘除北大本有古字寫法外，基本相同。

【注釋】

〔一〕卜筮兆占，古書以「卜筮」相提並論，如《詩·衛風·氓》：「爾卜爾筮，體無咎言。」《書·洪範》：「七，稽疑：擇建立卜筮人，乃命卜筮。」楊筠如《尚書覈詁》：「卜筮，《曲禮》：『龜爲卜，筴爲筮。』《白虎通》：『龜曰卜，蓍曰筮。』是二者之別也。」（第二一七頁）兆占，兆，北大本作𠧞，《説文》𠧞的古文是兆，《説文》訓爲「灼龜坼也」。占，《説文》訓「視兆問也」。兆是燒灼甲骨出現裂紋，占是就裂紋判定吉凶。

〔二〕祟（祟）在社殤，祟讀祟，參看林澐《新版〈金文編〉正文部分釋字商榷》（中國古文字研究會長春年會論文，一九八八年）。此句是述占卜的結果。

〔三〕捕獄問諒，讀諒爲掠，胡平生《讀〈蒼〉札記四》（復旦網二〇一五年十二月三十日）即讀北大簡五二「捕獄問諒」的「諒」爲「掠」，謂「掠」，「係法律用語。掠，《説文》所無。《禮記・月令》：『毋肆掠』，鄭玄注：『掠，謂捶治人。』《廣韻・藥部》：『掠，笞也，治也。』《類篇・手部》：『搒也。』問獄用刑乃是常態。」按，讀掠是對的，《張家山漢墓竹簡・奏讞書》：「吏笞諒（掠）毛」，即用「諒」爲「掠」。掠，玄應《大智度論音義》：「問也，謂搒箠治人也。」慧琳《金光明最勝王經音義》：「搒也，笞也。」（《重輯〈蒼頡篇〉卷下》）《急就篇》卷四：「盜賊繫囚榜笞臀。」顏注：「榜笞，箠擊之也。臀，脽也。獲盜賊者，則拘縶而捶擊其脽，考問其狀。」

〔四〕室宇邑〔里〕，室，《説文》：「實也。」桂馥《説文義證》：「《一切經音義》六：『案户外爲堂，户内爲室。』《論語》云：『由也升堂，未入於室。』是也。」宇，《説文》：「屋邊也。」《文選・東京賦注》：「邊也。」（《重輯〈蒼頡篇〉卷下》）《説文》段注引「高誘注《淮南》曰：『宇，屋檐也。』」室宇，就是室内和屋邊檐統稱。邑里，《漢書・食貨志》：「在壄曰廬，在邑曰里。」《吕氏春秋・誣徒》：「出則慚于知友邑里。」

〔五〕縣鄙封彊，縣鄙，《逸周書・大聚解》：「乃命縣鄙商旅曰（云云）。」黄懷信注：「謂邊遠地區。」（《逸周書校補注譯》第一八六頁）《吕氏春秋・孟夏紀》：「循行縣鄙。」封彊，彊界，《吕氏春秋・孟春記》：「王布農事，命田舍東郊皆修封彊。」

〔六〕徑路衝術，徑、路同義詞，但存在區别，徑指小路，《論語・雍也》：「行不由徑。」楊伯峻譯爲：「走路不插小道。」（《論語譯注》第六〇頁）路，道路，常指大路，《詩・鄭風・遵大路》：「遵大路兮，執子之手兮。」毛傳：「路，道。」衝術，《睡虎地秦墓竹簡・法律答問》：「有賊殺傷人衝術。」注釋：「衝術，見《墨子・備城門》，意爲大道。」《墨子・號令》：「以行衝術及里中。」衝、術二字義近。《玉篇・行部》：「衝，交道也。」術，《玉燭寶典》卷一：「邑中道也。」（《重輯〈蒼頡篇〉》卷上）

〔七〕街巷，街，玄應《波羅密經音義》：「街，交道也。」（《重輯〈蒼頡篇〉》卷上）巷，里中小路。《詩・鄭風・叔于田》毛傳：「巷，里塗也。」

〔八〕垣蘠，《説文》：「垣，墻也。」亦作墻垣，《吕氏春秋・孟秋紀》：「修宫室，坿墻垣，補城郭。」

〔九〕開閉門閭，門閭，《禮記・月令》説仲夏之月「門閭毋閉」。《急就篇》卷四：「閭里鄉縣趣辟論」，顏注：「里門曰閭。」漢代閭里實行封閉式管理，《公羊解詁》：「田作之時春，父老及里正旦開門坐塾上，晏出後時者不得出，莫不持樵者不得入。」

〔一〇〕闕廷廟郎，闕，《説文》：「門觀也。」段注：「謂門有兩觀者偁闕。」《釋名・釋宫室》：「闕也。在門兩旁，中央闕然爲道也。」廷，當讀庭。《原本玉篇》：「庭，堂前也。」（《重輯〈蒼頡篇〉》卷上）廟郎，即廟廊，亦作廊廟。廟，宗廟。廊，宮殿。合起來指朝廷。《戰國策·秦策一》：「式於廊廟之内，不式於四境之外。」

〔二〕 窻牖（牖），爲同義詞。窻，玄應《放光般若經音義》引《蒼頡訓詁》謂：「正牖也。」同書引《蒼頡解詁》訓牖爲「旁窗也，所以助明者也」（皆見《重輯〈蒼頡篇〉》卷下）。

〔三〕 桴楣榱棍，胡平生、韓自强已指出：「桴，《説文》：『棟名。』楣，《説文》：『秦名屋櫓聯也。齊謂之檐，楚謂之梠。』榱，《説文》：『秦名屋椽，周謂之榱，齊魯謂之桷。』棍，《説文》：『梠也。』」在此可以補充的是，棍，慧琳《玄奘傳音義》：「檐也。」（《重輯〈蒼頡篇〉》卷下）梠、檐同義。

〔三〕 柱枅橋梁，柱，《文選·魯靈光殿賦》：「枝也。」慧琳《集異門足論音義》：「杖也。」枅，玄應《僧祇律音義》：「柱上方木也。一名楮，亦名栟，亦名榹，亦名榮。」（《重輯〈蒼頡篇〉》卷下）橋梁，慧琳《大般若經音義》：「橋，木梁也。」（《重輯〈蒼頡篇〉》卷上）

〔四〕 屏圂（溷）廬廡，屏、圂（溷）義近，《急就篇》卷三：「屏厠清溷糞土壤。」玄應《六度集經音義》：「屏，墻也。」（《重輯〈蒼頡篇〉》卷下）屏取屏蔽意。圂，玄應《大智度論音義》：「豕所居也。」（《重輯〈蒼頡篇〉》卷下）這也是古代厠所之所在。《急就篇》顔注：「溷者，目其穢濁也。」古代均指厠所。廬，《説文》：「寄也，秋冬去，春夏居。」《漢書·食貨志》：「在壄曰廬，在邑曰里。」顔注：「廬各在其田中，而里聚居也。」廡，《説文》：「堂下周屋。」《釋名·釋宮室》：「大屋曰廡，廡，憮也。憮覆也。」

第一四

亭疕（庀）〔一〕陛堂〔二〕，庫府〔三〕廥廄〔四〕，菌（囷）窖〔五〕廩倉〔六〕，桶槩（槩）參斗，升半實當〔七〕，絫量錘銖〔八〕，銓兩鈞衡〔九〕，耳目鼻口，面頰頜頯，首頭頤顧，肩臂股肕，肝肺心腎，脾胃腹腸，骨體牙齒，手足〔一〇〕蹇□（此字殘存少半）。

【説明】

阜陽漢簡《蒼頡篇》C〇五八「庫后」，整理者胡平生、韓自强已據《居延漢簡》二八二·一：「□堂庫府」，指出「庫」下一字爲「府」。漢牘此板證實所校可從。

C〇三五　□廥廄

困窌廩倉△

秉矡參斗

升半實當△

困窌，本板作「菌窖」。秉矡，本板作「桶檗」。二者有同有異，乃因本子不同的關係，本板所改更見通俗。

本板文字有兩處見於水泉子漢簡《蒼頡篇》，簡一九：「☑肺□心腎藏中央，脾胃腹」，所云「肺心腎」、「脾胃腹」，均與本板完全相同。又，暫三：「☑□牙齒口中剛，手足蹇隹（？）」，所云「牙齒」、「手足蹇隹」，「隹」字待考，其餘全同。

【注釋】

〔一〕亭庉，亭，《説文》：「亭，民所安定也，有樓。从高省，丁聲。」段注：「《百官公卿表》云：『縣道大率十里一亭，亭有長。十亭一鄉，鄉有三老，有秩嗇夫。』《後漢・志》曰：『亭有長，以禁盜賊。』《風俗通》曰：『亭，留也。蓋行旅宿會之所館。』《釋名》曰：『亭，停也。人所停集。』按，云民所安定者，謂居民於是備盜賊，行旅於是止宿也。」《急就篇》卷四：「亭長游徼共雜診。」顔注：「秦漢之制，十里一亭，亭有高樓，所以候望。」庉，原本《玉篇》：「《説文》：『庉，樓廥也。』《蒼頡篇》：『屋下高藏也。』《廣雅》：『庉，舍也。』《釋名》：『庉，乇也，乇聚也。』」（桓按，庉，在此處均被隸定爲「庉」，「屯」隸定爲「乇」，都是根據隸書寫法，不能視爲錯字。）庉，今《説文》訓「樓牆也」。其下可以藏東西，所以《蒼頡篇》云：「屋下高藏也。」亭、庉皆高，故並稱。

〔二〕陛堂，陛，《説文》：「升高陛也。」引申爲臺階。堂，《急就篇》卷三：「室宅廬舍樓殿堂。」顔注：「凡正室之有基者，則謂之堂。」《廣雅・釋宫》：「堂堭，壂也。」王念孫疏證：「壂通作殿。《初學記》引《蒼頡篇》云：『殿，大堂也。』《釋名》云：『殿，有殿鄂也。』」陛堂連言，乃因二者相連，《漢書・賈誼傳》：「人主之尊譬如堂，羣臣如陛，衆庶如地。」可爲證。

〔三〕庫府，庫，藏兵車的所在。《説文》：「兵車藏也。」段注：「此庫之本義也，引申之，凡貯物舍皆曰庫。」府，玄應《大智度論音義》引《三蒼》：「文書財物藏也。」（《重輯〈蒼頡篇〉》卷下）《吕氏春秋・懷寵》：「分府庫之金，散倉廩之粟。」

〔四〕廥廄，廥（音kuài），藏草料的倉房，《廣雅・釋宫》：「倉也。」王念孫疏證：「《説文》：『芻稾之藏也。』《管子・度地篇》云：『虚牢獄，實倉廥。』廥之言會也。《漢書·天文志》：『胃爲天倉，其南衆星曰廥積。』如淳注云：『芻槀積爲廥。』」廄，馬廄，《廣雅·釋宮》：「廄，舍也。」王念孫疏證：「《説文》：『廄，馬舍也。』《釋名》云：『廄，勼也。勼，聚也，牛馬之所聚也。』」

〔五〕菌（囷）窖，囷（音qūn），圓形倉廩。《廣雅》：「倉也。」《説文》：「廩之圜者，从禾在囗中，圜謂之囷，方謂之京。」《急就篇》卷三：「門户井竈廡囷京。」窖，地窖，亦用來藏糧食。《説文》：「地臧也。」段注：「《月令》：『穿竇窖。』注曰：『入地隋曰竇。方曰窖。』《通俗文》曰：『藏穀麥曰窖。』」

〔六〕廩倉，《管子·牧民》：「倉廩實則知禮節，衣食足則知榮辱。」以上「囷窖廩倉」均指糧倉。

〔七〕桶槩（㮣）參斗，升半實當，桶、參、斗、升、半皆量制單位。桶，十斗（據《睡虎地秦墓竹簡》第一一五頁）。㮣，《一切經音義》卷十七引《蒼頡》：「平斗斛木。」古代用量器桶、參、斗、升、半計量糧食，盛糧食需用「㮣」取其平，以求準確無誤。參，《急就篇》：「蠡斗參升半卮觛」（顔本），顔注：「參升，亦以其受多少爲名也。半者，受五升之半，謂二升五合也。」王應麟補注：「《禮器》：『貴者獻以角，賤者獻以散，尊者舉觶（原作「禪」，曾仲珊校作「觶」），卑者舉角。』疏曰：『《韓詩》説：『一升曰爵，二升曰觚，三升曰觶，四升曰角，五升曰散。』……然則參升者，觶也。半者，散之半也。」按，「半」又指半升，《史記·項羽本紀》：「士卒食半菽。」王劭注：「半，量器名，容半升也。」本板「升半實當」，「半」在「升」後，應指半升。

〔八〕絫量錘銖，絫量，《漢書·律曆志》：「權輕重者不失黍絫。」應劭曰：「十黍爲絫，十絫爲一銖。」師古曰：「此字讀亦音纍紲之纍。」古代容量和重量以黍粒爲計量基準，本文錘、銖、兩等重量均用這種方法定下來。詳見《漢書·律曆志》。錘銖，《説文》：「錘，八銖也。」《淮南子·説山訓》注：「六銖曰錙，八銖曰錘。」但還有其他説法，《淮南子·詮言訓》高注：「六兩曰錙，倍錙曰錘。」《風俗通義》曰：「銖六則錘。」《廣韻》曰：「八銖爲錙。」段玉裁認爲惟高注《説山訓》與許慎説合（《説文解字注》「錙」字）。

〔九〕銓兩鈞衡，銓，《文選·文賦》注：「稱也。曰銓所以稱物也。」（《重輯〈蒼頡篇〉》卷上）兩，《説文》：「二十四銖爲一兩。」鈞，《説文》：「三十斤也。」字又通均，指平均。衡，稱東西輕重的器具，稱（秤）桿，稱。鈞衡，《漢書·律曆志》：「權與物鈞而生衡。」孟康曰：「謂錘與物鈞，所稱適停，則衡平也。」（此錘指稱砣）。

〔一〇〕耳目鼻口，面頰頷顙，首頭頤顱，肩臂股胻，肝肺心腎，脾胃腹腸，骨體牙齒，手足，以上文字在《急就篇》卷三作：「頭頷頞頗眉目耳，鼻口唇舌齗牙齒，頰頤頸項肩臂肘，捲捥節爪拇指手，胂腴匈脅喉咽髃，腸胃腹肝肺心主，脾腎五藏膍齊乳……股腳膝臏脛爲柱。」耳目鼻口，《淮南子·詮言訓》：「此四者，耳目鼻口不知所取去，心爲之制，各得其所。」頷顙，《説文》：「顙，頟也。」「頟，顙也。」二字互訓。頤顱，頤，《説文》：「𦣝，顄也。頤，篆文𦣝。」顱，慧琳《大毗婆沙論音義》：「下頷也。」（《重輯〈蒼頡篇〉》卷下）股胻，指大腿、小腿，《説文》：「股，髀也。」段注：「骨部曰：『髀，股外也。』言股則統髀，故曰『髀也』。」《説文》：「胻，脛耑也。」段注：「耑猶頭也。脛近膝者曰胻，如股之外曰『髀也』。言脛則統胻，言胻不統脛。」腸，慧琳《大寶積經、無量義經音義》：「腸道也。」（《重輯〈蒼頡篇〉》卷上）骨體，《素問》卷二《陰陽應象大論》：「北方生寒，寒生水，水生鹹，鹹生腎，腎生骨髓……其在天爲寒，在地爲水，在體爲骨。」王冰注：「端直貞幹以立身也。」本板關於身體各部分的記述共八句，並不完整，戛然而止。故五十一板前四句亦記述這方面的內容，作爲補充，二者可對看。

第一五

族姓姊妹〔一〕，親僌（戚）弟兄〔二〕，罷〔病〕〔三〕悲〔哀〕〔四〕，號〔哭〕〔五〕〔死〕喪〔六〕，〔遺〕□〔心〕〔所〕，雞豚〔七〕犧羊〔八〕，貕豵豭豶〔九〕，□〔江？〕羖：（缺三字）秙：（缺五字）酋瓮酎醇〔一〇〕，脯〔肉〕酒漿〔一一〕，師：（缺四字）哇鼃𪓾僬，脩：（缺二字）

【説明】

阜陽本《蒼頡篇》C〇五七「鼃元虵鼃」，後兩字疑即本板「哇鼃」。

本板在《居延新簡》中有對照材料，據胡平生《漢簡〈蒼頡篇〉新資料的研究》所提供的《蒼頡篇》新資料有：「族姓嫂妹，親戚弟□，□病悲□，□哭死□，遺□心所，□」（原爲六棱觚，居新EPT五六·一八一A），二者可以對讀。嫂妹，當以本板作「姊妹」爲長。親戚，本板作「親僌」，知「僌」應讀戚。水泉子漢簡七言本《蒼頡篇》第一一簡：

☐親戚弟兄宗益强，罷病悲哀臥☐。

可證本板文字應作：「親僌（戚）弟兄，罷〔病〕悲〔哀〕。」《急就篇》卷四：「喪弔悲哀面目腫」，亦有「悲哀」一詞。號〔哭〕〔死〕喪，據水泉子漢簡《蒼頡篇》例一六「☐就狀，號哭死喪」而補。「犧羊，貕豵豭豶」，可參看水泉子漢簡《蒼頡篇》簡八：「☐犧羊辟道旁，豯豵豭豶小被。」豯豵豭豶，本板皆從豸旁，又「豭」作「豰」，均應以水泉子本《蒼頡篇》從豕爲是。

【注釋】

〔一〕族姓姊妹，族姓，指氏族。《左傳・襄公三十一年》：「而辨於其大夫之族姓。」或指同姓族人，指同姓，如《書・呂刑》：「王曰：『敬之哉！官伯族姓……』」屈萬里《尚書今注今釋》：「官伯，刑官之長；族姓，同姓之臣：《便讀》說。」（第一五五頁）指族人，如《左傳・昭公三十年》：「我盍姑億吾鬼神，而寧吾族姓。」本板當指族人。姊妹，見《左傳・桓公三年》：「姊妹，則上卿送之」。

〔二〕親㓨（戚）弟兄，《戰國策》卷二十四：「魏將與秦攻韓，朱己（按，即「無忌」）謂魏王曰：『秦與戎、翟同俗，有虎狼之心，貪戾好利而無信，不識禮義德行，苟有利焉，不顧親戚兄弟，若禽獸耳。』」《吕氏春秋・恃居覽》：「無親戚兄弟夫妻男女之別。」親㓨，《廣雅・釋詁》：「親㓨，近也。」王念孫疏證：「㓨通作戚。」

〔三〕罷病，罷、疲二字相通假，其例甚多（《古字通假會典》第六八七—六八八頁）。罷病即疲病，《左傳・襄公八年》：「民不罷病。」《說文》段注「癃」字下說：「罷者廢置之意。」

〔四〕悲哀，初作哀悲，《老子・三十一章》：「殺人之衆，以哀悲泣之。」悲哀見《史記・五帝本紀》：「堯辟位凡二十八年而崩。百姓悲哀，如喪父母。」

〔五〕號哭，《史記・循吏列傳》：「（子産）治鄭二十六年而死，丁壯號哭，老人兒啼。」

〔六〕死喪，死亡，《詩・小雅・常棣》：「死喪之威，兄弟孔懷。」亦指喪葬，見《漢書・食貨志》。

〔七〕雞豚，《孟子・梁惠王上》：「雞豚狗彘之畜，無失其時，七十者可以食肉矣。」

〔八〕犧羊，即純色之羊。《詩・小雅・甫田》：「以我齊明，與我犧羊，以社以方。」朱熹集注：「犧羊，純色之羊也。」《禮記・曲禮下》：「天子以犧牛」，注：「犧，純毛也。」可爲證。

〔九〕豯豵豰豶，即豯豵豭豶，《說文・豕部》：「豯，生三月豚，腹豯豯皃也。从豕、奚聲。」「豵，生六月豚，从豕、從聲。一曰一歲豵，尚叢聚也。」「豭，牡豕也，从豕、叚聲。」「豶，羠豕也。从豕、賁聲。」

〔一〇〕酋瓮酎醇，「酋」義爲陳酒，見《周禮・天官・酒正》「昔酒」鄭玄注。「酋瓮」是存儲陳酒之瓮。「酎」是三重醇酒，所以「酎醇」是同義詞。《西京雜記》卷一：「漢制：宗廟八月飲酎，用九醞太牢，皇帝侍祠。以正月旦作酒，八月成，名曰酎，一曰九醞，一名醇酎。」《文選・左思〈魏都賦〉》：「醇酎中山，流湎千日。」

〔二二〕脯〔肉〕酒漿，《史篇》一第一板有「醪酒脯肉」，意思相近。漢碑所言「酒脯」亦指此。《廣雅·釋器》：「鱐、脘、膊、腊、膴、胂、腒、脯，脯也。」王念孫疏證：「《漢書·東方朔傳》云：『乾肉爲脯。』《釋名》云：『脯，搏也，乾燥相搏著也。』《周官·腊人》：『掌乾肉，凡田獸之脯腊膴胖之事』，鄭注云：『大物解肆乾之謂之乾肉，薄析曰脯。』」脯肉即乾肉薄切。

第一六

⿱敖麦巨〔一〕飴鍚△〔二〕，鐘磬〔三〕音聲〔四〕，藾瑟琴簧△〔五〕，銀錫（鍚）〔六〕玖⿰王斗〔七〕，貝琮……（缺二字），璧碧〔八〕圭玉，璣珠〔九〕瑗璜△〔一〇〕，茵蓐〔一一〕席藉〔一二〕，杠机程（桯）牀△〔一三〕，韝韠〔一四〕……（缺三字）⿰足蔑〔一五〕衣裳△〔一六〕，𧯨吱（妓）㯱蕡〔一七〕，吋唯芷（芷）薌△〔一八〕，巾幭〔一九〕裹虞〔二〇〕，衷䐉〔二一〕……（缺二字）

【説明】

⿱敖麦字下端從麦，不見字書記載。水泉子漢簡七言本《蒼頡篇》有三處文字，可相對勘。暫三五：「⧄鼓冒冒，藾瑟琴黄（簧）師廣（曠？）」，「黄」是「簧」的通假字。簡一三：「⧄聲瑯瑯璧碧□」，其中「璧碧」二字，本板作「璧碧」，當以本板爲是。例二五：「⧄大休杠□桯抹（牀）安宜彊。」其中「杠□桯抹」，桯字從木，本板作程，當據正。

【注釋】

〔一〕⿱敖麦巨，⿱敖麦，應讀敖，指敖製，古人説用「煎」的方法做飴鍚。巨，似當讀聚。

〔二〕飴鍚，《急就篇》：「棗杏瓜棣饊飴鍚」，顔師古注：「以糵消米取汁而煎之，渜弱者爲飴，厚强者爲鍚，鍚之爲言洋也，取其洋洋然也。」飴，《説文》訓爲「米糵煎也」。鍚，訓爲「飴和饊者也」。飴和鍚雖有區别，但泛言之皆指飴糖。

〔三〕鐘磬，《禮記·檀弓上》：「有鐘磬而無簨虡，其曰明器，神明之也。」《凡將篇》：「鐘磬竽笙築坎侯。」（《藝文類聚》卷四十四）

〔四〕音聲，《急就篇》：「五音總會歌謳聲」，顔師古注：「五音，宫、商、角、徵、羽也。聲成文謂之音。」可見音、聲之别。

〔五〕蘈瑟琴篢，《廣雅·釋樂》：「籟謂之簫，大者二十四管，小者十六管，有底。」王念孫《廣雅疏證》釋爲：「籟之言厲也。聲清厲也。高誘注《淮南子·齊俗訓》云：『簫，籟也。』《莊子·齊物論篇》『人籟則比竹』，是已。」

〔六〕銀錫，《漢書·食貨志》：「是時禁苑有白鹿而少府多銀錫。」《淮南子·兵略訓》：「夫栝淇衛箘簬（《太平御覽》引簬作簵），載以銀錫。」高誘注：「載，飾也。飾箭以銀錫。」

〔七〕玖玬，是指用一種黑色的玉做的玉斗。《説文》：「玖，石之次玉黑色者。从玉、久聲。《詩》曰：『貽我佩玖。』讀若芑。或曰若人句脊之句。」桂馥《説文義證》注云：『石之次玉黑色者』，《詩·木瓜》：『報之以瓊玖』，傳云：『瓊玖，玉名。』楊慎曰：『玖，黑色玉，可作鏡。』」玬，字書未載，當指古代酒器玉斗。《史記·項羽本紀》記沛公（劉邦）説：「我持白璧一雙，欲獻項王；玉斗一雙，欲與亞父。」

〔八〕璧碧，璣珠，皆見於《急就篇》卷三：「璧碧珠璣玫瑰甕。」顔注：「璧，玉璧也。肉倍好謂之璧。肉謂外邊之質，好謂孔子（桓按，『子』，衍文），言質大而孔小居一倍也。」碧，王應麟補注：「《説文》：『碧，石之青美者。』《子虛賦》注：『碧謂玉之青白色者。』《山海經》：『耿山多水碧。』《廣志》曰：『碧有縹碧，有緑碧。』」

〔九〕璣珠，顔注：「圓者曰珠，不圓曰璣，皆蚌之陰精也。」

〔一〇〕瑗璜，瑗，《爾雅·釋器》釋文：「玉佩名。」（《重輯〈蒼頡篇〉》卷下）

〔一一〕茵蓐，茵，《説文·艸部》：「車中重席也。」茵、蓐二字義近。蓐，玄應《波羅密經音義》引《三蒼》：「薦也。」（《重輯〈蒼頡篇〉》卷下）《廣雅·釋器》：「薦，席也。」

〔一二〕席藉，《説文》：「席，籍也。」

〔一三〕杠机桯（桯）牀，《説文》：「杠，牀前横木也。」《方言》云：「牀，其杠，北燕、朝鮮之間謂之樹，自關而西，秦晉之間謂之杠。」《急就篇》：「奴婢私隸枕牀杠」，顔注：「杠者，牀之横木也。」可知稱牀前横木爲杠，是秦漢時西北地區方言。机，通「几」，小桌子，《周易·涣》：「九二，涣奔其机，悔亡。」桯，《廣雅·釋器》：「几也。」王念孫疏證：「《方言》：『榻前几，江沔之間曰桯，趙魏之閒謂之椸，其高者謂之虡……《説文》：『牀前几也。』《廣韻》云：『牀前長几也。』』」牀，《説文》：「安身之几坐也。」（段注本）《釋名·釋牀帳》：「人所坐卧曰牀。」

〔一四〕韝韠，韝，《説文》：「臂衣也。」（段注本）即袖套。段注考證「凡因射箸左臂謂之射韝」。韝形如射韝，左右手皆服，便於使用。韠，《説文》：「韍也，所以蔽前。」「市，韠也。上古衣蔽前而已。韍，篆文市从韋从犮。」《儀禮·士冠禮》：「緇帶素韠」，釋文：「韠，蔽膝也。」

〔一五〕蹝（音wà），今作襪。《説文》：「韈，足衣也。」段注：「《左傳》曰：『褚師聲子韈而登席』，謂燕禮宜跣也。」韈即蹝。韈，又作韤。

〔一六〕衣裳，衣是上衣，裳是下裳，合起來指衣服。《詩·邶風·緑衣》：「緑兮衣兮，緑衣黄裳。」毛傳：「上曰衣，下曰裳。」

〔一七〕柴𢻱（妓）絭蕡，柴妓，《説文》均訓「婦人小物也」。段注：「小物謂用物之瑣屑者。」絭，《説文》：「纕臂繩也。」（段注本）「引申爲凡束縛之偁」（段注）。蕡，《説文》：「雜草香。」（據段注校）全句是説婦女所用瑣屑物品，卷束著發出雜草的香氣。

〔一八〕芷薌，芷，白芷。薌字見《説文》新附及《玉篇》，即「香」字。

〔一九〕巾幭，巾，《説文》：「佩巾也。」幭，《説文》：「蓋幭也。」段注：「幭之言幎也……按幭之本義不專爲覆軾，而覆軾其一端也。」

〔二〇〕裹虞，裹，《説文》：「纏也。」段注：「纏者，繞也。」

〔二一〕衷幐，衷，《文選·五君咏詩注》：「别外之辭也。」（《重輯〈蒼頡篇〉》卷下）幐，《廣雅·釋詁》：「攍旅何（揭）揥，擔也。」王念孫疏證：「《方言》：『攍膂賀幐，儋也。』……何與賀通，亦通作荷。《説文》：『幐，囊也。』《方言》注云：『今江東呼儋兩頭有物爲幐。』《後漢書·儒林傳》云：『制爲幐囊。』揥、幐、縢並通。」可證幐有擔東西的意思。

第一八甲

□听品品，銚鏐督（督）鬗〔一〕，鏄鮮鈃鈇〔二〕，錐刀〔三〕鋋〔四〕釒□，釒□（鈒）戟〔五〕□□，劍刃標尿〔六〕，鏇鋸鏐〔七〕釒□，捋輜轙□各（輅）〔八〕，□□□□，軮驋〔九〕听（斮？）□，輂軺〔一〇〕乘車〔一一〕，䌛〔絶〕□□，□□□□，□□□□，□全澤〔一二〕潤（？）□。

【説明】

此牘有兩處文字見於阜陽漢簡《蒼頡篇》，即：C〇八六「□鬗釒□」，C〇四九「轙□各」。本板「鬗」後一字是「鏄」，而阜陽本乃「金」字旁，是爲二者的差異。

【注釋】

〔一〕銚鏐督鶩，銚（音 tiáo），此處應指矛類兵器。《吕氏春秋·簡選》：「鋤櫌白梃，可以勝人之長銚利兵。」銚還指農具鋤，見《管子·海王》；又指似鬲的温器，見《廣雅·釋器》：「鋗，謂之銚。」參看王念孫疏證。鏐，應指最好的紫磨金。《説文》：「弩眉也……一曰黄金之美者。」段注：「見《爾雅·釋器》。鄭本《尚書》『厥貢鏐鐵』注同。漢《地理志》亦作鏐。韋昭云：『紫磨金。』」督，即督字，漢碑字下端多從日，《説文》：「督，察視也。」鶩，《説文》：「杖耑角也。」段玉裁注：「杖耑謂杖首也。」又説：「《廣韻》曰：『鶩，以角飾杖策頭。』」

〔二〕鏄鮮鈃鈇，鏄鮮，《淮南子·俶真訓》作「鏄鮮」，字從「金」旁，與阜陽簡C〇六八同。《俶真訓》云：「百圍之木，斬而爲犧尊，鏤之以剞劂，雜之以青黄，華藻鏄鮮，龍蛇虎豹，曲成文章。」高注：「華藻，華文也。鏄，今之金尊也。鮮，明好也。」關於「鏄」、「鮮」二字字義未得。諸家注釋以劉文典所説較爲可取，抄之於下。「今按，鏄從尃聲，尃猶敷也，謂以金敷布其上也。古者以金飾物謂之鏄。《史記·禮書》注『金薄璆龍』，《索隱》引劉氏曰：『薄，猶飾也。』薄即鏄之叚字也。鮮，讀爲獻。《禮記·月令篇》『天子乃鮮羔開冰』，注曰：『鮮當爲獻。』是其證也。《明堂位篇》『周獻豆』，注曰：『獻，疏刻之。』然則鏄獻謂疏刻而以金飾之也。晝爲華藻之形，疏刻而金飾之，是爲華藻鏄獻。」（《淮南鴻烈集解》第五九—六〇頁）本板「鏄鮮鈃鈇」亦當讀爲「鏄獻鈃鈇」，謂在鈃鈇上疏刻而金飾之。鈃鈇，應指兵器。鈃字有此義，可參看《説文》：「刑，頸也。」「剄，刑也。」段注考辨井、刑二字之不同。「按井者，五井也。凡井罰、典井、儀井皆用之。刑者，剄頸也，横絶之也。」故我推想鈃應是一種可斬殺的兵器。鈃，常用作似鐘而長頸的器物名。鈃，《急就篇》顔注：「鋞，温器，圓而直上也。鋞或作鈃，鈃似鐘（桓按，字應作「鍾」）而長頸也。」《説文》：「鈃，佀鍾而長頸。」（段注本）與此處用法不合。鈇，《説文》：「斫莝刀也。」（段注本）段注認爲應作「莝刀質也」。古書所説「斬以鈇鉞」，「若今要斬，殺以刀刃，若今棄世。《文選·册魏公九錫文》引《倉頡篇》『鈇，椹質也』。鉞，斧也。《公羊傳》曰：『不忍加之鈇鑕。』鑕即質。何休云：『斬要之刑。』范雎曰：『匈當椹質，要待斧鉞』」。《古今韻會舉要·虞韻》引《蒼頡篇》：「鈇，斧也。」《鶡冠子》有《王鈇》之篇。這一字義與段注不同，本板即此義。

〔三〕錐刀，《左傳·昭公六年》：「錐刀之末，將盡爭之。」杜注：「錐刀末，喻小事。」《文子·上禮》也説：「爭於錐刀之末。」但本板只用作兩種器具名。

〔四〕鋋，《急就篇》卷三：「矛鋋鑲盾刃刀鉤。」顔注：「鐵把小矛也，江淮吴越或謂之鍦。」孫機在《漢代物質文化資料圖説》中説：「在林莽地帶，短鋋大有用武之地。《漢書·鼂錯傳》説：『萑葦竹蕭，草木蒙蘢，枝葉茂接，此矛鋋之地也；長戟二不當一。』

將它的特點説得很形象。」（第一一六頁）

〔五〕鈒戟，《急就篇》卷三：「鈒戟鈹鎔劍鐔鍭。」（戟，一作鍛）顔注：「鈒，短矛也；戟，枝刃之矛也，楚謂之孑。」王應麟補注：「《説文》：『鈒，鋋也。』《左傳》：『楚武王授師孑焉。』《方言》：『戟，楚謂之釨，凡戟而無刃，秦晉謂之鋋，吴揚謂之戈，東齊秦晉謂其大者曰鏝胡，其曲者謂之鉤釨鏝胡。』注：『即今雞鳴句孑戟。』《小爾雅》：『戈，句孑戟也。』《釋名》：『戟，格也，旁有枝格也。』《説文》：『戟，有枝兵也。』」

〔六〕劍刃標杘，劍刃，《急就篇》卷三：「鈒戟鈹鎔劍鐔鍭。」「矛鋋鑲盾刃刀鉤。」標，木末。《後漢書·馬融傳》：「杪標端。」注：「杪標並木末也。」杘，《廣雅·釋器》：「柄也。」慧琳《大寶積經音義》：「杘也。」（《重輯〈蒼頡篇〉》卷下）二字互訓。

〔七〕鏇鋸鏐，鏇，慧琳《一切經音義》卷三十九：「張戩《考聲》云：『鏇謂工匠轉軸鏇器物也。』」是旋轉切削的工具。鋸，慧琳《大般若經音義》：「截物鋸也。」（《重輯〈蒼頡篇〉》卷下）鏐，已見前注，此似指一種工具。

〔八〕捋𨊻轙輅，捋，取，《詩·周南·芣苢》：「薄言捋之」，毛傳：「取也。」捋𨊻，是取𨊻車。𨊻，《説文》：「車約軔也……《周禮》曰：『孤乘夏軔。』一曰下棺車曰軔。」秦代常用作巡字。巡，《説文》：「視行也。」（段注本）《嶧山刻石》：「寴軔遠方，登于嶧山。」轙，《爾雅·釋器》：「載轡謂之轙。」有待義。《漢書·禮樂志》集注引如淳曰：「轙，僕人嚴駕待發之意也。」又引孟康曰：「轙，待也。」本板正用後一義。輅，通作路，路車是「君車」（《白虎通·車旂》）、「天子之車」（《文選·東京賦》薛注）。轙輅，即待發輅（路）車之謂。

〔九〕鞅韅，《急就篇》卷三：「轡勒鞅韅靽羈韁」（韁，一作繮），顔注：「在頸曰鞅，在掖曰韅。」王應麟補注：「鞅，古謂之纓，《左傳》：『掉鞅而還。』（桓按，見宣公十二年）又曰：『韅靷鞅靽』（按，見僖公二十八年），注：『在背曰韅。』《説文》作㬎，云『著掖皮』。」鞅韅，分别指駕車馬頸上的皮帶和馬腹革帶，後者經馬腋上繫鞍，故云「在掖」、「著掖皮」。

〔一〇〕輂軺，輂，《説文》：「輓車也。」段注：「謂人輓以行之車也。」軺，《説文》：「小車也。」《急就篇》卷三：「輜軺轅軸輿輪輮」，顔注：「軺，輕車也。」孫機《漢代物質文化資料圖説》認爲：「軺車的定義以《釋車》最可取：『軺，遥也；遥，遠也。四向遠望之車也。』即這是一種四面敞露之車。」（第九一—九二頁）

〔一一〕乘車，《左傳·莊公十二年》：「以乘車輂其母。」杜注：「乘車，非兵車。駕人曰輂。」玄應《瑜伽師地論音義》引《三蒼》：「載曰乘，馬曰駕。」（《重輯〈蒼頡篇〉》卷上）

〔一二〕澤，慧琳《仁王經音義》：「澤，恩也。」（《重輯〈蒼頡篇〉》卷上）

第一八乙

…（共缺十八字，北大本可補十四字）〔秀〕〔英〕，〔麇〕〔鹿〕能羆〔一〕，犀犛□豺狼〔二〕，貙貍厝（麈）豻〔三〕，麢〔四〕〔㲋〕〔麐〕〔麠〕，〔鳿〕〔鴰〕〔鳧〕〔鴈〕，〔鳩〕□（鴉）鴛鴦〔五〕，〔陂〕〔池〕□溝（溝）□洫（洫），淵泉隄防〔六〕，江漢〔七〕氵□（汾）〔澮〕〔八〕，〔河〕〔沛〕〔泓〕〔漳〕。

【説明】

北大漢簡《蒼頡篇》：

雚葦菅蔚，
莞蒲藺蔣。
耑末根本，
榮葉莠英。
麇鹿熊羆，（六四）
犀犛豺狼。
貙貍麈豻，
麢㲋麐麠。
鳿鴰鳧鴈，
鳩鴉鴛鴦。（五六）
陂池溝洫，
淵泉隄防，
江漢澮汾，

河沛涊漳，

伊雒涇渭。（五七）

凡此可補本板殘缺的文字。「澮汾」，本板「汾」字在上。又，漢牘「□（伊）雒涇渭」之句在十九板之首，而十八板末尾四句却是「緜□□□，□□□□，□□□□，□隉□□」，與「陂池溝洫」四句不合。由此判定「陂池溝洫」四句漢牘本有之，必有兩個十八板始能相合。故此板應接第十八板甲之後，爲第十八板乙。

水泉子漢簡《蒼頡篇》例一九：

☑宗（桓按，字應釋「泉」）隄防泥式式，江漢汾

亦可與本板文字相印證。「汾澮」的「汾」在上，同本板。

【注釋】

〔一〕能羆，《急就篇》卷二：「陶熊羆。」顔注：「惟熊惟羆，男子之祥。」（桓按，見《詩・小雅・斯干》）

〔二〕犀犛豺狼，犀，《説文》：「徼外牛。一角在鼻，一角在頂，佀豕。」（段注本）玄應《虛空孕經音義》：「犀好食棘。」（《重輯〈蒼頡篇〉》卷上）犛，《説文》：「西南夷長髦牛也。」狼，《説文》：「似犬，鋭頭白頰，高前廣後。」

〔三〕貙貍麈豻，《説文》：「貙獌（段注：獌，衍文耳），似貍。」「貍，伏獸似貙也。」《周禮・射人》：「以貍步張三矦。」鄭注云：「貍，善搏者也，行則止而擬度焉，其發必獲，是以量矦道法之也。」（參《廣雅・釋獸》：「豾，貍也」，王念孫疏證）《急就篇》卷四：「貍兔飛鼯狼麋麐。」豻，《説文》：「胡地野狗。」

〔四〕麢，《廣雅・釋獸》：「美皮冷角。」王念孫疏證：「冷與麢通，或作羚……《爾雅》：『麢，大羊。』郭璞注云：『麢羊似羊而大，角員鋭，或在山崖間。』《説文》：『麢，大羊而細角。』」

〔五〕鴛鴦，《蜀都賦》：「其中則有翡翠鴛鴦。」《急就篇》卷三顔注：「鴛鴦，取匹鳥爲名也。」

〔六〕淵泉隄防，淵泉，深泉，語出《莊子・田子方》。隄，慧琳《集異門足論音義》：「封也。」（《重輯〈蒼頡篇〉》卷下）《呂氏春

秋・季春紀》：「修利隄防。」《易林・師之復》：「淵泉堤防，水道通利。」

〔七〕江漢，長江和漢江，《詩・小雅・四月》：「滔滔江漢，南國之紀。」又，《大雅》有《江漢》篇。《商君書・弱民》：「江漢以爲池。」

〔八〕汾澮，汾水、澮水，都在晉南，《左傳・成公六年》：「不如新田，土厚水深，居之不疾，有汾、澮以流其惡。」

第一九

〔伊〕雒涇渭〔一〕，維咠〔楫〕〔二〕□方，雲雨賈零，霚（霧）露雪霜〔三〕，朔時日月，星晨紀剛（綱）〔四〕，冬寒夏暑，玄氣陰陽〔五〕，杲旭宿尾〔六〕，奎婁軫亢〔七〕，弘兢（競）翦眉〔八〕，霸暨傅庚〔九〕，華䜌（巒）岑崩〔一〇〕，隗阮阤坑〔一一〕。阿尉駁〔瑣〕〔一二〕。

【說明】

阜陽漢簡《蒼頡篇》有三處文字見於本板，即：C〇六七：「吧剛。」C〇二六：「〔寠〕軫亢，弘兢翦眉，霸暨尃庚、崋巒岑崩、睆嵬。」C一〇〇：「尉馹□。」C一〇七：「□瑣□□。」C一〇〇原作C〇九八，李亦安據圖版認爲應與一〇〇：「思慮」，釋文對調，C一〇〇、C一〇七應相連。

兩相比較，本板「傅庚」，「傅」C〇二六作「尃」，二字相通；本板「華䜌」，C〇二六作「崋巒」，與北大本相同，䜌，當以作「巒」是。本板「隗阮」，C〇二六作「睆嵬」，「嵬」應讀「隗」。

北大漢簡《蒼頡篇》「伊雒涇渭」（五七）見十八板乙所引，本板據此補「伊」字，北大本下一句爲「維楫船方」（五八）。然後是「雲雨」章：「雲雨賈零，霚露雪霜。朔時日月，星晨紀綱。冬寒夓暑（五九）；玄氣陰陽。杲旭宿尾，奎婁軫亢。弘兢翦眉，霸暨傅庚（六〇）；崋巒岑崩，阮嵬陀阮。阿尉駁瑣（六一）」其文字與本板基本相同，從内容來看，本板以「雲雨」爲章首亦很有可能。

水泉子漢簡七言本《蒼頡篇》也有三處文字可對校。暫二三：「☐〔伊〕雒涇渭流湯湯，維楫船方茬（？）。」其中「維楫船方」明顯與本板「維咠四方」含意有不同。暫二九：「☐亢宿左張，弘競前□不可量」，其中「前」應是本板「翦」的通假字。暫二八：「☐崩山柀（陂）隮（？），阮嵬阤阬水不行，阿尉駁」，本板的「崩，隗阮阤坑，阿尉駁」，大致相同，唯「阮嵬」，本板作「隗阮」，阜陽本作「睆嵬」，水泉子本、阜陽本較相近，本板二字誤倒。

北大簡以下諸簡可與本板對校：

伊雒涇渭，（五七）
維楫舩方。（五八）
雲雨霣零，
霚露䨮霜。
朔時日月，
星晨紀綱。
冬寒叟暑，（五九）
玄氣陰陽。
杲旭宿尾，
奎婁軫亢。
弘兢翦眉，
霸暨傅庚。（六〇）
崋巒岑崩，
阮嵬陀阬。
阿尉駁瑣，（六一）

五九、六〇、六一爲雲雨章。北大簡「舩方」，本板方前一字不清楚。船，《漢印文字徵》作舩（《甲金篆隸大字典》第五九九頁），舩即船。水泉子本作「船方」。按，《説文》：「舫，船師也。《明堂月令》曰：『舫人』，習水者。从舟、方聲。」（段注本）段注：「舫衹訓船，舫人乃訓習水者，觀張揖之訓『榜人』，可得其理矣。《篇》《韻》皆曰：『並兩船』，是認船爲方也。舫行而方之本義廢矣。」舫取代了方，船、方皆指船。其餘文字，北大本基本上同於阜陽本，與本板也大致相同。

【注釋】

〔一〕伊雒涇渭，伊、雒二水相鄰近，故《左傳·僖公十一年》載有「伊雒之戎」。典籍亦將「伊、雒」連稱（如《漢書·地理志》）。涇渭，涇水是渭水支流，發源於寧夏，流入陝西與渭水會合，故《急就篇》卷四云：「涇水入渭街術曲。」《詩·邶風·谷風》：「涇以渭濁」，毛傳：「涇渭相入而清濁異。」

〔二〕維楫，指繫船的大繩和划船的槳。賈誼《陳政事疏》：「若夫經制不定，是猶度江河亡維楫，中流而遇風波，船必覆矣。」以此喻法度。《鹽鐵論·刑德》：「刑罰者，國之維楫也。」《太玄·礥》：「崇崇高山，下有川波其，人有輯航，可與過其。」司馬光《集注》：「輯與楫同。」

〔三〕雲雨賈零，霧露雪霜，古人習慣以雲雨並舉，如《周易·乾·象》：「雲行雨施，品物流形。」「雲雨」一詞，見《詩·召南·殷其靁》毛傳。賈，《說文》：「雨也。」《玉篇》：「雷起出雨也。」零，《說文》：「徐雨也。」（段注本）亦指落雨（或霜、露）。《詩·鄘風·定之方中》：「靈雨既零」，毛傳：「零，落也。」賈零，即隕零。《鹽鐵論·論菑》：「秋始降霜，草木隕零。」霧露雪霜，《呂氏春秋·察賢》：「雪霜雨露時，則萬物育矣。」

〔四〕朔時日月，星晨紀剛（綱），這兩句是談曆象。朔是農曆每月初一，《周禮·春官·大史》：「頒告朔於邦國。」是說天子將告朔（次年曆書）在十二月朔日頒佈給天下諸侯。據《論語·八佾》載：「子貢欲去告朔之餼羊。」春秋時魯君每逢初一要殺羊祭於藏著曆書的祖廟，是爲「告（音gù）朔」。時，天時。《書·堯典》：「敬授人時。」僞孔傳：「敬記天時以授人也。」日月星晨，《書·堯典》：「曆象日月星辰」，僞孔傳：「星，四方中星；辰，日月所會。」孔疏：「日月所會，謂日月交會於十二次也。」《呂氏春秋·當賞》：「四曰民無道知天，民以四時寒暑、日月星辰之行知天。」《馬王堆漢墓帛書·經法·論約》：「日月星晨有數，天地之紀也。」紀剛，即綱紀，《詩·大雅·棫樸》：「綱紀四方。」亦作紀綱，《左傳·哀公六年》：「亂其紀綱。」綱紀是繫於網罟的繩，本板指三辰和列星，《張家山漢墓竹簡·蓋盧》：「參（三）辰爲剛（綱），列星爲紀。」注：「三辰，《左傳·桓公二年》：『日、月、星。』」又注：「列星，《荀子·天論》注：『有列位者，二十八宿也。』」

〔五〕冬寒夏暑，玄氣陰陽，《周易·繫辭上》：「一寒一暑。」《呂氏春秋·君守》：「夏熱之下，化而爲寒。」《千字文》：「寒來暑往。」玄氣，指自然之氣，見《漢書·禮樂志》。陰陽，造化陰陽之氣。

〔六〕杲旭宿尾，杲旭，《說文》：「杲，明也。从日在木上。」《詩·邶風·匏有苦葉》：「雝雝鳴雁，旭日始旦。」毛傳：「旭日始出，謂大昕之時。」宿，星宿。尾，星宿名，二十八宿之一。東方蒼龍七宿之第六宿，有星九顆。《禮記·月令》：「孟春之月，日在營室，昏參中，旦尾中。」杲、旭在時間上相當於旦。《淮南子·時則訓》注：「尾，東方蒼龍之宿也，是月將旦時，中於南方。」

〔七〕奎婁軫亢，皆爲二十八宿之星。奎是西方白虎七宿的第一宿。胡平生、韓自强説：「婁、軫、亢，二十八宿星名。婁爲西方白虎七宿之一，軫爲南方朱鳥七宿之一，亢爲東方蒼龍七宿之一。首字缺，當爲北方玄武七宿之一。」按，阜陽本首字缺，本板與北大本均爲「奎」字，乃西方白虎七宿的第一宿，顯然不是北方玄武七宿之一。我認爲這四個星名，應承「冬寒夏暑」而言。《禮記·月令》仲夏之月，「昏亢中」。季夏之月，「旦奎中」。仲冬之月，「旦軫中」。季冬之月，「昏婁中」。冬夏中這四星的出現位置見於典籍記載，與此相合，當非偶然。

〔八〕弘競翦眉，弘，常用爲宏，《爾雅》：「宏，大也。」（參《説文》弘字段注）競，意爲争。《詩·商頌·長發》：「不競不絿，不剛不柔」，鄭箋：「競，逐也。不逐，不與人争前後。」弘競即大競。翦，意爲齊，《詩·魯頌·閟宫》：「后稷之孫，實爲大王，居岐之陽，實始翦商。」毛傳：「翦，齊也。」眉，《説文》：「卧息也。」段注：「眉之本義爲卧息，鼻部所謂鼾也。」此句意即大家比著打鼾。

〔九〕霸暨傅庚，胡平生、韓自强説：「霸通魄。《説文》：『月始生霸然也，承大月二日，承小月三日。《周書》曰：哉生霸。』此指月初生明亮部分爲魄。一説以月體黑者謂之霸。暨，《説文》：『日頗見者，見而不全也。暨，小食也。』」傅，《説文》：「相也。」庚通更，《列子·黄帝》：「心庚念是非，口庚言利害。」張注：「庚當作更。」（《古字通假會典》第二八九頁）《類篇·攴部》：「更，迭也。」此句指每月的日月更替變化。

〔一〇〕華巒岑崩，華，《廣雅·釋山》：「崋山謂之太崋。」巒，「《爾雅》：『巒，山墮』，郭璞曰：『謂山形狹長者，荆州謂之巒。』《説文》：『山而高也。』《原本〈玉篇〉殘卷》：在「巒」下説：「野王案：《楚辭》：『登巒山而遠望』，是也。」岑，《説文》：「山小而高。」《爾雅·釋山》同此訓。崩，指山崩，《漢書·元帝紀》：「山崩地裂，水泉涌出。」

〔一一〕隗阮阤坑，阤，北大本作陀，通阤。隗、阮兩地應是距華山較近之地。隗，《山海經·大荒南經》：「又有隗山。」地望似不相合。阮，《説文》：「代郡五阮關也。」近是。阤（陁），《説文》：「小崩也。」《廣雅·釋詁一》訓「壞也」。典籍或訓爲落。坑，大坑，慧琳《大般若經音義》：「壑也，陷也，壍也。」（《重輯〈蒼頡篇〉》卷下）這兩句大意謂華山的大小高山發生山崩，在隗阮一帶就會砸出大坑。

〔一二〕阿尉駸瑣，阿，《説文》：「大陵也。一曰曲阜也。」是爲本義。引申指委曲處，又引申爲曲從、阿諛。《國語·周語上》：「大臣享其禄，弗諫而阿之。」韋昭注：「阿，隨也。」尉，慰問。《漢書·車千秋傳》：「思欲寬廣上意，尉安衆庶。」顔注：「尉安之字，本無心也。是以《漢書》往往存古體字焉。」《漢書·胡建傳》：「所以尉薦走卒，甚得其心。」師古曰：「尉者，自上安之也。」駸，

《方言》：「馬馳也。」郭璞注云：「馺馺，疾貌也。」《説文》：「馺，馬行相及也。」按，馺瑣即馺娑，瑣通沙，《春秋經·成公十二年》：「公會晉侯、衛侯於瑣澤。」《公羊傳》瑣澤作沙澤（《古字通假會典》第六八六頁）。馺娑，漢宮殿名。《漢書·揚雄傳上》：「穿昆明池象滇河，營建章、鳳闕、神明、馺娑。」顏注：「殿名也。」《三輔皇圖·建章宮》：「馺娑宮。馺娑，馬行疾貌。馬行迅疾，一日之間遍宮中，言宮之大也。」又，《文選·班固〈西都賦〉》：「經駘蘯而出馺娑，洞枍詣以與天梁。」李善注引《關中記》曰：「建章宮有馺娑、駘蕩、枍詣、承光四殿。」故此句大意是説馺娑宮中，（下對上）曲意服從，（上對下）好言撫慰。

第二四

湅絭〔一〕殆□酋，□向□崔騞擻〔二〕，摩剴〔三〕刷儵〔四〕，氵□脪齵蝕〔五〕，彤囂忍蕿〔六〕，俗傖妜姦〔七〕，悁痕炕惪（憂）〔八〕，膸籥袒沙〔九〕，遮泄沓陶〔一〇〕，鍺鍵蘩緦〔一一〕，皮韔韈橐〔一二〕，薶〔葬〕墥□嗛獉〔一三〕，皚井始牟，繒絡燥紺〔一四〕……〔缺四字〕

【説明】

與此板文字相印證的，有阜陽漢簡《蒼頡篇》C〇七二：「□忍。」C〇八〇：「□妜姦。」C〇六九：「弓□韈。」這三處文字只有本板「韔韈」的「韔」，阜陽漢簡作「弓□」爲弓旁，有所不同。

北大簡一九屬本板文字：

艖籥陘沙，
遮泄沓詾。
鏠鍵虆總，
納韔戀橐。
葬墥鬑獉，

二者用字頗有異同，其中「望」，本板作「袒」，「總」，本板作「緦」，均不相同。特別是「納報戀橐」，本板作「皮報聽橐」，含義有所不同。

【注釋】

〔一〕湅桊，湅，字書未見。疑同於湅。因爲漢牘《蒼頡篇》頗見俗字，如將冰字寫成氷（第三十八板），故湅有可能是涷字，而非湅字。不過，湅因隸變的緣故，也可能是湅（詳見《隸辨》去聲霰字下）。桊，《說文》：「纕臂繩也。」（段注本）段注：「纕者，援臂也。臂褏易流，以繩約之，是繩謂之桊。」

〔二〕驡擻，驡見於《集韻》《類篇》，《集韻·羍韻》：「驡，馬駁色。」擻，字書未見。

〔三〕摩剴，剴亦有摩義，《說文》：「剴，大鐮也。一曰摩也。」此二字連言，又作劘靡（剴摩），《淮南子·說山訓》：「所以貴鏌邪者，以其應物而斷割也。劘靡勿釋，牛車絶轔。」楊樹達説：「劘當讀爲剴。《說文》云：『剴，摩也。』古音幾與豈同，故多通作。《荀子·大略篇》云：『幾爲知計哉！』楊倞注：『幾讀爲豈。』《史記·黥布傳》：『幾是乎！』徐廣曰：『幾亦作豈。』並其證也。靡當讀爲摩。《易·繫辭上·傳》云：『剛柔相摩。』王注云：『摩，相切摩也。』《釋文》引京房云：『相磑切也。』又引馬融云：『摩，切也。』靡與摩聲類同，故二字亦通作。《史記·齊太公世家》云：『與齊侯兵合靡笄下。』徐廣曰：『靡一作摩。』又《蘇秦傳》云：『期年，以出揣摩。』《索隱》云：『靡讀亦爲摩。』並其證也。剴摩同義，故《說文》以摩訓剴，而《淮南子》以劘靡連言之，作削則非其義矣。」（《淮南子證聞》卷六，第一六七頁）所考甚確。此應指馬的摩挲。

〔四〕刷鯈，刷，《詩·豳風·七月》釋文引《三蒼》：「掃也。」（《重輯〈蒼頡篇〉》卷下）鯈，《說文》：「魚名。」或說爲白魚（《莊子·秋水》釋文引李注）、小魚（《淮南子·覽冥訓》高注）。在此似爲通假字，或假爲滌，清洗之義，與刷義近。

〔五〕氻□膎齵蝕，膎，《說文》訓「創肉反出也」。段注：「今《洗冤録》所謂皮肉捲凸也。」齵蝕，《說文》：「齵，齱齵也。从齒，禺聲。」「齱，齱齵，齒不正也。」蝕，《說文》作蝕，「敗創也」。段注：「敗者，毀也；創者，傷也。毀壞之傷，有蟲食之，故字从虫。」字與食通。此句是說不正的牙齒出現一些毀壞之傷。

〔六〕胗囂忍䓘，《一切經音義》六引《三蒼》：「胗，腫也。」囂，《詩·十月之交》：「讒口囂囂」，《漢書·劉向傳》作「讒口嗸嗸」。《玉篇》：「囂，喧譁也」。胗囂，指因爲皮膚腫起而發出聲音。胗囂，似應讀珍敖（熬），《戰國策·魏策二》：「齊桓公夜半不嗛，易牙乃煎敖燔炙，和調五味而進之。」敖，指煎熬製成的食物。《禮記·喪服大記》：「熬，君四種八筐。」珍敖，珍美的熬製食物。

忍蕿，古書中忍、耐二字互訓，《廣雅·釋言》：「忍，耐也。」《一切經音義》一引《蒼頡》：「耐，忍也。」蕿，同於浸、㵾，《漢書·成帝紀》：「黨與㵾廣。」師古曰：「㵾，古浸字。浸，漸也。」全句是説馬因爲皮膚腫了而發出叫聲，忍耐著刷馬的水浸。

〔七〕俗傖妜姦，傖，《玉篇》：「《晉陽秋》云：『吴人謂中國人爲傖。』」亦有粗俗義，俗傖，指粗俗、粗鄙之人。妜姦，同於抉姦，抉有弄穿義（《廣雅疏證》卷三上：「抉，穿也」下）。姦，漢簡「奸淫」義作「奸」字，《説文》段注釋「奸」説：「此字謂犯姦婬之罪。」姦，慧琳《大寶積經音義》引《蒼頡》：「姦僞也。」玄應《日藏分經音義》引《三蒼》：「在内曰姦，在外曰宄。」（《重輯〈蒼輯篇〉》卷上）本板當爲奸淫之義，否則下文難以講通。此句是説粗俗的中原人抉發了（飼養馬匹者的）姦惡。

〔八〕悁痕炕㥑（憂），悁，《説文》：「忿，悁也。」「悁，忿也……一曰憂也。」（段注本）悁，慧琳《遺教經論音義》：「恚也。」（《重輯〈蒼頡篇〉》卷下）與《説文》所訓義近。痕，痕迹。炕，《廣雅·釋詁二》：「乾也。」王念孫疏證：「《衆經音義》卷三引《蒼頡篇》云：『乾極也。』」㥑字寫法見《居延漢簡》甲一九一九B，同憂。《隸辨·尤韻》：「㥑，《吴仲山碑》：『㥑在夙夜。』按，即憂字，變頁爲百，移夂於中。」憂，應讀優，有協調意。《淮南子·原道訓》：「其德優天地而和陰陽。」本句意即忿恨痕迹已乾，（跟周圍）很協調。

〔九〕膖籥袒沙，北大簡一九作「塍籥陞沙」，塍、陞均有田界義。塍，玄應《大智度論音義》：「畔也。」（《重輯〈蒼頡篇〉》卷下）陞，《原本玉篇》引《蒼頡篇》：「界也。」《廣雅·釋宫》：「陞，隄也。」但本板「陞」作「袒」，二字無由相通，訓詁亦應有別。我意本板膖籥，應讀騰躍，《荀子·勸學》「膖蛇」，《韓非子·難勢》作「騰蛇」；籥聲字與翟聲字可通（參《古字通假會典》第八〇三頁）。騰躍有飛騰、跳躍等義。《莊子·逍遥遊》：「斥鴳笑之曰：『彼且奚適也？我騰躍而上，不過數仞而下。』」袒沙，應讀坦沙，坦，《易·履卦》釋文：「著也。」（《重輯〈蒼頡篇〉》卷下）《詩·大雅·鳧鷖》：「鳧鷖在沙，公尸來燕來宜。」毛傳：「沙，水旁也。」沙指水邊沙地。慧琳《六波羅密多經音義》：「碎石也。」（《重輯〈蒼頡篇〉》卷下）此句是説（被抉發姦惡者）跳躍時粘上了沙子。

〔一〇〕遮迣沓陶，遮迣，即遮列，《漢書·鮑宣傳》：「男女遮迣。」顔注：「晉灼曰：『迣，古列字也。』」沓，《原本〈玉篇〉殘卷》：「野王案，沓猶重疊也。《説文》：『語交沓沓也。』」陶，《廣雅·釋訓》：「蹈蹈，行也。」王念孫疏證：「《鄭風·清人篇》：『四介陶陶』，毛傳云：『陶陶，驅馳之貌。』《釋文》音徒報反，陶陶與蹈蹈同。」則「沓陶」作爲一個詞，應爲重疊驅馳貌。此句形容前來圍觀的人很多。

〔一一〕鍺鍵鞪緦，鍺鍵，鍺同轄，就是車鍵。《説文·金部》：「鍵，鉉也，从金、建聲。一曰車舝。」段注：「各本作轄，今正。轄雖亦訓鍵，而非正字也。舛部曰：『舝，車軸耑鍵也。』謂鐵貫於軸耑，如鼎鉉之貫於鼎耳。」指出舝是鍺的本字。鍺、鍵同義，此處代指治喪的車輛。蘩繐，蘩，白蒿。《廣雅·釋草》：「蘩母，蒡葧也。」王念孫疏證：「蘩之爲言皤也。《爾雅》云：『蘩，皤蒿。』《說文》作蘇，云『白蒿也。』」又說：「《召南·采蘩篇》：『于以采蘩，于沼于沚，于以用之，公侯之事。』傳云：『公侯夫人執蘩菜以助祭。』箋云：『執蘩菜者，以豆薦蘩菹。』隱三年《左傳》所謂蘋蘩薀藻之菜，可薦於鬼神，可羞於王公者也。」繐，《說文》：「十五升抽其半布也。」繐是一種布名，據段注「《禮經》布八十縷爲升……朝服用十五升，其布密；繐用其半，其布疏。」布幅均廣二尺二寸。用來做喪服。繐麻是指繐布衰裳而麻絰帶。

〔一二〕皮韍韢橐，韍，弓袋，《說文》：「韍，弓衣也。」韢，《說文》：「橐紐也。从韋，惠聲。一曰盛虜頭橐也。」此當用前一義。橐，段注：「車上大橐也。紐，系也。」此句重點在後兩字，說車上放著紮著口的大口袋。

〔一三〕葬（葬）墳□⿰犭兼，葬，埋葬。墳，墳墓。□⿰犭兼，似可讀嗛嗛，微小之意。《國語·晉語一》：「嗛嗛之德，不足就也。」「嗛嗛之食，不足狃也。」此句帶有俗語的意味。被安葬的即因被抉發姦惡而逃跑死亡者。

〔一四〕繒絡燥紺，基師《法華經音義》引《三蒼》：「繒，雜帛。」（《重輯〈蒼頡篇〉》卷上）絡，《說文》：「粗葛也。」燥，應爲繰的誤記，繰，《原本〈玉篇〉殘卷》：「《說文》：『帛如紺色也，或曰深霜也。』」（段注本此句作「或曰深繒」。段氏謂：「深繒疑有訛舛，繒不得言深也。」）《廣雅》：『繰，青也。』」《原本〈玉篇〉殘卷》：紺，「《論語》：『君子不以紺緅餝（桓按，「餝」應作「飾」）。』《說文》：『白（桓按，應從今本作「帛」）深青而楊（揚）赤色也。』」

第二六

窨笱罘罝〔一〕，毛鰖縠增〔二〕，收繁縈紆〔三〕，汁洎〔四〕流敗，蠹臭腑胆〔五〕，貪欲資貨〔六〕，羡洫⿺走支黃〔七〕，詩語報齎，敢告可于〔八〕，聞此云主，而乃之於〔九〕，縱舍提挈〔一〇〕，攜空（控）抵扜，拘取佰（陌）弣〔一一〕，孛引汲斢〔一二〕。

【說明】

本板内容可與阜陽漢簡《蒼頡篇》以下各簡對讀：

C〇一三　鼈魚△
陷阱釦▯釣
⿱竹曾笱罯罝△

C〇一七　□
毛栖轂▯曾
收條縈紆

C〇一九　□□谷▯
□□□□
□奭詞語△
□

C〇二一　此云主
而乃之於△
縱舍擣挈
攜控抵扞△
拘取㢭

C〇一一　□引汲斢
猝遇弗虞△
夤默□虘
辈斐□

C〇一三「⿱竹曾笱罯罝」，此板作「⿱穴曾笱罘罝」，據北大本可知「鼈魚，陷阱釦▯釣」是第八板（章）末句。「⿱竹曾」「⿱穴曾」相通，本板「罘」字，C〇一三作「罯」，説明用字有不同。本板罝字，與C〇一三相同，《説文·网部》訓爲「兔罔也」。本板「毛鰌」，鰌，C〇一七作楢，二字皆從酋聲可通。本板「收縈」，C〇一七作「收條」，顯示出二者本子不同。本板「詩語」，C〇一九作「詞語」，「詩」蓋爲後來修改的，《漢書·禮樂志》：「音聲足以動耳，詩語足以感心。」（王念孫《讀書雜志》校「詩語」爲「詩歌」，似不可據。）「音聲」和「詩語」均出自《蒼頡篇》。本板「提挈」，C〇二一作「擣挈」，亦屬不同本子之差異。本板「攜空」，應依C〇二一讀「攜控」，「空」乃「控」的通假字。本板末句「引汲㪷」三字，同於C〇一一。由此判知阜陽漢簡《蒼頡篇》C〇一一：「猝遇弗虞，贪默□虘，𦍆斐□」，應爲第二七章開首之語。

北大本以下文字可與本板對校：

罾笱罘罝。
毛鮹縠增，（二九）
收繳縈紆。
汁洎流敗，
臺臭腐胆。
貪欲資貨，
羕溢跂臾。（三〇）

其中最後一句「羕溢跂臾」，本板作「羨洫趚𦕂」，中間「溢」與「洫」、「跂」與「趚」可通假。「羕」作「羨」屬於改字。

【注釋】

〔一〕窨笱罘罝，阜陽本作「箵笱罯罝」，從文意看，窨，應讀罾。罘罝，亦皆指網一類。罾，《說文》：「魚网也。」《楚辭·九歌·湘夫人》：「罾何爲兮木上？」朱熹注：「罾，魚網。」笱，是竹製的捕魚器，口有倒刺。魚能進不能出。《詩·邶風·谷風》：「毋逝我梁，毋發我笱。」《釋文》：「笱，古口切，捕魚器。」罾笱，《莊子·胠篋》：「鈎餌、罔罟、罾笱之知多，則獸亂於澤矣。」罘即罯，指兔罟，罝則爲兔網（皆見《說文》），其義無別。

〔二〕毛鮹縠增，鮹，指鰍類魚（包括泥鰍）。《廣雅·釋詁三》：「毛，輕也。」毛鮹指分量輕的鮹。縠，《說文》訓「細縛也」。段注：「今之縐沙，古之縠也。」縠增，似指網眼加細。

〔三〕收繁縈紆，收繁即收繳。《說文》：「繁，生絲縷也，謂縷系矰矢而弖惟䠶也。从糸、敫聲。」所訓是其本義。縈紆，桂馥《札樸》卷七：「李善注《西都賦》引《說文》：『紆，縈也。』又云：『縈紆猶回曲也。』馥案：賦中『紆』字當作『迂』，《說文》：『迂，避也。

避，回也。』」按，此指班固《西都賦》：「步甬道以縈紆」之李善注。本句是説在迴曲處收繳所捕的魚。

〔四〕汁洎，二字義近。汁，《説文》：「液也。」洎，《説文》：「灌釜也。」段玉裁注：「《周禮・士師》：『洎鑊水。』注云：『洎，謂增其沃汁。』《吕覽》：『多洎之，少洎之。』《左傳》：『去其肉而以其洎饋。』正義云：『洎者，添釜之名，添釜以爲肉汁，遂名肉汁爲洎。』」是洎亦有汁義。

〔五〕蠹臭腑胆，《説文》訓蠹是木中蟲。腑，假爲腐朽之腐，二字均從府聲，故相通。胆，《説文》訓「蠅乳肉中也。从肉、且聲」。段注：「《三蒼》曰：『蠅乳肉中曰胆。』《通俗文》云：『肉中蟲曰胆。』」是知胆字義訓，《説文》《三蒼》相同。汁洎流敗，蠹臭腑胆，這兩句應是敘述捕上來的魚沒有保存好而腐爛變質。

〔六〕貪欲資貨，貪欲，今語猶見。《玉篇》：「欲，貪欲也。」資貨，《急就篇》卷二：「資貨市贏匹幅全。」顏注：「市亦買也。言以資財賄貨，市取贏餘之物。」《易林・泰之升》：「日中爲市，各抱所有。交易資貨，含珠懷寶，欣悦歡喜。」

〔七〕羡洫𧺆叟，羡洫，即羡溢，《詩・周頌・維天之命》：「假以溢我」，《左傳・襄公二十七年》溢，引作恤。《莊子・齊物論》：「以言其老洫也。」《釋文》：「洫本亦作溢。」（以上兩條見高亨《古字通假會典》第四五〇頁）「羡溢」有富足義，《漢書・董仲舒傳》：「富者奢侈羡溢，貧者窮急愁苦。」𧺆叟，𧺆，《説文》訓爲「緣大木也」。攀援大樹，故字有攀援義。叟，可讀爲仇、逑。張政烺先生研讀甲骨卜辭，發現甲金文[字形]字應釋爲叟，根據《毛詩・小雅・賓之初筵》「賓載手仇」，鄭氏《箋》云：「『仇』，讀曰『㪺』。」而㪺從叟聲，故叟可讀仇。《周南・關雎》：「窈窕淑女，君子好逑。」《疏》：「『君子好逑』本作『好仇』，『仇，匹』，《釋詁》文，孫炎本『仇』作『逑』……匹，配也。『好匹』猶『嘉配』耳。」考證出叟通仇（逑），有匹配、匹耦之義（《「叟」字説》，《張政烺文史論集》）。則「貪欲資貨，羡洫𧺆叟」，是説出於對資貨的貪欲，富足的人攀緣與之相匹配的人。

〔八〕詩語報齎，敢告可于，詩語，指詩的語言。報，報聞，齎，「予人以物曰齎」（《周禮・天官・掌皮》鄭注）。故報齎是拿物品向上報告。可于，可通何（參看《古字通假會典》第六六四頁）。「可于」疑讀何吁。《詩・周南・卷耳》：「我馬瘏矣，我僕痡矣，云何吁矣！」毛傳：「吁，憂也。」敢告可于，是報告可憂之事。

〔九〕聞此云主，而乃之於，是説聞知此事告訴主人。而乃之於，皆爲虚詞，而乃，同爾乃，往往在漢賦中作爲提起敘事之詞，如《文選・西都賦》：「爾乃盛娱游之壯觀，奮泰武乎上囿。」《東京賦》：「爾乃孤竹之管，雲和之瑟。」其例甚多。之于，典籍亦見，如：《禮記・月令》：「天子親載耒耜，措之于參保介之御間。」又作之於，《戰國策・齊策一》：「今趙之於秦也，猶齊之於魯也。」爾乃之于，是形容人説話敘事。今語描寫人説話，常用「子午卯酉」、「之乎者也」等語形容，有此類似。

〔一〇〕縱舍提挈，縱舍，放縱與舍棄爲一義；釋放爲一義。此應爲釋放意，《莊子・胠篋》：「掊擊聖人，縱舍盗賊，而天下始治矣。」

提挈，古書屢見，本義爲用手拿著，此處應爲扶持義。《漢書·張耳陳餘傳》：「況以兩賢王左提右挈而責殺王」，顏師古注：「提挈，言相扶持也。」本句是説釋放人並加以扶持。

〔二〕拘取佰（弻）弣，拘，義爲取。《莊子·天地》：「不拘一世之利以爲己私分。」楊樹達説：「拘，當讀爲鉤，謂鉤致之。」（《積微居讀書記·莊子拾遺》）鉤取，謂致取。《三國志·魏志·田豫傳》：「競欲與謀，求入海鉤取浪船。」弻弣，弻，《龍龕手鑑》説是弼的俗字。弼是一種矯正弓弩的器具（據朱駿聲《説文通訓定聲·泰部》弼字）。弣，是弓把中部。《禮記·曲禮上》：「凡遺人弓者……右手執簫，左手承弣。」鄭玄注：「弣，把中。」拘取弻弣，即鉤住弓弼的把中部，是爲矯正弓箭的工作，爲射箭做準備。

〔三〕斖引汲奭，斖應指「彀弓」，《新序·雜事二》：「梁君出獵，見白鴈羣。梁君下車，彀弓欲射之。」彀弓，就是拉滿弓，《孟子·告子上》：「羿之教人射，必志於彀。」《詩·大雅·行葦》：「敦弓既句。」《釋文》：「句，《説文》作彀。」引，《説文》：「開弓也。」段注：「施弦於弓曰張，鉤弦使滿以竟矢之長亦曰張，是謂之引。」斖（彀）、引乃同義詞。汲奭，二字字義亦相近，《説文》：「汲，引水於井也。」「奭，挹也。」挹即舀取，張衡《思玄賦》：「奭白水以爲漿。」

第二九

……（上缺二十二字）□孤，拓媧〔一〕軋〔二〕睪，狜右〔三〕娩〔四〕□，狦捔膂遣〔五〕……（缺五字）諱猗〔六〕，頼勃醉酟，趬文窣窔〔七〕，□（差）費▯吹（歈）▯哺（酺），〔細〕〔小〕〔貧〕〔寠〕。

【説明】

北大簡三二：「頼勃醉酟，趬文窣窔，差費歈酺，細小貧寠。氣匄賁捈」，末句即漢牘第三十板首句「乞▯怡（貽）賁賖」，故前四句屬本板内容，可補末句「細小貧寠」四字。本板文字不盡相同，文字有調整改動。

【注釋】

〔一〕拓媧，《説文》：「拓，拾也，陳宋語。从手，石聲。摭，拓或从庶。」《説文》：「媧，古之神聖女，化萬物者也。」即女媧。

〔二〕軋，《説文》：「報也，从車，乙聲。」「報，轢也。」「轢，車所踐也。」軋，《史記・匈奴傳》索隱引《三蒼》：「轢也。」輾，玄應《正法念經音義》：「車行處也。」（皆見《重輯〈蒼頡篇〉》卷下）則本板「軋」乃車行處義。

〔三〕狅右，狅，《説文》：「多畏也。从犬，去聲。怯，杜林説，狅从心。」本板作「狅」不作「怯」，知非杜林校過之本。古人以右爲尊，「狅右」有畏上之意。

〔四〕娩，在此爲柔順義。《禮記・内則》：「姆教婉娩聽從。」

〔五〕狏捔晵遣，狏，字書未載。捔，《廣雅・釋言》：「掎也。」王念孫疏證：「捔，《説文》：『掎，偏引也。』」《説文》：「晵，氐目謹視也。」《玉篇・目部》：「視不明皃。」遣，《玉篇》：「交遣也。今作錯。」

〔六〕猗，字義很多，此疑爲語氣詞，《書・秦誓》：「斷斷猗，無他伎。」孔疏：「猗者，足句之辭，不爲義也。」

〔七〕頛勃醉酟，趬文窣窔，北大簡三二作「頛勃醉酟，趬文窣窔」。二者文字相同。頛，《説文》：「顫頛也。」《玉篇》：「顫頛，亦作悴。」慧琳《毗奈耶大律音義》：「顫頛，憂愁也。」（《重輯〈蒼頡篇〉》卷下）《詩・小雅・雨無正》：「憯憯日瘁。」毛傳：「瘁，病也。」《説文》：「悴，憂也。」《文選・歎逝賦》注：「瘁，憂也。」（《重輯〈蒼頡篇〉》卷下）勃，慧琳《大浄法門經音義》：「出也。」又，慧琳《集異門足論、破邪論音義》：「猝，暴也。」（《重輯〈蒼頡篇〉》卷下）醉，指醉酒。酟，《説文》：「一宿酒也。一曰買酒也。」《論語・鄉黨》：「沽酒市脯。」釋文：「沽，買也。」此句大意是説，因爲憂愁而出來，已經醉了還要買酒來喝。趬，《史記・衛將軍驃騎傳》索隱訓「行疾貌」。此字常見義是圍繞、環繞，通「繞」字。曹操《短歌行》：「繞樹三匝，何枝可依。」趬文，當指喝醉者説話繞來繞去。窣，《玉篇》：「勃窣，穴中出也。」窔，同突，《干禄字書・入聲》：「窔、突，上俗下正。」是説窔是突的俗字。後來又寫作突，《龍龕手鑑・穴部》：「窔，俗；突，正。」窣、突二字義近，《廣雅・釋詁二》：「突，猝也。」窣突，應指醉酒者的行動突然失控。

第三〇

乞詒（貽）貫賖〔一〕。歡潘閒簡〔二〕，鼙鼓歌醵〔三〕，嫛娶□如，鄭舞〔四〕□□，規捐姽嫿〔五〕，茂噲菁華〔六〕，咬窔娃婕，啜（啜）啖□苴〔七〕，□膢脂□，鏡囁（鑷）比疏〔八〕，吡□揃（揃）㖔（搣）〔九〕，須䫇鬉𪕰〔一〇〕，瘴□疥癘，瘕疕癰〔疽〕〔一一〕。

【説明】

鼙字原殘右半作𤰞，「卑」字尹宙碑作𤰞形，故知此必鼙字。《急就篇》卷三：「鐘磬鞀簫鼙鼓鳴」，可爲證。鏡囁比疏，《急就篇》卷三作「鏡籢疏比各異工」。「揃搣」見《急就篇》卷三：「沐浴揃搣寡合同。」「疥癘」和「疕」，見《急就篇》卷四：「痂疕疥癘癡聾盲。」

此板最後三句，阜陽漢簡《蒼頡篇》文字頗有異同，

C○一六　須䫇𩭪□
瘴□疥癘
瘕痹癰□（前三字用李亦安校釋）
□

C○九二　□睢旃翳（用李亦安校釋及蕭旭跟帖）

二者可互校。末句作「瘕疕癰」與本板相同。C○九二「睢」，李亦安原釋睽，謂與之對應的是北大簡的「疽」，二者版本不同。蕭旭跟帖，釋爲睢（雎），謂借爲疽，後説可從。本板「須䫇」以下八字二者相同。

本板可與北大本對校：

乞勾貫捈。（三二）

歠潘閒簡，
鞾鼓歌醵。
𨖯娶褢嫚，
鄭舞炊竽。
䙡捐媣嬧，（三三）
媌噲菁萃。
姣変娃嫙，
啜啗黎樝。
粉騰脂膏，
鐃籥比疏。（三五）
𨘻髦鬋搣，
須鬚髮膚。
瘴熱疥癘，
瘕痹癰疽。（三六）

文字相同處較多。不同之處，一是用通假字，如北大簡气、捈、媌，漢牘本作乞、賒、茂，都是文字通假關係。二是此簡用古字，如䙡，本板作規。三是異文，如此簡「痹」，本板作「疕」，是其例。北大本末句與本板相同，阜陽本末字作「睢」，應屬「疽」字通假，末句亦相同。

【注釋】

〔一〕乞貽貰賒，乞，求。《一切經音義》二引《蒼頡》：「乞謂行匄也。」貽，《爾雅·釋言》：「遺也。」即給予。貰賒，皆賒欠之義。貰，《史記·高祖本紀》：「常從王媼、武負貰酒。」集解引韋昭曰：「貰，賒也。」《説文·貝部》：「賒，貰買也。」故有「賒貰」一詞，

《周禮・地官・司市》：「以泉府同貨而斂賖」，鄭玄注：「民無貨，則賖貰而予之。」

〔二〕歡潘閈簡，歡潘，應讀觸藩，《易・大壯》：「羝羊觸藩，羸其角。」謂羊以角抵撞藩籬。蓋以此形容場面熱鬧。閈簡，此應讀簡簡，形容聲音大。《詩・商頌・那》：「奏鼓簡簡。」

〔三〕鼙鼓歌醵，《急就篇》卷三：「鐘磬鞀簫鼙鼓鳴，五音總會歌謳聲。」顔注：「鼙，騎鼓也，其形似鞀而庳薄。」王應麟補注：「《宋・樂志》：『小鼓有柄曰鞀，大鞀謂之鞞。』《月令》：『仲夏修鞀鞞。』是也。」鞞即鼙。歌是歌謳。醵是「合錢飲酒」（《禮記・禮器》鄭玄注）。

〔四〕嫛娶□如，鄭舞，嫛，假爲頚。《説文》：「頚，待也。」《詩・邶風・匏有苦葉》：「卬須我友。」《爾雅・釋詁》疏引作「卬頚我友」。故嫛娶，即待娶。鄭舞，春秋戰國時鄭國的舞蹈，漢代仍盛行。《楚辭・招魂》：「二八齊容，起鄭舞些。」「鼙鼓歌醵」以下幾句，應都是描述婚禮之事。

〔五〕規捐姽嫿，規，應從北大本作「嫢」，《方言》：「自關而西秦晉之閒，謂細而有容曰嫢。」捐，通娟，《説文・新附》：「嬋娟也。」規捐，形容女子體形美。規、捐本都有圓義。《廣雅・釋詁》：「頍、梋，圓也。」王念孫疏證：「頍者，《開元占經・歲星占篇》引《淮南子・天文訓》注云：『規者，圓也。』規、頍、圓、員竝通。」「梋者，《玉篇》音涓，云：『椀謂之梋，盂屬也。』《方言》云：『椀謂之梋柍，亦器之圓者也……《爾雅》：「環謂之捐。」』捐與梋亦同義。」姽嫿，嫺静美好貌。宋玉《神女賦》：「既姽嫿於幽静兮，又婆娑乎人閒。」

〔六〕茂噲菁華，茂，北大本作媌，古茅與苗通，《儀禮・士相見禮》：「在野則曰艸茅之臣。」鄭注：「古文茅作苗。」楙又通茂，《漢書・食貨志》：「楙遷有無。」顔注：「楙與茂同。」（《古字通假會典》第七七〇頁）故茂通媌，《廣雅・釋詁一》：「媌，好也。」王念孫疏證：「媌之言妙也。《方言》：『自關而東河濟之閒謂好曰媌。』注云：『今關西人亦呼好爲媌。』《説文》：『媌，目裏好也。』《列子・周穆王篇》：『閒鄭衛之處子娥媌靡曼者。』張湛注云：『娥媌，妖好也。』」噲，玄應《新歲經音義》：「亦快字。」（《重輯〈蒼頡篇〉》卷下）字當指快意。菁，玄應等《目菩薩所問經音義》引《三蒼》：「韭之英曰菁也。」（《重輯〈蒼頡篇〉》卷上）亦即精華，顔延之《陶徵士誄》：「至使精華隱没，芳流歇絶，不其惜乎！」

〔七〕咬窔娃娡，啜啖□苴，娃，《玉篇》：「美皃。」娡，訓「不悦也」。然《文選・吴都賦》：「幸乎官娃之宫。」劉注：「吴俗謂好女爲娃。」故「娃娡」爲好女不悦之義。啜啖，《廣雅・釋詁二》：「啜，食也。」「啖，食也。」均是吃義。苴，北大本作樝，是本字。《廣雅・釋木》：「樝，梨也。」王念孫疏證：「樝之言酢也。《説文》云：『樝，果似梨而酢，亦作楂』，《内則》：『樝梨薑桂。』鄭注云：『楂，梨之不臧者。』正義云：『楂，梨屬，其味不善，故云不臧也。』」《説文》段注説：「按即今梨之肉粗味酸者也。」

〔八〕□黱脂□，鏡𨠮比疏，□黱脂□，即北大本「粉黱脂膏」，《説文》「粉，傅面者也。」「黱，畫眉也。」粉黱，即「粉黛」（《韓非子·顯學》）。脂膏，指油脂（或包括胭脂），皆化妝品。鏡，此指銅鏡。《説文》：「鏡，景也。从金，竟聲。」段注：「景者，光也，金有光可照物謂之鏡，此以疊韻爲訓也。」本書《史篇》二：「粉鏡欲殊。」因對鏡施粉，亦謂之「粉鏡」。比疏，《急就篇》卷三：「鏡籢疏（或作『梳』）比各異工。」顔注：「櫛之大而麤，所以理鬢者，謂之疏，言其齒稀疏也；小而細，所以去蟣虱者，謂之比，言其齒密比也。皆因其體而立名也。」疏亦作梳，《史記·匈奴列傳》索隱：「靡者爲比，麤者爲梳。」（《重輯〈蒼頡篇〉》卷上）鏡𨠮（鑷）比疏，都是梳妝用具。

〔九〕揃搣，《急就篇》卷三顔注：「揃搣，謂鬄拔眉髮也。蓋去其不齊整者。」《莊子·外物》釋文：「揃猶翦也。」（《重輯〈蒼頡篇〉》卷上）揃搣，應指對「須頾鼓（髮）𣅥（臚）」的鬄拔翦除，即理胡鬚、理髮之類。王應麟《困學紀聞》卷八《小學》：「《急就篇》：『沐浴揃搣寡合同』，《莊子·外物篇》：『眥搣可以休老』，亦作『揃搣』。」是「揃搣」一詞，見於先秦。

〔一〇〕須頾鼓𣅥（臚），須頾，《漢書·高帝紀》：「美須髯。」顔注：「在頤曰須，在頰曰髯。」鼓（髮）臚，即髮膚，據《説文》臚籀文作膚。《孝經·開宗明義》：「身體髮膚，受之父母。」

〔一一〕瘽疒疥癘，瘕疕癰□，瘽，《説文》：「勞病也。」疥癘，《禮記·月令》：「仲冬行春令，民多疥癘。」疥是疥瘡，《説文》訓：「搔也。」癘，《説文》：「惡疾也。」瘕，慧琳《遺教經論音義》：「瘕，腹中病也。」（《重輯〈蒼頡篇〉》卷上）疕，北大本作痹，字義不同。《説文》：「疕，頭瘍也。」《玉篇》亦訓「腹中病」。癰，《説文》：「癰也。」北大本癰下爲「疽」，癰、疽字義相合。

第三一

旃翳箵笠〔一〕，羽扇聶〔？〕譽〔二〕，杊梗和□，條櫓繖榑〔三〕，機杼滕榎〔四〕，紝綜𥿋纑〔五〕，藺〔絲〕〔枲〕〔絡〕〔六〕，布〔絮〕〔七〕繫絮〔八〕，雙𨌺〔九〕葦蕩〔一〇〕，危亡〔一一〕盛〔盂〕，槃案徒几〔一二〕，鐙鐈赤盧〔一三〕，甂箅鬲鍑〔一四〕，銚銫鼎壺〔一五〕，服𠈇利晝。

【説明】

本板文字有幾處，分别見於阜陽漢簡《蒼頡篇》以下各簡。

C〇九二　□睢旃翳（李亦安校釋，睢字用蕭旭跟帖説）

C〇一四　機杼滕複

　　　　紝綜鱻纑

C〇一二　薾絲枲帑

　　　　布絮擊綮

　　　　雙輡簞□

C一〇九　□盛

C〇二三　盂

　　　　帑案桮几

　　　　鐙釦□□

兩相對照，知本板的「薾」後一字應補「絲」字；枲絡，阜陽漢簡本作「枲帑」，胡平生、韓自强已指出「帑，絡之假字」；「雙輢莗蕩」的「輢」，阜陽本作「輡」，疑本「車」旁誤摹，又「莗」，阜陽本作「簞」；本板「帑案徒几」的「徒」，阜陽本作「桮」，顯然漢牘本是閭里書師加以修改後的一個本子。《急就篇》：「槫杅帑案桮問盌」，其中「帑案桮」同於阜陽本。

北大簡以下文字屬本板内容：

旃翳簦笠，（三六）

羽扇聶讐。

梬梗栘棘，

絛篿欒榑。（三七）

文字基本與本板相同，可補本板闕文。

【注釋】

〔一〕旃翳簦笠，旃，曲柄旗。《説文》：「旃，旗曲柄也。所以旃表士衆。从㫃、丹聲。《周禮》曰：『通帛爲旃。』旜，或从亶。」翳，《晉書·輿服志》指華蓋。翳亦指「目翳病也」（《重輯〈蒼頡篇〉》卷上）。此處似用前一義。簦笠，《國語·吴語》：「遵汶伐博，簦笠相望于艾陵。」《急就篇》顔注：「簦笠，皆所以禦雨也。大而有把，手執以行，謂之簦；小而無把，首戴以行，謂之笠。」笠字今語猶見，如説「竹笠」；簦作爲有把之笠類似雨傘。《史記·平原君虞卿列傳》説虞卿「躡蹻担簦，説趙孝成王」。

〔二〕羽扇聶譽，羽扇，《西京雜記》曰：「天子夏則設羽扇，冬則設繒扇。」（《太平御覽》卷七〇二引）聶通攝，《國語·楚語下》：「屏攝之位，壇場之所。」韋昭注：「屏，屏風也。攝，形如今要扇，皆所以明尊卑，爲祭祀之位。」

〔三〕條槽繺欂，條，《詩·小雅·終南》：「有條有梅。」陸疏：「稻也，今山楸也」。槽，《説文》訓「棺櫝也」。《廣雅·釋器》：「槽，棺也。」王念孫疏證：「槽者，小貌也。」繺，讀欒，《説文》：「木似欄。」《禮》：「天子樹松，諸侯柏，大夫欒，士楊（段注訂爲槐）。」欂，《説文》或從蒦作欂。段注：「司馬相如《上林賦》作華。」即樺。

〔四〕機杼滕複，胡平生、韓自强釋爲：《説文》：「機，主發謂之機。杼，機之持緯者。滕，機持經者。複，機持繒者。」段注認爲《説文》複字「機持繒者」的「繒」字不可通，引《玉篇》作「繪」，云：「會者，經與緯之合也，緯與經合，慮其不緊，則有複入經之間以緊之。」今按，從段説則《説文》「持」字無著落。經緯會而成繒（繒爲絲織品之通稱），有一木軸卷而持之，當即爲「複」。王念孫《廣雅疏證》對《廣雅·釋器》「榐，謂之滕」亦有考證，王氏在引《説文》滕字之訓後，謂：「《衆經音義》卷十四引《三蒼》云：『經所居機曰滕。』《方言》注云：『勝所以纏紝。』《淮南子·氾論訓》云：『後世爲之機杼勝複，以便其用。』王逸《機賦》云：『勝複迴轉』，勝與滕通。複，《説文》作複，云『機持繒者』。」所考甚是，可補充胡、韓二氏的説法之不足。孫機《漢代物質文化資料圖説》從考古學的角度解讀了機杼滕複（第五二—五四頁），亦可供參考。

〔五〕紝綜𪎊纑，紝，《説文》：「機縷也。」段注：「機縷，今之機頭。《内則》：『執麻枲，治絲繭，織紝組紃。』紝合麻枲絲繭言之。」綜，玄應《涅槃經音義》引《三蒼》：「理經者也，謂機縷持絲交者屈繩制經，令得開合也。」𪎊纑，《説文·麻部》：「𪎊，未練治纑也。」朱駿聲《説文通訓定聲》：「𪎊，按已績未湅之麻，既湅曰纑。」《原本玉篇》：「纑，未練者也。」慧琳《文殊師利菩薩六字經音義》：「未練緝績曰纑。」（《重輯〈蒼頡篇〉》卷上）可證《説文》與《蒼頡篇》字義基本相合。

〔六〕藺絲枲絡，藺，玄應《阿毗曇毗婆沙論》、慧琳《品類足論音義》並引《蒼頡解詁》：「未繰也。」（《重輯〈蒼頡篇〉》卷下）未繰即未經抽理蠶絲之義。枲絡，《説文》：「枲，麻也。」《原本玉篇》：「絡，未練也，絡布也。」（《重輯〈蒼頡篇〉》卷上）《急就篇》卷二：「綈絡縑練素帛蟬。」顔注：「絡，即今之生纑也。一曰今之綿紬是也。」王應麟補注：「《説文》：『纑，粗緒也。』」

〔七〕布絮，《説文》：「布，枲織也。」段注：「古者無今之木綿布，但有麻布及葛布而已。」《説文》：「絮，敝緜也。」

〔八〕繫絮，胡平生、韓自强説：「繫，惡絮；絮，敝絮。」

〔九〕雙輢，阜陽本作「雙軩」，胡、韓二位説：「雙下一字疑爲『幹』。《説文》引揚雄、杜林説，以『幹』爲軺車輪幹。段注：『小車之輪曰幹。』雙幹，雙輪。」按輢即輈字，《説文》：「輈，轅也。从車、舟聲。𨎮，籀文輈。」籀文𨎮從二車、二戈、一舟，本板隸書已減省作從一車、一戈、一舟。《説文》：「轅，輈也。」段注：「《考工記》輈人爲輈，車人爲大車之轅，是輈與轅別也。許渾言之者，通偁則一也。」雙輈，見《文選·劉越石〈重贈盧諶一首〉》：「狹路傾華蓋，駭駟摧雙輈。」李善注：「輈，轅也。」考古方面，孫機已指出：「自獨輈車向雙轅車的過渡是在西漢時完成的。」（《漢代物質文化資料圖説》第一一〇頁）所以，雙輈即指漢代習見的雙轅車。阜陽本「雙」下一字原疑爲「幹」，現在看來也可能即輈字。

〔一〇〕輂蕩，輂字本指用人拉走的車，亦指乘車而行，《史記·孔子世家》：「秋，季桓子病，輂而見魯城。」蕩，放蕩，此處有不受約束意。

〔一一〕危亡，危急，滅亡。《荀子·富國》：「百姓曉然皆知其汙漫暴亂而將大危亡也。」

〔一二〕槃案徒几，《急就篇》卷三：「椭杅槃案桮問盌。」顔注：「無足曰盤，有足曰案，所以陳舉食也。」《説文》：「槃，承槃也。」「案，几屬。」几，《釋名》云：「庪也，所以庪物也。」徒，空（《左傳·襄公二十五年》杜注），徒几，没有放物品的几。

〔一三〕鐙鐈赤盧，顔注：「鐙，所以盛膏夜然燎者也。其形若杅，而中施釭，有柎者曰鐙，無柎者曰錠。柎謂下施足也。」《廣雅·釋器》：「錠謂之鐙。」孫機説：「（西漢）這時最常見的銅燈上有盤，中有柱（校），下有底座（柎），可以稱之爲豆形燈。銅燈的款識中自名爲鐙或錠，《説文》中此二字互訓，無需再作區分。」（《漢代物質文化圖説》第三五一頁）鐈，《急就篇》卷三：「釭鐧鍵鉆冶錮鐈。」顔注：「鐈者，以鐵有所輔助，若橋梁之形也。」亦指長足的鼎，見《説文》。赤，紅色。盧，黑色。

〔一四〕甂箅鬲鍑，甂即甌，《方言》卷五：「甂，甌也。周魏之間謂之甂。」爲盛酒的瓦器。箅，甑底部起間隔作用的箅子（《説文》）。鬲，陶製炊具。鍑，玄應《涅槃經音義》引《三蒼》：「小釜也。」即小鍋。

〔一五〕銚鉇鼎壺，銚，《説文》：「温器也，一曰田器。」《急就篇》卷三：「銅鍾鼎鋞銅鉇銚。」（鋞，一作銒，又作鉶。鉇，一作匜。）顔注：「鉇，繫而提之（黄氏曰：鉇有柄，可以注水）。鼎，三足兩耳爨器也。壺，《急就篇》卷三顔注：「圓器也，腹大而有頸。」

第三三

騂（騂）騩騅䮂（駮）〔一〕，驪〔二〕□□䮂…（缺十二字）。菽茝嗄□。博學深惟〔三〕，惷愚〔四〕…（缺十字）積德〔五〕綮比，
寔（？）□絜貞〔六〕，聖察…（缺十字）。

【説明】

阜陽漢簡《蒼頡篇》C〇八四「學」，有可能屬於胡毋敬《博學篇》首句。《急就篇》卷三：「騂騩騅駮驪騂驢。」據此推知本板「騅」後蓋是「駮」字。

【注釋】

〔一〕騂騩騅駮，《急就篇》顔注：「騂，馬黄赤色也。騩，淺黑色也。蒼白雜毛曰騅。」「深黑色曰驪。」駮，即駁字，慧琳《品類足論音義》：「雜色爲駁，不純色也。」（《重輯〈蒼頡篇〉》卷上）

〔二〕驪，《急就篇》顔注：「深黑色曰驪。」

〔三〕深惟，《説文》：「惟，凡思也。」深惟即深思。賈誼《新書·權重》：「夫秦日夜深惟，苦心竭力，以除六國之憂。」《漢書·匈奴傳》：「其後深惟社稷之計，規恢萬載之策。」博學深惟，與之相近的説法是「好學深思」，《史記·五帝本紀》：「非好學深思，心知其意，固難爲淺見寡聞道也。」「博學深惟」爲《博學篇》首句，在本板有清楚顯示，這是過去所不知道的。

〔四〕惷愚，即蠢愚，《戰國策·魏策一》：「寡人蠢愚，前計失之。」《韓非子·忠孝》：「古者黔首悗密蠢愚，故可以虛名取也。」惷，玄應《出曜論音義》引《蒼頡解詁》：「愚也，戇也。」又訓「愚」爲「無所知也，亦鈍也」（《重輯〈蒼頡篇〉》卷下）。

〔五〕積德，《老子》第五十九章：「治人事天莫若嗇，夫唯嗇，是謂早服，早服謂之重積德。」《説苑·建本》：「君子之事親，以積德。」《文子·下德》：「故善爲政者積其德。」（《淮南子·兵略訓》同）

〔六〕絜貞，後多作貞絜，梁周興嗣《千字文》：「女慕貞絜，男效才良。」

第三四

靜（静）脈慧窺〔一〕，遇廛蕃螽（蜂）〔二〕，歆祩同贏〔二〕，翩扁循睆，闞〔三〕〔闕〕〔闟〕〔扃〕，增竲専斯〔四〕，粲廲宕程〔五〕，□室宵隤〔六〕，父嫗竘甥〔七〕，襛傷蔑女〔八〕，嫚捷隗丁〔九〕，蔑（曦）疑齰圄〔一〇〕，表紉絇絣〔一一〕，律凡卯戌〔一二〕，闒踐鼻朾〔一三〕。

【説明】

北大簡七三：「院，闞闕闟扃，增竲専斯。」屬本板，可補「闞」後所缺三字。還有簡七一：「蔑疑齰圉，袞絯糾絣，律丸内戍，闒踐鼻朾。戳烄熱樠。」其中前四句屬本板，但文字頗有異同。漢牘作圄，此簡作圉；漢牘作絇，此作糾；漢牘作犭丁，此作朾，均屬通假字。但「律丸内戍」與「律凡卯戌」字義差別較大，説明漢牘作了改寫。至于此簡後一句「戳烄熱樠」應屬下一板。

【注釋】

〔一〕静脈慧窺，脈通眽，《説文》段注：「目斜視也。」窺，《説文》：「小視也。」静脈是説安静地斜視。慧窺是説狡黠地窺視。

〔二〕遇廛蕃螽（蜂），歆祩同贏，遇廛，遇到空曠（之地）。廛，《説文》：「闊也，廣大也。」或假爲曠，《文選·張華答何劭詩注》：「曠，疏曠也。」（《重輯〈蒼頡篇〉》卷下）蕃螽（蜂），蕃、樊、氾有相通之例（《古字通假會典》第二一七頁）。蕃應讀蠭（范），《廣雅·釋蟲》：「蠭，蜂也。」蠭，據王念孫《廣雅疏證》補。王氏説：「《檀弓》：『范則冠而蟬有緌。』《内則》：『爵鷃蜩范。』鄭注並云：『范，蜂也。』《藝文類聚》引《廣雅》：『范，蜂也。』《集韻》引作蠭。今本脱蠭字。」蜂，《鉅宋廣韻·上平聲東》：「蜂，蟲名，出《蒼頡篇》。」歆，《説文》：「歆歆，气上出皃。」（段注本）《漢書·敘傳下》集注：「歆歆，氣盛也。」當用此義。祩，《説文》：「祩，好佳也……《詩》曰：『静女其祩。』」祩、姝通，《廣雅·釋詁一》：「姝，好也。」「歆祩」在此似爲一個詞，然尚難講通。

〔三〕翩扁，似讀翩翩，飛貌。《廣雅·釋訓》：「翩翩，飛也。」《詩·小雅·四牡》：「翩翩者鵻，載飛載下。」循，《説文》：「順行也。」

睆，玄應《佛本應集經音義》：「目出皃也。」（《重輯〈蒼頡篇〉》卷下）此應從北大本作「院」，是通假字。闞，慧琳《續高僧傳音義》：「視也。」《集神州三寶感通傳音義》：「望也。」（《重輯〈蒼頡篇〉》卷下）

〔四〕增⿺辶曾專斯，增，《說文》訓「益也」。⿺辶曾，訓「北地高樓無屋者」。二字連言讀增增，《詩·魯頌·閟宮》：「烝徒增增。」毛傳：「增增，衆也。」專，《說文》：「布也。」此應假爲赴。斯，《說文》訓「析也」。在此處義爲此。《詩·大雅·抑》：「斯言之玷。」鄭箋：「斯，此也。」全句說衆多的人奔赴此地。

〔五〕粲⿱亝米宕程，粲，應是「白粲」之略稱。《說文》：「粲，稻重一秅，爲粟二十斗。爲米十斗曰毇，爲米六斗大半斗曰粲。」段注：「謂以八斗舂爲六斗大半斗也，以今目驗言之，稻米十斗舂之爲六斗大半斗，精無過此者矣。漢刑法有鬼薪白粲，白粲謂舂也。粲米冣白，故爲鮮好之偁。」⿱亝米，字書未載。《說文》載有⿱亝禾，訓「稷也」。字亦作粢。稷就是穀子。宕，《說文》：「過也。」程，《說文》：「程品也。十髮爲程，一程爲分，十分爲寸。」段注：「品者，衆庶也。因衆庶而立之法則，斯謂之程品……荀卿曰：『程者，物之準也。』」此程當指「員程」，《睡虎地秦墓竹簡·爲吏之道》：「作務員程。」《漢書·尹翁歸傳》顔師古注：「員，數也。計其人及日數爲功程。」《急就篇》卷四：「鬼薪白粲鉗釱髡。」顔注：「此謂輕罰，非重罪也。鬼薪，主取薪柴以供祭祀鬼神也。白粲，主擇米，取精白粲粲然也。」按，《漢舊儀》：「鬼薪者，男當爲祠祀鬼神伐山之薪蒸也；女爲白粲者，以爲祠祀擇米也，皆作三歲。」又《漢書·惠帝紀》注引應劭云：「取薪給宗廟爲鬼薪，坐擇米使正白爲白粲，皆三歲刑也。」可參看《睡虎地秦墓竹簡》第五二頁注釋。本句大意是說白粲舂精米的勞動沒有按時完成規定的工作量。

〔六〕□窒宵隤，宵指夜晚，《詩·豳風·七月》：「晝爾于茅，宵爾索綯。」毛傳：「宵，夜。」隤，《說文》訓：「下隊也。」即下墜。此字似應讀潰，逃散之義。《國語·晉語三》：「晉師潰，戎馬濘而止。」宵隤（潰）即夜晚逃散。

〔七〕父嫗姁甥，父，指老年男子，與「嫗」相對。嫗，老年婦女，本指母親，《說文》：「母也。」此處用引申義。姁，《說文》：「嫗也。」跟嫗的意思差不多。甥，《說文》：「謂我舅者，吾謂之甥。」段注：「舅者，耆舊之偁。甥者，後生之偁。故異姓尊卑異等者以此相偁。」本句是說（逃散的人中）有老年男女，也有後生。

〔八〕懘傷蔑女，懘，常假爲逝，如阜陽漢簡《詩經》S〇三四：「毋懘我□」，即《詩·邶風·谷風》「毋逝我梁」。此處懘有困頓義，《說文》：「懘，高也。一曰極也。一曰困劣也。从心，帶聲。」此用後一義。傷，傷害。蔑，在此似爲拋棄義。《國語·周語中》：「不奪農時，不蔑民功。」韋注：「蔑，棄也。」（公序本）女，應如字讀。本句是說（逃散的人，他們）受到困頓傷害，最後還要拋棄同行的婦女。

〔九〕嫚捷隗丁，嫚，有怠慢、遲後義，《淮南子·繆稱訓》：「福禍之始萌微，故民嫚之。」捷，義爲疾，《小爾雅·釋詁》：「疾也。」

二 釋 文

隗丁，隗通鬼，「鬼薪」之略稱；丁義爲丁壯。《急就篇》卷四：「長樂無極老復丁。」王應麟補注：《參同契》云：「老翁復丁壯。」合起來看可能即指稱爲「鬼薪」的男性刑徒。本句是說（在拋棄婦女之後）只剩下這些行動或慢或快的鬼薪了。《睡虎地秦墓竹簡・秦律十八種・司空》說鬼薪、白粲「其或亡之，有罪」。鬼薪逃亡的法律，同書《法律答問》中有記載（見該書第二〇六—二〇七頁），此不詳述。

〔一〇〕矇疑齣固，矇有眼睛紅腫、目蔽垢二義，《呂氏春秋・盡數》：「處目則爲矇爲盲。」高誘注：「矇，眵也。盲，無見。皆目疾也。」《急就篇》卷四：「癉熱瘻痔眵矇眼。」顏注：「眵，謂眇覴目之蔽垢也。矇，目眥傷赤也。」此指眼睛看不清楚。疑，懷疑。齣，《說文》及《廣雅・釋詁》均訓「齧也」。與此處文意不合。似應讀作錯或措，意爲措置。固，指監獄。《晏子春秋・内篇・諫下》說「拘者滿固」。則全句大意是（隗丁們）眼睛看不清楚，懷疑被投放監獄。

〔一一〕絢絣，絢，《說文》：「纑繩絢也。」絣，有雜、交錯義，《漢書・揚雄傳》：「絣之以象類。」顏注引晉灼曰：「絣，雜也。」絢絣蓋謂用繩交錯捆綁。

〔一二〕律凡卯戌，律，法律，《爾雅・釋詁》：「律，常也。」邢疏：「律者，常法也。」本句謂以法律審理從清早卯時（五時—七時）到夜晚戌時（十九時—二十一時）。北大本作「律丸內戌」，丸，《廣雅・釋詁》訓「完也」。內戌，戌當指戍役，含義不同。

〔一三〕闖踐彝（畀）朾，闖，《文選・司馬遷報任少卿書》注：「獰劣也。」（《重輯〈蒼頡篇〉》卷下）踐，踩，《莊子・馬蹄》：「馬，蹄可以踐霜。」彝，即畀，《說文》十篇下夰部：「畀，舉目驚畀然也。从夰从䀠，䀠亦聲。」段注：「《廣韻》引《埤蒼》：『目驚畀畀然。』《褉記下》曰：『免喪之外，行於道路，見似目瞿，聞名心瞿』，二瞿當作畀。《詩・齊風》：『狂夫瞿瞿。』傳曰：『無守之皃。』《唐風》：『良士瞿瞿』，傳曰：『瞿瞿然顧禮義也。』亦當作畀。」畀從三「目」是繁形。朾，北大本亦作朾。《說文》：「朾，撞也。」段注：「朾之字，俗作打，音德冷，都挺二切。近代讀德下切，而無語不用此字矣。」《廣雅・釋詁》：「打，擊也。」王念孫疏證：「朾與打，亦聲近義同。」本句是說犯人被凶惡地踩著懼怕挨打。

第三五乙

奚避翦乖，渭（畏）巨（懼）讒詈〔一〕，茸鷺檢凡，掌箴秉乖〔二〕，見黿幾罨，遴遒遠迡〔三〕，飢渴止養〔四〕，煮餈召㯳〔五〕，幍紕緍緑〔六〕，褏帬裼裎〔七〕，郵寺畿（饑）乖〔八〕，沐茝（芷）像脂〔九〕，蓄繫穢粥〔一〇〕，煩非錢雖。〔一一〕魂恙公旦〔一二〕。

【説明】

阜陽漢簡《蒼頡篇》C〇二四「敪散」應爲第三五章之末，與本板不同，知漢牘本有兩個第三五板。北大簡七一：「戠炆熱㰛」，簡七二：「蘻火燭熒，媨嬧窺鬘，懕攖嫖婭，樊猒妮秩，和醯救醒。」北大簡六八、六九構成的「鶡雂」章：「鶡雂牝牡，雄雌俱鳴。屈寵趯急，邁徙覺驚，豣潩僂繚」，「頗科樹莖。禋糈姪娣，叚耤合冥，踝企瘟散，頛犺播耕」。除了末句，都是第三五板内容。然與本板所述完全不同，由此可證漢牘序號第三五乃後補，應定爲第三五乙，上舉北大簡内容可定第三五甲。

乖（乖）字不識，字從非，似即翼字。此字在本板三次出現，亦可推知其讀法。一、翦乖，應讀「翦夷」。劉琨《與段匹磾盟文》：「自今日既盟之後，皆盡忠竭節，以翦夷二寇。」二、秉乖，即秉彝。《詩·大雅·烝民》：「民之秉彝，好是夷德。」三、鐖（幾）乖，讀「鐖驛」，與「郵寺」相對言。蓋此字從「乙」得聲，故可讀夷、彝、驛字。

【注釋】

〔一〕奚避翦乖，畏懼讒詈，奚，疑問詞，玄應《維摩詰經僧祇律音義》：「何也。」（《重輯〈蒼頡篇〉》卷上）避，玄應《大智度論音義》：「去也。」（《重輯〈蒼頡篇〉》卷下）翦乖（夷），意爲消滅、除掉。詈，基師及玄應《法華經音義》：「亦駡也。」（《重輯〈蒼頡篇〉》卷下）讒詈，讒言和駡。這兩句是説如何逃避被除掉呢？自己很害怕讒言和駡聲。

〔二〕茸騭檢凡，掌箴秉乖（彝），茸，《文選·謝靈運於南山往北山經澗中瞻眺詩》注：「茸草皃。」（《重輯〈蒼頡篇〉》卷上）但本處並非此意。茸應爲「闒茸」之省，《史記·屈原賈生列傳》：「闒茸尊顯兮，讒諛得志。」指卑賤的人。騭，通陟，意爲上升。檢，《文選·典論》注：「法度也。」玄應《涅槃經音義》：「亦攝也。」（皆見《重輯〈蒼頡篇〉》卷上）凡，玄應《瑜伽師地論音義》引《三蒼》：「數之總名也。」檢凡，有攝總之意，即掌握大權。箴，《説文》：「綴衣箴也。」段注：「引申爲箴規。」此用引申義。彝，《説文》：「宗廟常器也。」段注：「彝本常器，故引申爲彝常，《大雅》：『民之秉彝』，傳曰：『彝，常也。』」按，《説文》所訓並非彝之本義，其本義可參詹鄞鑫説（《甲骨文字詁林》[二]，第九九三頁），此不多及。段注説彝的引申義，還有「法（灋）」義。《周禮·春官·序官》：「司尊彝」，鄭玄注：「彝，灋也。」《漢書·王莽傳上》集注：「彝，法也。」故此處秉彝，不是依照常情、常理之意，而是執法之意。掌箴秉彝，是説執掌箴規和法律。因此，這兩句是説卑賤之人升遷後大權在握，執掌了箴規和法律。

〔三〕遴遭遠迡，遴，《説文》訓「行難也」。遭，《説文》：「遭，迫也。遭，遭或从酋。」迡，《説文》：「怒不進也。一曰鷙也。」（段注本）此句是説（自己）出行很難又很急迫，遠行生氣走不了多遠。

〔四〕飢渴止養，飢渴，見《詩·王風·君子于役》：「君子于役，苟無飢渴。」養，《原本玉篇》：「育也。」慧琳《華嚴經音義》引《三蒼》：「飤也。」此當用後一義。故「止養」指停止飲食。

〔五〕煮飡召韲，飡，即「飧」。韲，即「虀」（音 jī），指切成細末的腌菜或醬菜之類。飧可指晚餐（《孟子·滕文公上》），亦可指水泡飯（《禮記·玉藻》孔疏）。此不知何指。召，有呼唤意。此句是説煮飯時召喚拿虀下飯。

〔六〕幨紕緡緑，幨，通繕，《説文》：「繕，治敝絮也。」紕，應讀帎，《説文》：「帎，殘帛裂也。」段注：「謂殘帛裂也。」此二字指衣服破絮、殘帛裂開。緡（音 mín），《説文》：「釣魚繫也。从糸，昏聲。吴人解衣相被謂之緡。」此似指解衣相被。緑，指所解衣的顔色。這句大意是説，因爲自己的衣服破舊不堪，所以披上了别人給的緑衣。

〔七〕袌帬裼裎，袌同袖，通褎，《詩·邶風·旄丘》：「叔兮伯兮，褎如充耳。」毛傳：「褎，盛服也。」故袌帬指裙裝華美。裼裎，《説文》：「裼，袒也。」「裎，袒也。」皆指裸露身體。《孟子·公孫丑上》：「爾爲爾，我爲我，雖袒裼裸裎於我側，爾焉能浼我哉。」本句是説裙裝華美，裏面是裸露的身體。

〔八〕郵寺畿𦈢，是説經過之地有郵寺畿驛。郵，宋祁《漢書·王莽傳》校本：「過書之官也。」（《重輯〈蒼頡篇〉》卷下）「寺」義爲官舍，故「郵寺」猶「郵亭」。

〔九〕沐茝像脂，茝，即芷。《廣雅·釋草》：「白芷其葉謂之葯」，王念孫疏證：「芷與茝古同聲，芷即茝也。《説文》：『茝，虈也，楚謂之蘺，晉謂之虈，齊謂之茝。』《内則》云：『婦或賜之茝蘭。』釋文云：『茝，本又作芷。』《楚辭·離騷》云：『扈江離與辟芷兮』，王逸注云：『辟，幽也。芷幽而香。』」芷即白芷是香的，第十六板：「吋唯芷薌」，薌即香字。

〔一〇〕蓄𣪠𥝌粥，蓄，《説文》訓「積也」。蓄積，亦作畜積，鼂錯《論貴粟疏》：「薄賦歛，廣畜積。」常指糧食的積聚。𣪠，應同糳字，指精米，《説文》：「糲米一斛舂爲八斗曰糳。」𥝌粥，即穖粥。《説文》：「穖，末也。」粥，本書《史篇》二第十板（章）：「親老終没，飲粥足息。」可證粥就是粥字。本句意爲蓄積精米用來做粥。

〔一一〕煩非錢雎，煩，《玉篇》：「憒悶煩亂也。」非，不是。錢，《急就篇》卷二：「帔敝囊橐不值錢。」秦漢時期的朝廷都曾鑄造錢幣（詳見《史記·平準書》《漢書·食貨志》）。雎，應讀邸，指倉庫。《説文》訓「邸」爲「屬國舍也」。段注：「按今俗謂旅舍爲邸。」從文獻來看，三國時期出現「邸閣」一詞，已指儲存軍糧之所，即倉庫，故王國維撰《邸閣考》之文，但「邸」指倉庫實可追溯至西漢，本板即可爲證。煩非錢雎（邸），是説使人心煩的是，（糧倉）不是錢庫。

〔三〕魂恙公旦，恙，通漾，有飛動意。

第三六

賴犺播秆（耕）〔一〕，毀酓□□戠，綰陵（陝）眇婧〔二〕，始縈□□〔三〕，訐䓔竄㷀〔四〕，罪蠱訟郤（卻）〔五〕，連患□也（弛）刑〔六〕，毚鐗䳟韜〔七〕，紐繯紛軨〔八〕，橑□札朩□（柿）〔九〕，棱結屋轤（櫨）〔一〇〕，竘□巨垂（甀）缶〔一一〕，釜甇瓶䈪（罃）〔一二〕，睸睵𦑝□〔一三〕，和□和□精。

【説明】

阜陽漢簡《蒼頡篇》有兩處文字可對勘，即：

C〇二四　⿰盍攵散

賴犺播

後三字與本板相同。

C〇九〇：

「嫛□□。」

嫛，本板作毀。

北大簡可相 對勘的文字是：

賴（賴）犺播耕。（六九）
嫢（原釋作嫛）顫娑孅，
婠陵眇靖。
姑緌姍賸，
訐䙗竄煢。
罪蠱訟郤，（七〇）

此簡「嫢」本板作「毀」，「靖」本板作「婧」，均屬文字通假。

【注釋】

〔一〕賴犺播耕（耕），賴，依賴，《急就篇》卷四：「賴赦救解貶秩禄。」犺，《説文》：「健犬也。」《廣雅·釋詁二》：「犺，健也。」王念孫疏證：「《説文》：『健，伉也。』又云：『犺，健犬也。』《漢書·宣帝紀》：『伉健習騎射。』顔師古注云：『伉，强也。』《公羊傳·宣十五年》注云：『辨護伉健者爲里正。』伉與犺通。」此處「犺」應讀伉，指强健者。播耕，耕種，《韓非子·外儲説左上》：「夫賣庸而播耕者，主人費家而美食、調布而求易錢者，非愛庸客也。」耕，湛然《輔行記》四：「墾也。」（《重輯〈蒼頡篇〉》卷下）此句謂依靠强健者進行墾田耕種。

〔二〕婠陝眇婧，婠陵，應讀寬狹。張遷碑陝即陜字，本板則用爲狹。任伯嗣碑：「徙俠就寬。」寬狹，指土地之寬狹。眇婧，似當讀妙情。《史記·律書》：「雖妙必效情。」正義：「妙，謂微妙之性也。」全句大意是對土地寬狹很滿意。

〔三〕姑緌，《廣雅疏證》卷三下：「緌者，《文選·藉田賦》注引《蒼頡篇》云：『蕤，聚也。』《哀十三年左傳》：『佩玉緌兮。』杜預注云：『緌然服飾備也。』《廣韻》：『惢，草木叢生皃。』《楚辭·離騷》：『貫薜荔之落蕊。』劉逵注《蜀都賦》云：『蕊者，或謂之華，或謂之實，一曰華鬚頭點皆聚之義也。』」始緌，據北大本，當作姑緌，即拈花蕊之義。

〔四〕訐䙗竄煢，訐，《原本玉篇》：「相發揚惡也。」䙗，《漢書·賈誼傳》：「日中必䙗。」注：「䙗，謂暴曬之也。」訐䙗，有揭發暴露義。竄，逃匿。煢，《宋本玉篇》：「單也，無兄弟也，無所依也，憂思也。」此句説揭發暴露後逃匿無所依。

〔五〕罪蠱訟郤，罪蠱，典籍作罪辜、罪罟，《詩·小雅·十月之交》：「無罪無辜，讒口囂囂。」《大雅·召旻》：「天降罪罟，蟊賊内訌。」郤，《漢書·孫寶傳》：「與紅陽有郤」，注：「與隙同。」郤指嫌隙。《史記·項羽本紀》：「今者有小人之言，令將軍與臣有郤。」亦作「有隙」，《三國志·魏志·武帝紀》：「袁術與紹有隙。」訟郤，是因嫌隙而訴訟。

〔六〕連患弛刑，患，《孝經》邢疏三：「《蒼頡篇》謂患爲禍。」（《重輯〈蒼頡篇〉》卷下）弛刑，指不加枷鎖的刑徒。《後漢書·馬武傳》：「復拜武捕虜將軍……將烏桓、黎陽營、三輔募士，凉州諸郡羌胡兵及弛刑，合四萬人擊之。」這句是説禍患相連成了弛刑的刑徒。

〔七〕輂鐧輲韜，輂，《説文》作輂，訓「連車也」。鐧，《廣雅·釋器》：「鐕也。」王念孫疏證：「鐕之言合沓也。《考工記圖》云：『軸當轂釭，裹之以金，謂之鐧。』《説文》：『鐧，車軸鐵也。』《釋名》云：『鐧，閒也，閒釭軸之間，使不相磨也。』《吴子·治兵篇》云：『膏鐧有餘則車輕人。』《急就篇》云：『釭鐧鍵鈷冶錮鐈。』軸鐕謂之鐧，猶轂鐕謂之錬。」輲韜，輲（音jiū），《説文》韉的俗字，義爲「收束也」。此字或體爲韉、揫。韜，《説文》：「劍衣也。」《廣雅·釋器》：「弓藏也。」即分別指劍套、弓袋。引申爲藏義。慧琳《一切經音義》卷六十四引《考聲》：「韜，藏也。」本句是説將連車的車軸鐵收藏起來。

〔八〕紐繯紛軨，紐，《急就篇》卷三：「冠幘簪簧結髮紐。」顔注：「結髮謂作結也，紐謂結之鬢也，凡結之可解者曰紐。」《説文》：「紐，繫也，一曰結而可解。」義即可解的結。此處用作動詞，打活結。繯，《原本玉篇》：「繻也。」蕭該《漢書·揚雄傳音義》引《三蒼》：「于善反，絡也。」本板用後一義。絡即繩索纏繞相連，《説文》：「繯，落也。」段注釋「落」爲「今之絡字」。《廣雅·釋器》：「繯，絡也。」與《三蒼》同。紛，《原本〈玉篇〉》：「馬尾飾也。」（《重輯〈蒼頡篇〉》卷下）與本板文意不合。此處應爲雜亂義。《楚辭·招魂》：「放陳組纓，班其相紛些。」王逸注：「紛，亂也。」《荀子·解蔽》：「涫涫紛紛」，楊注：「紛紛，雜亂貌。」今語猶有「亂紛紛」的説法。《説文》：「軨，車轖間横木。从車、令聲。轜，軨或从霝。司馬相如説。」《玉篇·車部》：「軨，車闌也。」即車的圍欄。本句是説用繩索打結纏繞，使車的圍欄顯得很雜亂。

〔九〕橑□札杮，橑，《説文》：「椽也。」札，玄應《般若燈論音義》引《三蒼》：「杮札也。今江南謂破削木片爲杮，關中謂之札，或曰杮札。」（《重輯〈蒼頡篇〉》卷上）橑、札都是用來蓋房的建築材料。

〔一〇〕棱結屋轜（櫺），棱結，指修建，結，結構。轜，《玉篇·車部》訓「車闌也」，故同「軨」。屋轜，應讀屋櫺，《方言》卷十三：「屋梠謂之櫺。」屋梠，郭璞注謂「即屋檐也」。

〔一一〕垂缶，應讀作甀缶，《急就篇》卷三：「甀缶盆盎甕罃壺」，甀，顔注：「小口罌也。」缶，顔注：「盆盎一類耳。缶即盎也，大腹而斂口。」

〔一二〕釜甇甈罃，《急就篇》卷三：「鐵鈇鑽錐釜鍑鍪。」顔注：「釜，所以炊煮也。大者曰釜，小者曰鍑，北燕朝鮮洌水之間謂之錪。」

甞，是大盆。《急就篇》卷三：「甀甞甂甌瓨甖盧」，顔注：「甞，大盆（一作甕）也。」瓶，㼜、缶一類瓦器，《方言》卷五：「瓶謂之㼜。」罃，《急就篇》卷三：「甀缶盆㼜甕罃壺。」顔注：「罃，長頸缾也。」這兩句是説生活用的器具。

〔一三〕 瞐睯澀□，瞐，《説文》：「低目視也。」睯，《説文》：「目陷也。」眸子枯陷。澀，《説文》：「不滑也。」《廣雅·釋詁三》：「澀，難也。」在此似指眼睛乾澀。以上從「連患弛刑」之句後，敘述的是趕車、蓋房等勞動和日常接觸的各種器具，應該是敘述弛刑者所從事的勞動。

第三七

涓滿汏濡，襦（繻）依嬧婧〔一〕，倓我（？）臭伏〔二〕，泄兇訬輕〔三〕，錦繡縜縵〔四〕，紃綸組纓〔五〕，台佁昏（昏）晦〔六〕，洒缺甂缾〔七〕，屈空粼揄，輻枏輮輂〔八〕，娗□卓□翟□孰，□谷（瑢）珧濁清〔九〕，鼃黽〔一〇〕涉渡〔一一〕，蹇孿〔一二〕蔆萍〔一三〕。俯䫀（頫？）〔一四〕□□。

【注釋】

〔一〕 涓滿汏濡，襦（繻）依嬧婧，涓滿，應爲反義詞。《説文》：「涓，小流也。」「滿，盈溢也。」汏，《廣雅·釋水》：「波也。」濡，沾濕，全句是説小水流滿了有水波，也會沾濕身體。襦依嬧婧（音jìng），襦爲短襖，短衣。嬧婧，《廣雅·釋詁》：「嬧、彖，材也。」王念孫《廣雅疏證》卷四上：「嬧者，《説文》：『嬧，竦身也。』又云：『婧，竦立也。一曰有才。』嬧、婧二字相承，訓亦相近，是嬧得爲才也。才與材通。《説文》嬧讀若《詩》曰『糾糾葛屨』，嬧與赳聲義並同。赳者，《説文》：『赳，輕勁有才力也。』」此説甚是。此句説身著短衣跟著有才力的人。

〔二〕 倓我臭伏，倓，玄應《大智度論音義》：「恬也。」（《重輯〈蒼頡篇〉》卷下）此處似假爲啖。啖我，即給我食物吃。臭伏，伏天食物容易腐爛，發出臭味。全句説給我吃伏天變質的食物。

〔三〕 訬輕，據《説文》：「訬，訬擾也。一曰訬獪，从言、少聲，讀若毚。」段注：「《漢書》曰：『江都輕訬。』《吴都賦》曰：『輕訬之客。』高注《淮南》曰：『訬，輕利急疾也。』李善音眇。」「訬輕」即「輕訬」，《後漢書·馬融傳》：「或輕訬趬悍」，「輕訬」

即輕利急疾，亦即輕捷之意。

〔四〕錦繡縝縵，「錦、繡、縵」三字，見《急就篇》卷二：「錦繡縵紩離雲爵。」顔注：「錦，織綵爲文也。繡，刺綵爲文也。」《魏都賦》：「錦繡襄邑。」縝，《原本玉篇》：「似纂赤色也。」慧琳《辨正論音義》：「纂多色也。」（《重輯〈蒼頡篇〉》卷上）縵，顔注：「無文之帛也。」

〔五〕組纓，古代繫冠的絲帶。《禮記·玉藻》：「玄冠朱組纓，天子之冠也……玄冠丹組纓，諸侯之齊冠也；玄冠綦組纓，士之齊冠也。」《楚辭·招魂》：「放敶組纓，班其相紛些。」

〔六〕昏晦，義近昏暗。《風俗通義·窮通》：「《易》稱：『懸象著明，莫大乎於日月。』然時有昏晦。」

〔七〕甂鉼，《急就篇》卷三：「甑瓽甂甌瓨甖盧。」顔注：「甂甌，瓦杅也。其形大口而庳。」王注：「《說文》：『甂，似小瓿，大口而卑。』《方言》：『甂，陳魏宋楚之間謂之題，自關而西謂之甂，其大者謂之甌，今河北人呼小盆爲題子。』」鉼，《說文》亦作瓶，訓「䍃也」，汲水瓶。

〔八〕輻柙輮輂，輻是車輪的輻條。《老子》十一章：「三十輻共一轂。」《急就篇》卷三：「輻轂輨轄輮𨍭轃。」柙，疑爲轄的錯別字，《吴子·論將》：「車堅管轄，舟利櫓楫。」輮，《廣雅·釋器》：「輞也。」王念孫疏證：「《釋名》云：『輞，罔也，罔羅周輪之外也。』……《說文》：『輮，車网也。』《考工記·車人》：『行澤者反輮，行山者仄輮。』《鹽鐵論·散不足篇》云：『古者椎車無柔，棧輿無植。』柔與輮通。《釋名》云：『輞，關西曰輮，言柔曲也。』《說卦傳》云：『坎爲矯輮爲弓輪。』是其義也。」輂，《說文》：「輂，車輮規也。」據段注可指「作輮之笵」。

〔九〕⿰王谷珧濁清，珧，《說文》：「蜃甲也，所以飾物也。」《爾雅·釋魚》注：「珧，玉珧，即小蚌。」濁清，《急就篇》卷三：「酸鹹酢淡辨濁清。」指渾濁與清澈。濁，慧琳《阿毗達磨發智論音義》：「淖也。」（《重輯〈蒼頡篇〉》卷上）與此處文義不合。

〔一〇〕⿰扌黽黽，《國語·越語》：「而鼃黽之與同渚」，韋注：「鼃黽，蝦蟇也。」

〔一一〕涉渡，慧琳《大般若經音義》：「涉，水中行爲涉歷也。」（《重輯〈蒼頡篇〉》卷上）「涉渡」應是一個詞。

〔一二〕蹇孿，應即蹇連，《漢書·敘傳上》：「紛屯亶與蹇連兮」，顔注引《易·蹇卦》六四爻辭曰：「往蹇來連」，謂指「險難之時」。古連與聯通用，二字爲古今字（《說文》段注），連可通攣。

〔一三〕蔆萍，《廣雅·釋草》：「蔆，芰，薢茩也。」萍，浮萍。

〔一四〕俯頫，俯，同頫。《說文》：「頫，低頭也……楊雄曰：『人面頫。』」段注：「低當作氐（桓按，段氏認爲氐即《說文》低字），《西京賦》：『伏櫺檻而頫聽，聞墿霆之相激。』薛綜曰：『頫，低頭也。』《上林賦》：『頫杳眇而無見。』李善注引《聲類》：『頫，古文俯字。』」此處「俯頫」連言，猶第五一板：「腳腳脽尻」，「腳腳」爲同一字而連言。

第三八

盭〔一〕孔…（缺八個字）詈吳〔二〕（興？），□（鐵）鍇𨬍銅〔三〕，犀豹〔四〕栽（？）□，泳（冰）滑鐲（濁）血〔五〕，靁電威營〔六〕，顧離⿰禾□頛〔七〕，鼎䡕（垣）楯萍〔八〕，坌〔九〕擊〔一〇〕陬□，⿰□阝⿰□者（陼）⿰□阝（郝）⿰□阝（郅），□⿱□心隄〔一一〕□，𠰟領㕭（？）樫〔一二〕，橫〔一三〕…（缺一字）□勉〔一四〕，庋〔一五〕□□（燮？）□。

【說明】

北大簡七六：「沽，蚡擊陬□，雋陼郝郅。」本板作：「萍，坌擊陬□，⿰□弓⿰□者⿰□阝⿰□阝。」本板擊即擊之訛。其他殘字的原字應同北大本。

【注釋】

〔一〕盭，《説文》訓：「弼戾也。讀若戾。」西周金文瘨鐘有盭字，即假爲戾。此字出現於本板，其來源可溯《史籀篇》。

〔二〕詈，不是䛑字，蓋假爲䛓。

〔三〕鐵鍇𨬍銅，鍇，《史記·高祖功臣侯表》索隱引《三蒼》：「九江人名鐵曰鍇。」銅，《説文》：「赤金也。」段注：「《食貨志》曰：『金有三等，黄金爲上，白金爲中，赤金爲下。』孟康曰：『赤金，丹陽銅也。』按，丹陽銅即《吴王濞傳》『章郡銅山』，《貨殖傳》『章山之銅』也。」左思《吴都賦》：「銅鍇之垠。」即以銅鍇連言。

〔四〕犀豹，犀，《廣雅·釋詁》：「惡也。」犀豹，惡豹。

〔五〕冰滑濁血，濁有清除義，《廣雅·釋詁三》：「濁，除也。」蓋因冰滑致流血，故云「冰滑濁血」。

〔六〕威營，營，基師《法華經音義》：「衛也，亦部伍也。」（《重輯〈蒼頡篇〉》卷下）

〔七〕顧離和頛，顧，《文選·沈約鍾山詩注》：「旋也。」（《重輯〈蒼頡篇〉》卷下）頛，《説文》：「除苗閒穢也。」「䅬，頛或从芸。」

段注：「穖，當作蔵。」又説：「《小雅·毛傳》曰：『耘，除草也。』」典籍多作耘。

〔八〕鼎垣楯萍，鼎，義爲當，《漢書·匡衡傳》：「無説詩，匡鼎來。」服虔曰：「鼎，猶言當也，若言况且來也。」垣，垣墻。鼎垣，即與墙相對。楯，《説文》：「闌檻也。」段注：「闌，門遮也；檻，櫳也。此云闌檻也，謂凡遮闌之檻，今之闌干是也。」萍，假爲屏。《廣雅·釋宫》：「罘罳謂之屏。」王念孫疏證：「《爾雅》：『屏謂之樹。』李巡注云：『以垣當門自蔽，名曰樹。』……《鹽鐵論·散不足篇》云：『祠堂屏閣，垣闕罘罳。』」可見對著垣墻的屏，即罘（罦）罳。

〔九〕坌，同蚡，《説文》：「鼢或从虫、分。」《宋本玉篇》：「蚡亦作鼢，伯勞所化。」《周禮·地官·草人》：「凡糞種，騂剛用牛。」鄭玄注引鄭司農云：「用牛，以牛骨汁漬其種也，謂之糞種，墳壤多坌鼠也。」

〔一〇〕擥，疑是擥之訛。《説文》引「楊雄曰：擥，握也。」段注：「此蓋楊雄《蒼頡訓纂》中語。」陬，指偏遠之地，左思《吴都賦》：「其荒陬譎詭」，李善注引劉逵曰：「陬，四隅，謂邊遠也。」

〔一一〕隄，《説文》：「唐也。」徐鍇繫傳作「塘也」。《廣韻》：「隄，防也。」

〔一二〕⿰口殳領咆樫，領，《玉篇》：「《禮》：『領父子君臣之節』，玄曰：『領猶理也。』」樫，《説文》：「河柳也。」或爲地名，春秋時宋邑，在今淮陽縣西北，《左傳·僖公元年》載此地。

〔一三〕横，《説文》：「闌木也。」指門前的木栅欄。此處待考。

〔一四〕勉，有努力、勉勵、勉强等義，此不知何指。

〔一五〕庋，《玉篇》：「閣也。」是置放器物的架子。

第三九

畺盧黿獐〔一〕，狗獳踵△跰〔二〕，媥牑〔三〕娺鋭〔四〕，斟掇△譽譽〔五〕，膈聊脯〔饍〕，級絇鉅△緈（綍）〔六〕，表裏〔七〕趻（？）⿰口其（騏），

呾翰（翰）〔八〕旄△狌（旌）〔九〕，溲膢移惑〔一〇〕，短篤翼：（缺一字），何藺梟既，衛嬐〔一一〕△□□，⿺辶叵圜臚〔一二〕，與頻庾

△請〔一三〕，齎購件〔妖〕。

【説明】

按阜陽漢簡《蒼頡篇》C一〇一：「□堯衛諍女□」，本板作「既，衛嬐□」，諍、嬐音近可通。C〇四四：「齎購件女□，木□木□木□木□柴箸。」（「齎」字用李亦安校釋。）此與本板及北大簡四二均同。北大簡六六、二二、二三、六七、四二屬本板内容，即「狗獳麢瓩，媥黹娺」（六六簡）；「鋭，斟掇謍謱，觰聊」（二二簡）；「脯簪，級絇筦緷（綪）」（二三簡）；「韋嬐媎謍，魁鉅圜臚，與頻庾請」（六七簡），「賣購件妖」（四二簡）其中「緷」原釋繩，已正。

【注釋】

〔一〕盧盧黿狎，盧應即鹽字。武梁祠畫像題字鹽作𪉾形（見徐無聞主編《甲金篆隸大字典》第八二七頁）。盧是「鹽」不從「臣」的一種寫法。趙平安在《戰國文字中的鹽及相關資料研究》一文中曾釋《包山楚簡》的□爲鹽字。漢隸盧字實由此形演變而來。盧盧應讀鹽鹵。虎字聲系的字，如虜可通鹵，《史記·高祖本紀》：「毋得掠鹵。」《集解》引應劭曰：「鹵與虜同。」虜，《説文》：「讀若鹵。」可爲證，故盧可讀鹵。黿狎，似應讀侏狎，《廣雅·釋詁》：「侏、儒、㹺，短也。」㹺通𨃩、罷。王念孫疏證：「《説文》：『狎，短脛狗也。』義亦與㹺同。」

〔二〕狗獳蹥跰，狗獳，《廣雅·釋草》：「狗獳，哺公也。」王念孫疏證：「諸書無言哺公草者。《古今注》云：『燕支花似蒲公。』《唐本草》云：『蒲公草，一名構耨草。』獳，曹憲音奴矦反。構，《集韻》音古項切，又音居矦切。狗獳、構耨聲正相近。哺公、蒲公聲亦相近。」蹥跰，即連併，《穀梁傳·昭公二十年》：「兩足不能相過，齊謂之綦，楚謂之踂，衛謂之輒。」釋文：「劉兆云：綦，連併也。」

〔三〕媥黹，媥，《説文》：「輕皃。」《廣雅·釋詁三》：「輕也。」

〔四〕娺鋭，二字應義近，娺應讀餟，有將食物送人吃和享祭之意。《原本〈玉篇〉》「餟」字：「《方言》：『餟餽也。』《説文》：『祭酹也。』《蒼頡篇》：『祭也。』《聲類》：『今爲醊字，在西部。』」鋭，「《説文》：『小餟也。』《蒼頡篇》：『門内祭名也。』」此外，餟，《史記·武帝本紀》索隱：「謂聯續而祭之。」醊，《急就篇》卷四：「哭泣祭醊墳墓冢。」顔注：「醊，謂連續之祭也。」此義與《蒼頡篇》有區别。

〔五〕斟掇謍謱，斟掇，應讀斟啜，《廣雅·釋詁》：「斟，酌也。」亦指勺。啜，《廣雅·釋詁三》：「啜，嘗也。」王念孫疏證：「《説文》：『啜，嘗也。』《檀弓》云：『啜菽飲水。』」《史記・張儀列傳》：「於是酒酣樂，進熱啜，廚人進斟，因反斗以擊代王，殺之，王腦塗地。」索隱：「按，謂熱而啜之，是羹也。於下云『廚人進斟』，斟謂羹勺，故因名斟。《左氏》『羊羹不斟』是也。」斟啜字義相因。謍，《説文》：「小聲也。从言，熒省聲。《詩》曰：『謍謍青蠅。』」段注：「『小』上當奪『謍謍』二字。」謍謍，《詩・小雅・青蠅》作「營營」。噿亦指聲，如《説文・言部》：「噿，聲也。从言、眗聲。」段注：「《思玄賦》：『鳴玉鸞之噿噿。』」原注：『噿噿，聲也。』按，篆下當有『噿噿』二字，淺人删之。」《廣雅・釋訓》：「噿噿，鳴也。」王念孫《廣雅疏證》：「《小雅・伐木篇》云：『鳥鳴嚶嚶』，單言之則曰嚶。下文『嚶其鳴矣』是也。張衡《思元（玄）賦》：『鳴玉鑾之噿噿』，義與嚶嚶同。」所言當是。

〔六〕級絇絙綪，級，《説文》：「絲次第也。」絇，《説文》：「纑繩絇也。」段注：「纑者，布縷也。繩者，索也。絇，糾合之謂，以讀若鳩知之。謂若纑若繩之合少爲多皆是也。」綪，《原本〈玉篇〉殘卷》：「《儀禮》：『陳襲衣于房中領南上不綪。』鄭玄注：『綪，屈也。江淮之間謂縈收繩曰綪。』《説文》：『紆縈繩也。一曰急殆之聲。』」按，此字義當爲縈收繩。

〔七〕表裏，《急就篇》：「袍襦表裏曲領帬。」玄應《涅槃經音義》引《三蒼》：「表，外也。」（《重輯〈蒼頡篇〉》卷上）裏則指内。

〔八〕輸，即翰字。《隸辨》四：「輸，鄭烈碑『—音振於天末』。按，即翰字，字原誤作輸。」

〔九〕旄旌，「旄」通「茅」，《新序・雜事四》：「楚莊王伐鄭，克之。鄭伯肉袒，左執旄旌，右執鸞刀，以迎莊王。」《公羊傳・宣公十二年》作「茅旌」。

〔一〇〕移惑，似應讀疑惑，《荀子・解蔽》：「心枝則無知，傾則不精，貳則疑惑。」王念孫《讀書雜志》十一《荀子》第五，謂：「貳亦當爲貣，言差忒則生疑惑也。」

〔一一〕衛嬐，北大本「衛」作「犨」，古字當從之。犨，《説文》訓「牛踶犨也」。段注：「踶犨猶踐蹋也。」嬐，《玉篇》：「敏疾也。」這兩字是説牛的踐蹋動作很敏疾。

〔一二〕圜臚，《列子・説符》：「懸水三十仞，圜流九十里。」釋文：「圜與圓同。」臚，應讀顱，指頭顱。圜臚（顱），指人。《淮南子・精神訓》：「故頭之圓也象天，足之方也象地。」「圓臚」一詞，見《太平廣記》卷四一二引五代范資《玉堂閒話》，失之太晚。

〔一三〕庾請，《考工記・陶人》：「庾實二觳。」鄭玄注：「庾，讀如請益與之庾之庾。」

第四〇

盭底〔一〕𨌺更。犨旮〔二〕愧邦，阝□陝郙鄜，劵卲嘔阸〔三〕，阝□邯寵邗，郡邊邛濮，崩予落觝〔四〕，汫趒𠂢（？）亳，焦𨋢徵衙〔五〕，捡□□□，訁□𡴀（厥）讙譁〔六〕，鬼魅敎時〔七〕，卜□祖靈□，裔順𢘘（慭）説〔八〕。諏□□□。

【说明】

北大簡：「賣購件妖，羕檦杪柴。箸涏縞給，勸怖槈桂。某枅早蠸。」（四二）：「窫椅姘觟。戾弇焉宛，郤篓埒畦。狛鴟溓褮，蠶緤屒庳。」（四三）首句「賣購件妖」，在漢牘本爲三九板末句，則「羕檦杪柴」以下，既與此板文字不同，必别屬一板，説明漢牘本三九、四〇必有一重號板。兹定四〇板有重號。

北大簡：「…郡邊…」（七五），屬本板内容。

【注釋】

〔一〕盭底，《説文》「盭」下：「引擊也……扶風有盭庢縣。」底，《原本玉篇》：「摩厲也。」（《重輯〈蒼頡篇〉》卷上）

〔二〕犨旮，《張家山漢墓竹簡·二年律令·秩律》：犨，注釋：「犨屬南陽郡。」旮即慎，《二年律令·秩律》：慎，注釋：「慎屬汝南郡。」按，以上兩地分别見《漢書·地理志》南陽郡、汝南郡下。

〔三〕阝□陝郙鄜，劵卲嘔阸，陝，《二年律令·秩律》：「陝、盧氏、新安，漢初屬内史。」郙，《説文》：「沛郡。」鄜，似應讀虚，春秋時期一見於《春秋經·桓公十二年》記載爲宋地；一見於《左傳·成公十七年》記載爲晉地。此不知何指。劵，似當讀卷，《張家山漢墓竹簡·二年律令·秩律》有卷，注釋説：「屬河南郡。」嘔阸，或作陒嘔，阸、陒一字。《漢書·諸侯王表》：「至虖陒嘔河洛之間，分爲二周。」

〔四〕郡邊邛濮，崩予落觝，郡邊邛濮，《漢書·地理志》載：「巴、蜀、廣漢本南夷，秦併以爲郡。」其地「西近邛、莋馬旄牛」。邛即邛指此。濮，《史記·楚世家》説（季徇）「避難於濮」。集解：「杜預曰：『建寧郡南有濮夷。』」正義：「按，建寧，晉郡，在蜀南，與蠻相近。」崩予落觝，崩，《史記・鄜成傳》索引《三蒼》：「鄜（原作蒯，訛）鄉在城父。」（《重輯〈蒼頡篇〉》卷下）予，《張家山漢墓竹簡・二年律令・秩律》：「予道、氐道。」注釋：「予道、氐道，屬隴西。」觝就是觶，《説文》：「觝，禮經觶。」段注：「此謂古文禮也。」

〔五〕焦軹徵衙，焦，《漢書・地理志》弘農郡「陜，故虢國。有焦城，故焦國」。《張家山漢墓竹簡・二年律令・秩律》：軹，注釋：「屬河内郡。」徵，《左傳・文公十年》釋文引《三蒼》：「徵縣，屬馮翊。」（《重輯〈蒼頡篇〉》卷下）《秩律》：衙，注釋：「漢初屬内史。」

〔六〕捡□□□讵乓讙譁，捡，玄應《增一阿含經音義》引《三蒼》：「手捉物也。」（《重輯〈蒼頡篇〉》卷下）讙譁，玄應《瑜伽佛師地論》引《三蒼》：「讙，言語訩訩也；譁，言語譊譊也。」（《重輯〈蒼頡篇〉卷下》）《原本〈玉篇〉殘卷》：「諠，虚園反。《聲類》：『諠譁也。一曰忘也。』野王案：此亦讙字也。」讙譁，即諠譁。

〔七〕鬼魅穀時，《焦氏易林》：「謙，暗昧冥語，傳相註誤，鬼魅所居，誰知卧處。」穀時，穀假爲構，《説文・子部》：「穀，乳也。从子、㱿聲。一曰穀瞀也。」段注：「《荀子・儒效篇》作『溝瞀』，《漢書・五行志》作『傋霿』。」穀亦通構，造也。時，《説文・田部》：「天地五帝所基止祭地也……右扶風雝有五時、好時、鄜時皆黄帝時築，或云秦文公立。」

〔八〕慭説，《文選・思玄賦》：「戴勝慭其既觀兮」，李善注：「慭，笑貌。」按，慭即慭字。説，通悦，亦喜悦意。《論語・學而》：「子曰：『學而時習之，不亦説乎！』」

第四二

銷錮虢堵〔一〕，尋尺寸咫〔二〕，賨（崇）諳（普）諫敦〔三〕，櫝飭柰璽〔四〕……（缺四字），肕僞檄桀〔五〕，淺污盱復〔六〕，季孟諯辈〔七〕，罷鉚〔八〕……（缺六字）餂蜀〔九〕，驕獶莫邪〔一〇〕，庾欻狼□卒（猝）〔一一〕，媚敞蠻如□，瞶腻〔一二〕趍恚〔一三〕，魃〔一四〕□多（移）（缺二字）。

【説明】

本板在阜陽漢簡《蒼頡篇》中有四處記載：

C〇四五　「爾」即璽，原釋「毒」，北大簡三九作爾，李亦安校釋。

C一〇二　啫尋尺扣咫

C〇九六　爲檄桀　（五三）

C〇一八　淺⿰氵盂　旴復□　（一五）

C〇五五　辈□□峇⿱雨口□

C一〇二「啫尋尺扣咫」，即本板「銷錮號堵，尋尺寸咫」的後五字，可據此校訂。本板「僞檄桀」，C〇九六「僞」作「爲」，二字可通，作「僞」其義更顯。C〇一八以「淺⿰氵盂」爲一句，⿰氵盂、污通，句讀應從此板訂正。

本板可與北大簡以下三簡對校：

⿱宀⿱山口音諫敢，

讀飾柰璽。

瘧斷⿸疒尧痡，

膩僞繫桀。

…貘廣。

淺汙旴復，（三九）

麃欻朖罕，（三八）

娓殼䜌姝，

蠻喊趍恚。

魃袳娷再，
篝覃轃解。
姎婞點媿，（四〇）

四〇簡最後兩句應屬漢牘本四三板甲，本書第四三板乙缺字不多，可以證成這一判斷。本板與北大簡相比較，二者文字相通者頗多，如賨與宻，讀與櫝，朖與狼，娓與媚，讋與變，孰爲本字，必須根據文義判斷。

【注釋】

〔一〕銷錮號堵，銷，《涅槃經音義》引《三蒼》：「鑠也。」（《重輯〈蒼頡篇〉》卷下）錮，《急就篇》：「釭鐗鍵鉆冶錮鐈」，顔注：「錮者，鑄而補塞之，令其堅固也。」王應麟補注：「《説文》：『錮，鑄塞也。』」「錮」跟口語「鋦」字義近。號，《説文・虎部》：「號，虎所攫畫明文也。」堵，《説文》：「堵，垣也，五版爲一堵。」古代用板築法築土墻，堵爲墻壁的面積單位。也指墻壁，《史記・高祖本紀》：「諸吏人皆案堵如故。」裴駰集解引應劭曰：「堵，牆堵也。」本句大意是説，銷鎔金屬補塞老虎在墻壁上攫畫的明紋。段玉裁説：「號字本義久廢，罕有用者。」這句用的便是本義。

〔二〕尋尺寸咫，都是長度單位，尋字在甲骨文中即見，《説文》：「尋，度人之兩臂爲尋，八尺也。」尺，《説文》：「十寸也。」寸，《説文》：「十分也。人手却一寸動衇謂之寸口。」咫，《説文》：「中婦人手長八寸謂之咫。周尺也。」段注：「《通典》引《白虎通》曰：『夏法日，日數十也。日無不照，尺所度無不極，故以十寸爲尺。殷法十二月，言一歲之中無所不成，故以十二寸爲尺。周據地而生，地者陰也，以婦人爲法，婦人大率奄八寸，故以八寸爲尺。』按，奄字未詳，疑是手之誤字。」這句應是説量墻的長度、高度。

〔三〕賨晉，北大本作宻晉，應讀崇普，崇義爲尊崇，與諫的匡正義相對。普應讀樸，《説文》：「樸，木素也。」《文選・東京賦》：「尚素樸。」薛注：「質也。」敦，義爲敦厚，《國語・周語上》：「敦厖純固於是乎成。」韋注：「敦，厚也。」《禮記・曲禮上》：「敦善行而不怠。」注：「敦，厚也。」《老子・第十五章》：「敦兮其若樸。」《釋文》：「樸又作朴。」《孔子家語・王言》：「民敦而俗樸。」崇普諫敦，義爲崇尚樸素，勸導敦厚。故有「敦樸」一詞。

〔四〕櫝飭柰壐，胡平生《讀〈蒼〉札記六》對北大簡三九：「讀飾奈壐」，讀作「讀敕捺壐」。引《説文》：「捺，搦也。」「搦，按也。」

又引述：「《説文》：『按，下也。』段注：「以手抑之使下也。」可以講通，本板「櫝」亦應通「讀」，則上句「崇普諫敦」倡導的是樸素、敦厚的風氣，正是敕書宣讀的内容。奈璽，璽是璽印，《廣雅·釋器》：「印謂之璽（璽）。」王念孫疏證：「衛宏曰：『秦以前，民皆以金玉爲印，龍虎鈕，唯其所好。秦以來，天子獨以印稱璽，又獨以玉，羣臣莫敢用也。』」

〔五〕肊僞檄棨，胡平生、韓自强説：「檄，《説文》：『二尺書。』段注據《韻會》改作『尺二書』，是。棨，《説文》作棨，『傳信也』。」按，《釋名·釋書契》：「啟（棨），詣也，以啟語官司所至詣也。」

〔六〕淺污眄復，據日本學者大庭脩考證，「漢代的關津應當是將過關的棨一一複寫，記録在案的。因此從肩水金關出土的棨，全部都是關吏的複寫物而非真棨」。其解答是《周禮·地官·司關》之賈疏：「過所文書，若下文節傳，當載人年幾及物多少。至關至門，皆别寫一通。入官家門，乃案勘而過。自其内出者，義亦然。」（《漢簡研究》第一四五頁）淺污，《儀禮·士虞禮》：「淳尸盥執槃。」鄭玄注：「槃以盛棄水，爲淺汙人也。」清朱珔《説文假借義證》：「淺音箭，與濺同。」則淺污應讀濺污，似指作僞的檄棨濺上污漬。眄復，眄，同盱，《玉篇》：「盱，舉眼也，燕代朝鮮洌水謂盧瞳子爲盱。」盱復意爲使眼色回復。

〔七〕季孟謫訾，季孟，本指春秋时期魯國貴族，季孫氏、孟孫氏，《國語·周語中》：「王問魯大夫孰賢，對曰：『季孟其長處魯乎！』」本板應指主事的長官。謫，《説文》：「數也（段注：『謂數責也』），一曰相讓也（段注：『相責讓，二義亦略同耳』）。」訾，通疵。謫訾（疵），指責缺點毛病。在此可能指發現了檄棨僞作。

〔八〕罷餔，餔，即《説文》飽的古文餥。

〔九〕餂，《原本玉篇》：「《蒼頡篇》：『門祭名也。』」罽，字書未載。

〔一〇〕驕猩莫邪，驕猩亦作驕慢、驕嫚，分别見《漢書·五行志》上、《五行志》中之上。莫邪，《廣雅·釋器》：「干將、莫邪，劍也。」似與此處文意不合。

〔一一〕麃欻狼𦙶（猝），麃當作麃，即麅。欻，《玉篇》：「忽也。」《廣韻·入聲八物》：「暴起。」狼猝，猝通卒，也有突然之義，與欻意近。《論衡·道虚》：「且夫物之生長，無卒成暴起，皆有浸漸。」可爲證。此句形容麅和狼動作的突然和迅速。

〔一二〕媢敞𤔔如，�臧，媢，北大本作娓，《説文》「讀若媚」。又訓媢，「説也」。敞，假爲惝，《玉篇》：「惝怳，失志不悦皃。」媢敞，是説她有時高興有時不高興。𤔔如，南方少數民族女子。北大本作「𤔔姝」，按，姝即姝，知者，《廣雅·釋木》：「株，株也。」王念孫疏證：「《廣韻》云：『株，木本也。』《説文》云：『株，木根也。』是株即株也。」故姝即姝。姝指美女，宋玉《登徒子好色賦》：「此郊之姝，華色含光。」瞏，《太玄·衆》：「師孕唁之，哭且瞏。」范望注：「竊視稱瞏。」臧，《説文》：「目陷也。」《廣雅·釋詁四》：「陷也。」

〔三〕趑恚，趑通跢，跢，慧琳《廣宏明集音義》：「徙也。」（《重輯〈蒼頡篇〉》卷下）恚，慧琳《諸法無行經多羅菩薩念誦法三劫三千佛名音義》：「怒也。」（《重輯〈蒼頡篇〉》卷下）

〔四〕魃，《急就篇》卷三：「射魃辟邪除羣凶。」顔注：「射魃、辟邪，皆神獸名也。魃，小兒鬼也。射魃，言能射去魃鬼。」張衡《東京賦》作：「八靈爲之震慴，况魃蜮（蜮）與畢方。」薛琮注：「魃，小兒鬼；畢方，老父神，如鳥，兩足一翼者，常銜火，在人家作恠（怪）災也。」馬王堆漢墓帛書《五十二病方》病名有「魃」，注釋：「魃，《説文》：『一曰小兒鬼。』《文選·東京賦》李善注引《漢舊儀》：『昔顓頊氏之有三子，已而爲疫鬼……一居人宫室區隅，善驚人，爲小兒鬼。』是古代的一種迷信。」（第一二六頁）

第四三甲

…（缺三字）木□，〔妶〕〔婞〕〔點〕媿，督娶[一]如〔嬬〕〔媞〕，頮壞□睘（蠉）鼎□（虢），□（應）序戉（戊）□，癟效[二]□向（姁）□人（卧），□□學趑[三]，嫥膊姚湀[四]，滄□每（海）[五]走□（趨？）赴，□巾□宴，裂□今[六]是，化□奏釿，□犬誘黨侶，池（？）□今□，□各□□□。

【説明】

北大簡四〇、四一屬本板内容。其文依次爲：「簺暈輴解，妶婞點媿，」「督娶嬬媞，頮壞蠉虢，應序戊讘，癟效姁卧，潃創鶯趑。」阜陽本C〇四三「簺暈」，亦屬本板内容。可知北大本簡四〇中前幾句是本書四二板所述内容，故本板序號應爲四三，鑒於已有四三板，故本板爲四三甲，原四三爲四三乙。

關於本板可參看本書收載的《讀北大〈蒼頡篇〉零札》的第十則考釋。

【注釋】

〔一〕督娶，督，《廣雅·釋訓》：「視也。」王念孫疏證：「《説文》：『轉目視也。』重言之則曰督督。」《釋訓》：「娶娶，往來也。」

〔二〕效，《廣雅·釋言》：「考也。」王念孫疏證：「效之言校也。《月令》云：『分繭稱絲效功。』」《玉篇》：「效，法效也。」此處爲效仿義。

〔三〕學趏，北大本作鶯趏，是。鶯即喜鵲（《說文》段注）。趏，據《說文》義爲行走。字通跂。

〔四〕嫭膊姚浂，膊，《鶡冠子·度萬》：「膊膊之士。」陸注：「膊，形埒也。」又，慱慱，形容小，《潛夫論·求邊》：「昔樂毅以慱慱之小燕，破滅彊齊。」《爾雅》：「慱慱，憂也。」姚渰，姚，《說文》：「《史篇》以爲『姚，易也』。」桂馥《說文義證》：「易當爲傷。傷，輕也。」浂即渰，《說文》：「渰，雨雲皃，从水、弇聲。」（段注本）段注：「渰，《漢書》作黤，按，『有渰淒淒』，謂黑雲如鬊，淒風怒生。」渰，當讀媕，《說文》：「女有心媕媕也。」

〔五〕滄海，《法言·吾子》：「浮滄海而知江河之惡沱也，況枯澤乎？」《潛夫論·賢難》：「此鮑焦所以立枯於道左，徐衍所以自沈於滄海者也。」曹操《步出夏門行·觀滄海》：「東臨碣石，以觀滄海。」

〔六〕今，《文選·南都賦注》：「時辭也。」（《重輯〈蒼頡篇〉》卷下）

第四三乙

室竅穴竇〔一〕，氾窪泥塗〔二〕，霤霥〔三〕潰漏〔四〕，水隙涯：（缺五字），□□□渠，墳壤〔五〕執下〔六〕，涅（淫）淖漸洳〔七〕，棓楢榆梜〔八〕，榴〔九〕：（缺三字），溉（？）穿□石，柱橈〔一〇〕□支（枝）〔枎〕，瓦蓋枌櫋〔一一〕，堊墍欙杅〔一二〕，端直〔準〕〔繩〕〔一三〕。

【説明】

北大簡三四可與本板對校：「柳櫟檀柘，柱橈枝枎，瓦蓋焚櫋，晋溉欙杅，端直準繩。」本板「溉穿□石」，北大簡作「柳櫟檀柘」，説明閭里書師將此敘述樹名之句，改寫爲敘事之句。至於其餘文句基本相同，唯北大本假「焚」爲「枌」，假「晋」爲「堊」而已。端直準繩，「準繩」一詞，屢見《太玄經》，如《戾》：「準繩規矩，不同其施。」蓋有準繩方能端直。

【注釋】

〔一〕窒竅穴竇，窒義爲塞。《説文》：「窒，塞也。从穴、至聲。」《詩・豳風・七月》：「穹窒熏鼠，塞向墐户。」竅、穴、竇則爲同義詞。《説文》：「竅，空也。从穴、敫聲。」段玉裁注：「空孔古今字。《老子》：『常有欲以觀其竅。』」《説文》：「穴，土室也。」段注：「引申之凡空竅皆爲穴。」《説文》：「竇，空也。」段注：「空、孔古今語。凡孔皆謂之竇，古亦借瀆爲之。」

〔二〕氾滓泥塗，都是同義詞。《廣雅・釋詁》：「氾醃洼染濁濩辱點，污也。」王念孫《廣雅疏證》：「氾醃染濁諸字爲污穢之污，洼爲污下之污，而其義又相通。氾醃窪濁者，《方言》：『氾浼濁洼，洿也。自關而東，或曰洼，或曰氾，東齊海岱之閒，或曰浼，或曰濁。』洿與污同。《漢書・王褒傳》云：『水斷蛟龍，陸剸犀革，忽若彗氾畫塗。』……案彗者，埽也。《後漢書・光武紀》注云：『彗，埽也。』班固《東都賦》云：『戈鋋彗雲，羽旄埽霓』，是也。氾者，污也。謂如以帚埽穢，以刀畫泥耳。如淳、顔師古以氾爲氾灑地，失之。」

〔三〕霑⿱雨染，霑，雲公《涅槃經音義》引《三蒼》：「漬也。」（《重輯〈蒼頡篇〉》卷下）⿱雨染，《集韻・豔部》：「⿱雨染，沾也。」

〔四〕潰漏，《文選・西都賦》注：「潰，旁決也，胡對切。」慧琳《法蘊足論音義》：「漏，浸水也。」（皆見《重輯〈蒼頡篇〉》卷上）

〔五〕墳壤，《周禮・地官・草人》：「凡糞種，騂剛用牛，赤緹用羊，墳壤用麋。」注：「玄謂墳壤潤解。」

〔六〕執下，《廣雅・釋詁》：「𥨊，下也。」王念孫《廣雅疏證》卷一下：「涅、埝、𥨊者，《方言》：『埕墊下也，凡柱而下曰埕，屋而下曰墊。』」王氏又説：「《説文》：『𥨊，屋傾下也。』又云『墊，下也』。《皋陶謨》：『下民昬墊。』鄭注云：『昬，没也。墊，陷也。』《莊子・外物篇》：『厠足而墊之，至黄泉。』司馬彪注云：『墊，下也。』墊與𥨊同。」執應讀爲𥨊、墊字，義與「下」同。

〔七〕淫淖漸洳，淖，玄應《長阿含經音義》：「深泥也。」慧琳《補長阿含經音義》：「涅也，亦溺也，溼也。」（《重輯〈蒼頡篇〉》卷下）漸洳，有浸濕義。《廣雅・釋詁》：「沮潤湆浥漸洳溽淖，溼也。」王念孫《廣雅疏證》卷一下：「沮漸洳者，沮如猶言漸洳。漸義見卷二：『漸，漬也。』下。《衆經音義》卷十引《蒼頡篇》云：『沮，漸也。』《王制》：『山川沮澤』，何氏隱義云：『沮澤，下溼地也。』《説文》：『溼，漸溼也。』溼與洳同。《魏風》：『彼汾沮洳』，毛傳云：『沮洳，其漸洳者。』《漢書・東方朔傳》：『塗者漸洳徑也』，顔師古注云：『漸洳，浸溼也。』」此外，《六韜・戰騎》：「汙下沮澤，進退漸洳，此騎之患地也。」可見凡下溼地、浸溼均可稱「漸洳」。這兩句是説潤解的土壤地勢低下，便成爲濕地。

〔八〕楉楢榆柍，楉，字書所無，應是一種樹名。楢，《説文》：「柔木也，工官以爲耎輪。」段注：「耎輪者，安車之輪也。郭注《山海經》云：『楢，剛木，中車材。』剛木即柔木，蓋此木堅韌，『柔』、『剛』異偁而同實耳。」榆，《説文》：「榆白，枌。」（段注本）

揄是常見樹木，木材堅緻。柍，《説文》：「柍梅也。」「一曰江南橦材，其實〔者〕謂之柍。」（「者」字，據段注補）《玉篇》作楧。

〔九〕槢，《説文》：「木也。」徐鍇《説文解字繫傳》：「槢，《字書》：『槢，堅木也。』」桂馥《説文解字義證》：「木也者，《玉篇》：『槢，堅木也。』」元結《頌木魅辭》：「槢橈橈兮未堅。」

〔一〇〕柱橈，柱，《説文》：「楹也。」楹，「柱也」。柱，《文選·魯靈光殿賦》注：「枝也。」（《重輯〈蒼頡篇〉》卷下）柱有支撑義。橈（音 náo），《説文》：「曲木也。」柱是古代建築承重的主要支撑，本來用直木，此言曲木，可能是起輔助作用的。

〔一一〕瓦蓋枌櫋，瓦，覆蓋屋頂的泥製建築材料。蓋，意爲覆蓋。枌，字通棼亦通棼，《文選·七命》：「枌栱嵯峨。」李善注：「棼與枌古字通。」枌指「複屋之棟」。見《後漢書·班彪傳》注。櫋，《説文》：「屋聯也。」《釋名·釋宮室》：「梠或謂之櫋，櫋緜也，緜連榱頭使齊平也。」全句説用瓦覆蓋屋頂，包括棟與榱頭。

〔一二〕垔塈幔杅，四字義近。《説文》：「垔，白涂也。从土、亞聲。」段注：「以白物涂白之也。」塈同既，《説文》：「既，印涂也。」段注：「印涂，舉首而涂之，郢人施廣領大袖以仰涂，是也。」《説文》：「幔，墀地以巾搵之也。」「墀，涂地也。」杅，《説文》：「杇，所以涂也。秦謂之杇，關東謂之槾，从木、亏聲。」或作圬，《論語·公冶長》：「糞土之墻不可圬也。」集解引王注：「圬，墁也。」《急就篇》卷三：「泥塗垔塈壁垣墻。」本句是指對室内墻壁進行塗抹粉刷。

〔一三〕端直，即正直。《楚辭·九章·涉江》：「苟余心之端直兮，雖僻遠其何傷！」

第四六

加酌暈瓶〔一〕，放赦亦錯〔二〕，萇苻編維〔三〕，稼茭助匹〔四〕，崔鑽〔五〕右□，詗駙譴員〔六〕。芊種穀多〔七〕，厥（瘚）踵煖釘〔八〕，哭垸由蜫〔九〕，刑窌鈎姪，胠灰葷迷〔一〇〕，梧域邸造〔一一〕，肂（殔）㲃歺耆〔一二〕，倏騎淳沮〔一三〕，決議篇稽〔一四〕。

【説明】

本板文字有兩處分别見於阜陽漢簡《蒼頡篇》，即C〇七〇：「崔飢。」C〇九七：「詛駟詛。」北大簡四四：「梧域邸造，肂㲃歺耆。倏騎淳沮，決議篇稽。嬔欺蒙期。」前四句屬本板，後一句屬下板。文字基本相同，唯本板「倏騎淳犯」，北大本作「倏騎淳沮」，稍有不同。

【注釋】

〔一〕 畢瓶，畢，即軿，《集韻》：「軿，車馬聲。或作騈。」畢、騈一字。畢瓶，似指牧場道路之平。瓶，通砥。《詩·小雅·大東》：「周道如砥，其直如矢。」

〔二〕 放赦亦錯，放赦，二字意近。玄應《魔逆經音義》引《三蒼》：「赦，舍也。」（《重輯〈蒼頡篇〉》卷下）放赦，似指「放赦罪人」，參看《廣雅疏證》卷四上對肆字的疏證，王念孫謂：「肆者，《堯典》：『眚災肆赦。』……皆謂放赦罪人，與置同義。」錯，同措，安置義。

〔三〕 箠符編維，箠是刑杖，《漢書·刑法志》：「笞者，箠長五尺，其本大一寸，其竹也，末薄半寸，皆平其節。」符，應指往來出入的凭證。編，玄應《維摩詰經音義》：「交織也……《三蒼》古文辮字。」維，是繫物的大繩。箠符編維，是安置放赦罪人所用。

〔四〕 稼茇助匹，稼茇，指耕種，農業勞動。助匹，匹是一個人，助匹似指兩人相助（勞作）。

〔五〕 崔鑚，應讀摧隤，《廣雅·釋詁二》：「隤，衺也。」王念孫疏證：「險之言險巇……隤之言摧隤，皆傾衺之義也。」《易林·崇之訟》：「老楊日衰，條多枯枝。爵級不進，遂下摧隤。」（《泰之咸》末句作「日下摧頹」。）

〔六〕 詗駙譴員，詗字書無載。譴員，應讀遣員。員，《廣雅·釋詁三》：「衆也。」

〔七〕 芋種穀多，芋應讀迂。《説文》：「迂，進也。」段注：「干求字當作迂。」此句是説求得種子能生産出許多糧食。

〔八〕 廞踵煖釘，廞，《説文》：「陳輿服於庭也。」段注：「《周禮》故書廞爲淫。鄭司農云：『淫讀爲廞，廞，陳也。』許説同先鄭。」踵，非踵繼義。《釋名·釋形體》：「鍾也，鍾聚也。體之所鍾聚也。」煖，古書多訓温，此當讀熯，《淮南子·墜形》：「煖溼生容。」高注：「煖，一讀熯。」釘，此假爲杅（即打字）。此句説（將禾穗）堆放一起乾燥後打糧食。

〔九〕 哭垸由蜫，垸，《宋本玉篇》：「《説文》云：『以黍和灰而鬆也。一曰補垸。』《考工記》云：『殺矢，重三垸。』鄭衆曰：『量名。』」亦作烷。」蜫，《宋本玉篇》：「蚰，蟲之總名，亦作蜫。」此句似是説對著量器哭是因爲蟲子（太多成災，以致減産或絶産）。《蒼頡篇》訓詁説「垸，以黍和之」與《説文》義近。又説：「蜫，颯屬。」（皆見《重輯〈蒼頡篇〉》卷下）均不如《玉篇》所訓合乎文意。

〔一〇〕 刑窌鉤控，胠灰蕈迷，刑，應讀形，義爲見。《孝經·天子章》：「德教加于百姓，刑于四海。」刑，一本作形。鄭玄注：「形，見也。」窌，本義爲地窖。《説文》：「窌，窖也。」段注：「《吕覽》：『穿竇窌』，《月令》《淮南》皆作窖。」此處非窖義，《廣韻·肴韻》：「窌，深空之貌。」馬融《長笛賦》：「庨窌巧老，港洞坑谷。」李善注：「庨窌巧老，深空之貌。」刑窌，大意是看見深空之貌（的地方）。鈎姪，應讀句控。鈎通句，《詩·大雅·行韋》：「敦弓既句，既挾四鍭。」《釋文》：「句，《説文》作彀，云：『張弓曰彀。』」控有引弓、開弓之義，班固《西都賦》：「弦不再控，矢不單殺。」《史記·匈奴列傳》有「控弦之士」。此句是説見到深空之地即拉弓（瞄準）。胠，有開或發義。《史記·老莊申韓列傳》：「胠篋」，正義：「胠，開也。」《莊子·胠篋》：「將爲胠篋探囊發匱之盜。」《釋文》：「胠，發也。」但此處胠應假爲袪，《荀子·榮辱》：「胠於沙而思水」，楊倞注：「胠與袪同，《莊子》有《胠篋篇》，亦取去之義也。」灰，《説文》：「死火餘叏也。」即灰燼。《韓非子·内儲説上》：「殷之法刑棄灰於街者。」胠（袪）灰，把灰燼或灰塵去掉。蕈，傘菌類植物，《説文》：「桑萸。」《玉篇》：「地菌也。」此處當假爲覃，蔓延義。《詩·周南·葛覃序》，《釋文》：「覃，本亦作蕈，延也。」迷，《説文》：「惑也。」此當是眯目之眯。《説文》：「眯，艸入目中也。」《淮南子·繆稱訓》：「故若眯而撫。」高注：「眯，芥入目也。」《莊子·天運》：「夫播穅眯目，則天地四方易位矣。」《釋文》引《字林》：「眯，目入物爲病也。」此兩句聯繫起來，大意是説見到深空之地拉開弓，把灰塵去掉却蔓延迷了眼睛。

〔一一〕梧域邸造，梧，《爾雅·釋丘》：「當途梧丘。」注：「途，道。」域，《廣雅·釋邱》：「域，葬地也。」邸，《後漢書·安帝紀》注：「邸，舍也。」慧琳《不空羂索經音義》訓爲「市中舍也」（見《重輯〈蒼頡篇〉》卷下）。造，修造。全句説把當道的山丘作爲葬地，修墓像建邸舍一樣。

〔一二〕殔觳殈耆，殔，《説文》：「瘞也。」桂馥《説文義證》：「《吕氏春秋·先識篇》：『威公薨殔，九月不得葬。』高注：「下棺置地中謂之殔。」」觳，《説文》：「細縛也。」此假爲㲉，㲉，《説文》段注：「豚者，小豕也。《左傳》晉有先㲉字彘子。蓋㲉即㲉字。」殈，《玉篇》：「殘，或爲殈。」耆，此處指走獸的背脊。《文選·枚乘〈七發〉》：「薄耆之炙，鮮鯉之鱠。」李善注：「薄切獸耆之肉以爲炙也。耆，今人謂之耆頭。」胡紹煐箋證：「耆，脊也。凡脊皆曰耆。」本句大意説將小豬下棺置地中，祇殘餘脊骨。

〔一三〕傸騎淳沮，傸騎，巡邏伺望的騎兵。《説文》：「傸，司望也。」段注：「司者，令之伺字也。」字亦作候。桓譚《新論·譴非》：「文帝時匈奴大入，烽火候騎，至雍、甘泉。」淳沮應讀敦沮。淳，玄應《大威德陀羅尼經音義》引《蒼頡訓詁》：「古文敦同。」甲骨卜辭及西周金文「敦」用作「敦伐」義習見。本板淳字的寫法，與《禮器碑側》基本一樣（《甲金篆隸大字典》第七九二頁）。有人釋漳，恐非是。沮，《一切經音義》十八引《蒼頡解詁》：「漸也，敗壞也。」敦沮是説进犯和破壞。

〔一四〕決議篇稽，決議，議論始決。篇，《説文》：「書也。」段注：「書，箸也。箸於簡牘者也，亦謂之篇。」稽，留也。

第四七

如□（媿）欺□（欺）蒙期〔一〕，未旬豯氏〔二〕，門□（闊）〔錯〕〔踆〕〔葆〕，〔堂〕〔據〕〔趆〕〔等〕，〔棁〕〔虺〕〔隝〕〔闉〕，鈴鏅（鏞）閏悝〔三〕，騁□（騁）㐾（虧）□柳：（缺十二字）泫沄孃姪〔四〕，㲋□紉□經□，阝□卬□：〔舉〕（缺十字，補一字）。

【説明】

阜陽漢簡《蒼頡篇》：

C○六二　蒙期未旬

C○二二　堂據趆等祁□

本板「蒙期」二字儘管模糊，與此對校仍可看出所述相合。又，C○六五「舉厭」之「舉」應爲本板最末一字。北大簡四四：「媿欺蒙期。」屬本板首句。媿，《説文》訓「生子齊均也」。《玉燭寶典二》訓：「子出，音妨万反，一音赴。」（《重輯〈蒼頡篇〉》卷下）北大簡四五「未旬豯氏」，屬次句，本板無不同。北大簡一二：「闊錯就足葆，堂據趆等。棁虺隝闉，鈴鏅閏悝。騁虧刻枊，𩒨津郖鄙。祁紂鐔幅，芒隒偏有。泫沄孃姪，髳弟經臬。」可補本板缺文。

北大簡「闊錯」章在本板，其文曰：「闊錯踆葆，堂據趡（趆）等，棁虺（虺）隝闉，鈴鏅閏悝，騁虧㓜柳，䑛津郖鄙，祁紂鐔幅，芒隒偏有，泫沄孃姪，髳弟經杲。」據此可知阜陽簡C○二二：「□堂據趆等祁□。」應屬本板内容。本板頗有闕文，仍可看出文字相異者甚少，大多相同。

【注釋】

〔一〕蒙期，胡平生、韓自强説：「期，讀爲欺。《左僖二十四年傳》：『上下相蒙。』杜注：『蒙，欺也。』」按，「蒙期」作爲一個詞，應讀蒙倛。《荀子·非相》：「仲尼之狀，面如蒙倛。」楊倞注：「倛，方相也，其首蒙茸然，故曰蒙倛。」㛊欺蒙期，等於説生子欺方相氏。《禮緯》曰：「顓頊有三子，生而亡去爲疫鬼，一居江水是爲虐鬼、魃鬼，一居人宫室區隅，善驚人小兒。於是常以正歲十二月，令禮官方相氏蒙熊皮，黄金四目，玄衣纁裳，執戈揚楯，師百隸及童子而時儺，以索室而敺疫鬼。」（《太平御覽》卷五三〇引）《論衡·解除篇》載此事，文字不盡相同。

〔二〕耒旬隷氏，耒，《説文》：「手耕曲木也。」爲上古木製翻土農具。旬，通均，《夏小正》：「（正月）農率均田。」隷，同隸，據《石門頌》。氏，《説文》：「至也。」字通抵、底，均有至義，此句説用耒除田時，有奴隸來到。

〔三〕鈐鏞（鏞）閏悝，鈐，《説文》：「鈐鏞，大犂也。一曰類枱。」段注：「枱，耒端也。耒者，手耕曲木也。耒枱與犂之别，一以人、一以牛也。」鏞，《説文》：「鈐鏞也。」《廣雅·釋器》「鉻鏞謂之鑡。」王念孫疏證：「《説文》：『鈯，相屬也。』又云：『鈐鏞，大犂也。一曰類枱。』《急就篇》：『鈐鏞鉤銍斧鑿鉏。』顔師古注云：『鈐鏞，大犂之鐵。』鈐與鉻同，鏞與鏞同，鈯與鑡同。」閏，《説文》：「餘分之月，五歲再閏。」悝，《説文》：「啁也。」「一曰病也。」段注説：「啁即今之嘲字，悝即今之詼字。」《爾雅·釋詁》：「悝，憂也。」此處疑訓憂。此句似是説因爲閏年農時加長，使用大犂有些發愁。

〔四〕泫沄孃姪，泫沄，水翻騰貌。揚雄《冀州箴》：「冀土麋沸，泫沄如湯。」《隸釋》卷四《桂陽太守周憬功勳銘》：「泫沄潺湲。」孃，《説文》：「煩擾也。」《廣雅·釋訓》：「儴躟，惶劇也。」王念孫疏證：「《文選·無賦》引《埤倉》云：『躟，疾行貌。』《史記·貨殖傳》云：『天下攘攘，皆爲利往。』」姪通挃，《淮南子·兵略訓》：「不若捲手之一挃。」高誘注：「擣也」。全句説水翻騰疾行有衝繫力。

第四八

厭（厭）歹殘紀〔一〕，濕鞎踼職〔二〕，裝褩盡止〔三〕，濽綦蹣蹐〔四〕，庰諈訶駃〔五〕，隆蝸翳鴳（鴳）〔六〕，底稷（稷）蟬母〔七〕，瞢夕胜朐，澡漱竭起〔八〕，逆猲〔九〕降閂，惝（惝）蹛攣▯延（？），惶愠忘駡，詰辞錧士〔一〇〕，剖判稍辨〔一一〕，鱕▯㖡……（所缺兩字殘損大半）

【說明】

阜陽漢簡《蒼頡篇》C九二「□□□翳」似不知與第三一板有關，還是與本板有關，二者均有「翳」字。又，C〇六四：「舉厭」，疑四七板最後一字爲「舉」，「厭」字爲本板首字，此點尚難肯定，附記於此。又，稷，應釋稷，《甲金篆隸大字典》第四七一頁載稷作[illegible]（武威簡・有司六四）與此形相近。

【注釋】

〔一〕厭歺殘紀，厭，玄應《正法華經音義》：「伏合人心曰厭，亦眠内不祥也。」（《重輯〈蒼頡篇〉》卷下）歺，《説文》：「腐也。」「朽，歺或从木。」段注：「肉部曰：『腐，爛也。』今字用朽而歺廢矣。」《睡虎地秦墓竹簡・效律》：「倉屚（漏）歺（朽）禾粟。」（第一一八頁）亦用歺字。殘，慧苑《華嚴經音義》：「傷也，切也。」慧琳《手杖經音義》：「敗也。」（皆見《重輯〈蒼頡篇〉》卷下）紀，《説文》：「別絲也。」段注：「《棫樸》正義引『紀，別絲也』。又云：『紀者，別理絲縷。』今依以正。別絲者，一絲必有其首，別之是爲紀；衆絲皆得其首，是爲統。」殘紀，義即敗紀，《馬王堆漢墓帛書・十六經》：「民無亂紀。」殘紀、亂紀義近。

〔二〕濕鞎鬄職，濕，《説文》：「溼，幽溼也。」典籍亦作濕。鞎，《説文》：「車革前曰鞎。」段注：「《釋器》曰：『輿革前謂之鞎』，郭曰：『以韋輓車軾。』按李巡云：『輿革前，謂輿前以革爲車飾曰鞎，不言軾。』……疑李注是。」濕鞎，是説車輿前用皮革做的車飾被水浸濕。鬄職，鬄即《説文》之鬄，訓「鬄髮也」。省作剔。本板「鬄」字寫法，唯見揚雄《太玄》，殊堪注意。一見於《太玄・夷》：「陽氣傷鬄，陰無救瘣，物則平易。」范望注：「鬄，除也。」一見於《太玄・增》：「兼貝以役，往益來鬄。」范望注：「鬄，憂也。」此似用後一義。職，職位。鬄職，指爲職位而擔憂。

〔三〕裝褁盡止，裝，《説文》：「裝，裹也。」此處爲裝載意，《詩・出車》箋：「使裝載物而往。」褁，《左傳・哀公十一年》：「公使大史固歸國子之元，寘之新篋，褁之以玄纁，加組帶焉。」杜注：「褁，薦也。」薦的意思是爲了裝東西而墊物在底下。故裝褁，就是裝載東西。本句意思是裝載東西全部停止（因爲車鞎水濕之故）。

〔四〕灒綦䝟蹐，灒，玄應《立世阿毗曇論音義》引《三蒼》：「汙灑也。江南言灒，山東言湔。」綦，《説文》：「綥，帛蒼艾色也。《詩》曰：『縞衣綥巾。』未嫁女所服。綦，綥或从其。」段注：「謂蒼然如艾色爲綥。」又説：「鄭箋則云，『綦，綦文也。』綦文者，文錯畫也，象交文，今作紋是也。」䝟，《説文》作鬗，「髮長皃。讀若蔓」。段注：「引申爲凡長之偁。如《郊祀歌》曰：『掩回轅，鬚長馳。』鬚猶今言道里曼曼也。如淳曰：『音樠。』」⿰足⿱夂言，應即⿰足䍃字，《説文》：「跳也。」循文意，全句似乎是説弄髒了紼巾而遠逃。

〔五〕庰諈訶駭，庰，《説文》：「蔽也。」字通屏，摒棄意，《荀子·儒效》：「周公屏成王而及武王以屬天下。」字或作偋，《荀子·榮辱》：「恭儉者，偋五兵也。」楊倞注：「偋當爲屏，却也。」諈（音zhuì），《爾雅·釋言》：「諈諉，累也。」郭璞注：「謂以事相屬累以諈諉。」有囑托意。訶，大聲喝斥，《説文》：「大言而怒也。」駭（音ái），基師及玄應《法華經音義》：「無知也。」（《重輯〈蒼頡篇〉》卷下）本句是説（當事人因）摒棄囑托而被大聲斥責爲無知。以上數句敘述保管物品不善的種種情況。

〔六〕隆蝸翳鴉，隆蝸，《廣雅·釋器》：「枸簍、隆屈，傘也。」王念孫疏證：「此謂蓋弓也。《方言》：『車枸簍，宋魏陳楚之閒謂之筱，或謂之籧籠；自關而西，秦晉之閒，謂之枸簍；西隴謂之榼；南楚之外謂之篷，或謂之隆屈。』郭注云：『即車弓也。』」又説：「枸簍者，蓋中高四下之貌。山顛謂之岣嶁，曲脊謂之痀僂，高田謂之甌窶，義與枸簍竝相近，倒言之則曰僂句。昭二十年《左傳》：『臧會竊其寶龜僂句』，龜背中高，故有斯稱矣……《漢書·季布傳》：『置廣柳車中。』李奇注云：『廣柳，大隆穹也。』柳與簍通，隆屈猶僂句也。張衡《西京賦》：『「終南太一，隆崛崔萃。」』是其義也。」按，隆蝸即隆屈，指車弓，因中間高四面低而得稱。翳，玄應《燈指因緣經音義》引郭璞注：「目翳病也。」（《重輯〈蒼頡篇〉》卷上）但此字還有掩蔽、遮蔽義，曹植《情詩》：「微陰翳陽景，清風飄我衣。」鴉，鳥名，待考。此句似是説車弓遮蔽著鴉鳥。

〔七〕底稷蟬母，底，《説文》：「一曰下也。」意即底下。稷，《書中候》宋注：「稷，側也。」蟬母，疑指蟬蜕，蟬自幼蟲變成蟲時脱下的殼。此句似説底下旁邊是蟬母。

〔八〕澡漱竭起，澡，《華嚴經音義》：「盥也。」（《重輯〈蒼頡篇〉》卷下）《張家山漢墓竹簡·引書》：「春日，蚤（早）起之後，棄水，澡墊（漱）。」澡漱是盥洗漱口。澡漱在早晨，故云：「澡漱竭起。」

〔九〕逆猲，猲，《張家山漢墓竹簡·二年律令·盜律》：「恐猲人以求錢財」，猲也作喝，《戰國策·趙策二》：「恐喝諸侯。」逆猲（喝），迎頭喝斥。

〔一〇〕惶愠忘駡，詰誶錧士，惶愠，驚恐憤恨。惶，《一切經音義》三引《蒼頡篇》：「恐也。」愠，玄應《大智度論音義》：「恨也。」（《重輯〈蒼頡篇〉》卷下）詰，《廣雅·釋詁二》：「問也。」詰有責問之義，誶有斥責之義，故合之有責問、斥責之義。錧士，似指主管其事者。《漢書·劉向傳》：「顧幹尚書事，尚書五人，皆其黨也。」顔注：「幹，與管同，言主管其事。」錧通管。

〔一一〕剖判，《白虎通·天地》：「混沌相連，視之不見，聽之不聞，然後剖判。」剖判有分開之意。雲公《涅槃經音義》：「剖，判也，析也，分也。」（《重輯〈蒼頡篇〉》卷下）稍辨，稍加辨别。

第四九

黷黓黴（黴）□噲（黵）〔一〕，狂獫貗貑〔二〕，嬞婢纂櫝〔三〕，朐姘嬾嬦〔四〕，嬗駘他脱〔五〕，庴眒段□，袓屑稚權，强寄倚留〔六〕，蔟莽藍蒔〔七〕，芑杞蒻茅〔八〕，脩常袞土〔九〕，橘蘨葽苞〔一〇〕，塵埃〔一一〕票風〔一二〕，嫯蟆〔一三〕寡（寡）擾。蝵蔎嬈繕〔一四〕。

【説明】

此板文字有三處見於阜陽漢簡《蒼頡篇》，C〇五一：「□甬稡權騒寄。」C〇八一：「莔茆杞芑。」C〇八八：「□旁擾蟞□。」稡權騒寄，本板作「稚權强寄」，「稚」、「强」爲「稡」、「騒」的通假字。杞芑，本板作「芑杞」，二字顛倒。「□旁擾蟞□」，中間「擾」字相同，其餘兩字亦應相同。

北大簡一六，可與本板對校，其文曰：「猜常袞土，橘蘨藚苞。塵埃奥風，嫯鬘寡擾。嫯皺嬈嬉」，猜常，本板作脩常。藚苞，本板作葽苞。嫯皺嬈嬉，本板作「蝵蔎嬈繕」。表明漢牘本的文字有進一步的修改。」

【注釋】

〔一〕黷黓黴黵，黷，《説文》：「握持垢也。从黑、賣聲。」《易》曰：「再三黷。」《玉篇》：「黑也。」黓，《説文》：「滓垢也。」《廣韻·感韻》：「黑也。」黴黵，《廣雅·釋器》：「黴、黵，黑也。」王念孫疏證：「《説文》：『黴，物中久雨青黑也。』《淮南子·脩務訓》云：『堯瘦臞，舜黴黑。』《楚辭·九歎》云：『顔黴黧以沮敗兮。』」又説：「《説文》：『黵，沃黑色也。』又云：『嬒，女黑色也。』引《曹風·候人篇》：『嬒兮蔚兮。』嬒與黵同義。今本嬒作薈。」

〔二〕狂獫貗貑，狂，《説文》：「黄犬黑頭。」獫，《説文》：「長喙犬，一曰黑犬黄頭。」《爾雅·釋獸》：「長喙，獫。」貗，《説文》：「犬容頭進也。一曰賊疾也。」貑，《説文》：「南越名犬獿貑也。」

〔三〕嬞婢纂櫝，嬞，《説文》：「下志貪頑也。」《玉篇》：「貪頑也。」婢，婢女。嬞婢，貪頑的婢女。纂，赤色的絲帶。《漢書·景帝紀》：「錦綉纂組，害女紅者也。」注引應劭曰：「纂，今五采屬綷是也。」《説文》：「纂，似組而赤。」櫝，《急就篇》卷四：「棺槨槥櫝遺送踊。」顔注：「言死亡者，則爲棺槨槥櫝以遺送之。」黄氏曰：「槥，小棺。櫝，即槥。」纂櫝，即在小棺上繫赤色的絲帶。

〔四〕朐姘嬾嫭，朐姘，似指人屈身静立。朐，屈曲義。《説文》段注：「朐，引申爲凡屈曲之偁。」姘，《説文》：「静也。」嬾，通懶，懶惰。嬾嫭即懶嫭。嫭，《説文》：「拔去田艸也。」指懶得拔田中的草。但此處可能讀嫮，《唐韻·四覺》：「嫮墮。」（《重輯〈蒼頡篇〉》卷下）

〔五〕嬗駘他脱，庴眲段□，嬗有擅自之義。駘，《玉篇》：「大來切，駑也，馬銜脱也。」他脱，脱有離去義。《廣雅》：「彖，捝也。」王念孫疏證：「《説文》：『彖，豕走捝也。』捝與脱通。」《廣雅·釋詁三》：「脱，離也。」他脱指向别處離去。則全句是説擅自將馬銜脱落，馬跑到别處去。庴，《玉篇》：「徒回切，厭也，或作隤。」隤，通穨，指馬病。《詩·周南·卷耳》：「我馬虺隤。」馬瑞辰通釋：「隤者，穨之假借……《爾雅》：『痡、瘏、穨、玄黄、病也』，皆病之通稱。」眲，未詳。

〔六〕祖屑稚權，强寄倚留，中間五字阜陽本作：「□䅙稺權騒寄。」胡平生、韓自强考釋説：「稺，《説文》：『幼禾也。』《方言》：『小也。』權，《詩·盧令》：『其人美且鬈。』箋：『鬈當讀爲權。權，勇壯也。』騒，見《漢印文字徵補遺》補十第二頁。義未明。」桓按，祖屑稚權，似應指對年幼者的照料。祖，《説文》：「衣縫解也。」即綻字。又有組，《説文》：「補縫也。」段注：「以鍼補之曰組。」古袓、組可通，故《廣韻》云：「綻，同袓、組。」此處袓爲縫補意。屑，《説文》：「屑，動作切切也。」《方言》：「屑往勞也。」注：「屑屑往來，皆劬勞也。」袓（組）屑，謂縫補衣服很辛苦勞累。稚通稺，指年幼者。權，權輿，起始。全句是説對年幼者從小就給縫補衣服，非常辛苦勞累。强寄倚留，强寄，勉强寄居。古詩文强字習慣作勉强解，不乏其例。如杜甫詩「强移棲息一枝安」。倚留，跟寄居的意思類似。這兩句似是説因爲一直給人家小孩縫補衣服，所以寄居在這家家中。

〔七〕蔟莽藍蒔，蔟，通簇，《白虎通·五行》：「簇者，凑也，言萬物始大，凑地而出也。」莽，草，《孟子·萬章》：「在野曰草莽之臣。」趙注：「莽，亦草也。」或爲叢木，《易·同人》：「伏戎於莽。」《千字文》：「渠荷的歷，園莽抽條。」蒔，《説文》：「更别種。」《廣雅·釋地》：「蒔，種也。」王念孫疏證：「蒔、殖聲相近，故播種亦謂之播蒔。」

〔八〕芑杞蒻茅，芑一字多義，可指一種穀物（《詩·大雅·生民》）、像苦菜的野菜（《詩·小雅·采芑》）和樹名。故「芑杞」可能指芑樹和杞樹。蒻，《急就篇》卷三：「蒲蒻藺席帳帷幢。」顔注：「蒻，謂蒲之柔弱者也。」指嫩蒲草。茅，茅草。

〔九〕脩常衮土，常似應讀長，古書棠與棖、棠與棖相通（《古字通假會典》第二九八、二九九頁）。《廣雅·釋詁一》：「長，常也。」王念孫疏證：「長者，《大雅·文王》箋云：『長猶常也。』常、長聲相近，故漢京兆尹長安，王莽曰常安矣。」脩長，《史記·秦始皇本紀》：「德惠脩長」，索隱：「脩亦長也。」衮，《廣雅·釋詁一》：「衮，大也。」王念孫疏證：「衮之言渾也。曹大家注《幽通賦》云：『渾，大也。』」

〔一〇〕橘蘨萋苞，橘蘨，即橘柚，《廣雅·釋草》：「柚，棒也。」王念孫《廣雅疏證》卷十下於此條下説：「《禹貢》：『揚州厥包橘柚錫貢』，傳云：『小曰橘，大曰柚。』字亦作櫾。《中山經》云：『荆山多橘櫾。』郭注云：『櫾似橘而大也，皮厚味酸。』」柚、櫾、蘨並通。萋苞，均是草名。《廣雅·釋草》：「萋，莠也。」王念孫疏證：「《豳風·七月篇》：『四月秀萋』，傳云：『萋，萋草也。』箋云：『《夏小正》：四月，王萯秀萋。其是乎。』」但亦頗有異説，難以定論。苞，《説文》：「艸也。南陽吕爲麤履。」段注：「《曲禮》：『苞屨不入公門。』注：『苞，藨也。齊衰藨蒯之菲也。』《子虚賦》：『蔵析苞荔。』張揖曰：『苞，藨也。』玉裁按，當是藨是正字，苞是假借。」以上幾句是説（這家）栽種的草木有多種，大片田地種有橘柚等果樹。

〔一一〕塵埃，見《史記·屈原賈生列傳》。

〔一二〕票風，即飄風，《老子·二十三章》：「故飄風不終朝，驟雨不終日。」《韓非子·用人》：「飄風一旦起。」王念孫《讀書雜志》十四《淮南内篇》第十五：「飄與猋同。《月令》『猋風』，《淮南·時則篇》作『飄風』。《爾雅》：『迴風爲飄。』《月令》注作『回風爲猋。』《漢書·蒯通傳》：『飄至風起。』顏注：『飄讀曰猋。』」

〔一三〕嫯䫜，嫯，《説文·女部》：「侮傷也。」段注：「前文曰：『嫚，侮傷也。』字與慢别。此云：『嫯，侮傷也。』字與傲别。今則傲行而嫯廢矣。」䫜即鬘字，《説文》：「鬘，帶結飾也。」是繞髻的帶。嫯䫜連言，似應讀鬈鬘，《集韻》：「鬏，髮皃。」「塵埃」以下兩句是説灰塵隨著飄風吹來，將女子頭髮的帶結飾吹到一邊。

〔一四〕螌皷嬈繕，螌即用爲鼈，馬王堆漢墓簡帛文字有螌字。皷，字書失載，疑讀蝌。嬈繕，似應讀繞鱔。

第五〇

嫺孆肥庱（麃）〔一〕，帗帴裘褐〔二〕，�屨（屨）嫛袍〔三〕，驕（鷮）决婁愁〔四〕，雋犨孽樛，賾鮇齃齞〔五〕，齧繞黜劉，弄數券挈（契）〔六〕，筆研筭籌〔七〕，鞫竂訏（訏）寙〔八〕，陛（狴）犴監牢〔九〕，沈澤染漚〔一〇〕，井湛□（沈？）浮〔一一〕，槩拔欑厥〔一二〕，碟熬吷□。

【説明】

阜陽漢簡《蒼頡篇》見於本板的，有：

C〇三九　褐　　　　　䜚屨□殳袍

　　　　　　　　　　　□喬决

C〇六六　孽□謬

C〇六八　齣□齣□齣□

C一〇四　□□數□

兩者對讀，知C〇三九的「䜚」，本板作「觿」，屬通假字；C〇三九「屨」，本板作「屢」，亦屬通假字；「□殳」（可能是般）作「礬」，可見本子差異。C〇六六「孽□謬」，本板作「沈繆」。至於C〇六八「齣□齣□齣□」，蓋即「齻齸齺齽」中三個字；C一〇四「□□數□」，是否「弄數券挈」之句，可存疑。北大簡可與本板對校的是：「媢嬬范麀。帗帴裘褐，䜚屨幣袍。鷂氵□芇愁，焦鐎□□。（一七）齻媄齺齽，鬹繞黜勠。弄鬏券契，筆研筭籌。𦐃㝮訏竊，（一八）」以上釋文中「弄」字原釋爲「美」，不確，又「麀」原是鹿字下加兩横，釋「麀」，似應如漢牘本釋麃。北大本不同之處，如「肥」作「范」，「婁」作「芇」，「隽」作「焦」，「竅」作「㝮」，可見本子不同。

【注釋】

〔一〕媢嬬肥麃，麃字字書未載，從本板押韻看，似即麃麆字。此句應與第四九板末句「螌（鰲）麮嬈繕」連讀。

〔二〕帗帴裘褐，帗帴，爲同義詞，《説文》：「帗，一幅巾也。」「帴，帬也。一曰帗也。」裘褐，《莊子·天下》：「以裘褐爲衣。」指粗陋的衣服。

〔三〕觿屨礬袍，《説文》：「屨，履也。」慧琳《一切有部律攝廣宏明集音義》訓：「即履也。」（《重輯〈蒼頡篇〉》卷下）知屨是古代的一種鞋，「觿屨」當是漢代對一種鞋的稱呼。礬袍，《説文》：「礬，奢也。」段注：「奢者，張也。趙注《孟子》《廣雅》《釋詁》

皆曰：『般，大也。』婺之從般，亦取大意。」則「婺袍」是漢代一種大袍之名稱。

〔四〕婁愁，婁應讀屢。

〔五〕齻齸齺齥，齻，《説文》：「齒相值也。一曰齧也。从齒、責聲。《春秋傳》曰『晳齻』。」（按，今《左傳》作幘）齺，《説文》：「齺，齒搚也。一曰齰也。一曰馬口中糜也。」段玉裁注：「拹，今本作搚。《手部》曰：『拹，一曰拉也。』齒拉者，謂齒折也。」齥，《説文》：「張口見齒也。」（段注本）

〔六〕券挈，讀券契，《戰國策·齊策四》：「於是約車治裝，載券契而行。」券契是古代的契據。

〔七〕筆研筭籌，《急就篇》卷四：「筆研籌筭膏火燭。」筆研，都是書寫工具，《釋名·釋書契》：「硯，研也，研墨使和濡也。」筭（算）籌，都是計算工具，《急就篇》顔注説籌、筭「皆以竹爲之」。弄數券挈（契），筆研筭籌，兩句應連讀。蓋謂弄數券契時，使用筆研算籌。

〔八〕鞫竅訐窬，鞫通鞠。《爾雅·釋言》：「鞠，究，窮也。」竅，《説文》：「空也。」段注：「空、孔古今字。《老子》：『常有，欲以觀其竅。』」訐，《説文》：「詭訛也。」《新書·禮容語下》：「犯則凌人，訐則誣人，伐則掩人。」窬，《説文》訓「穿木户也……一曰空中也」。窬，玄應《大智度論音義》引《三蒼》：「門邊小竇也。」（《重輯〈蒼頡篇〉》卷下）此處指盗所穿之窬。《論語·陽貨》：「其猶穿窬之盗也與？」本句是説訊問人犯把孔洞誣爲盗所穿的窬竇。

〔九〕狴犴監牢，狴犴，指牢獄，揚雄《法言·吾子》：「曰：狴犴使人多禮乎？」「監牢」義同，本句指把人犯關進監獄。

〔一〇〕沈漻染漚，沈，《宋本玉篇》：「没也。」漻，《説文》：「清深也。」染漚，染，《廣韻》：「染色。」染物使著色；漚，在水中浸泡。《詩·陳風·東門之池》：「東門之池，可以漚麻。」

〔一一〕井湛□（沈？）浮，井，水井，《易·井》：「改邑不改井。」孔疏：「古者穿地取水，以瓶引汲，謂之爲井。」此指井水。湛，《原本玉篇》：「水不流也。」（《重輯〈蒼頡篇〉卷下》）浮，《廣雅·釋言》：「漂也。」《説文》：「漂，浮也。」段注：「謂浮於水也。」此句似説用井水漂洗染衣物。

〔一二〕檕拔櫕厥，檕，亦作橛，《説文》：「弋也。」《廣雅·釋室》：「橛，杙也。」俗語稱橛子。拔，玄應《放光般若經音義》：「引也。」櫕，《文選·魯靈光殿賦》注：「聚也。」（以上皆見《重輯〈蒼頡篇〉》卷下）。

第五一

舜莔領肫〔一〕，舌脣題頯〔二〕，匈脅指梅（拇），脚腳脽尻〔三〕，少唯酒肯〔四〕，掎（掎）投祋罣（罫），毀没共涿〔五〕，殄泛觳（敵）仇〔六〕，湩函（函）澤（澤）濮〔七〕，鄆邾鄒鄃〔八〕，橡閹媠娓〔九〕，删稗具曹〔一〇〕，諶對探徵〔一一〕，減把操抱〔一二〕，訶曉孱意〔一三〕。

【説明】

函即函字，見《流沙墜簡》屯戍簡。酒肯，《急就篇》卷四：「酒肯省察諷諫讀。」

【注釋】

〔一〕舜莔領肫，舜，通俊，應讀朘，《説文》：「赤子陰也。」《老子》五十五章：「未知牝牡之合而朘作。」（河上本）。莔，朏。領，義爲頸，《説文》：「領，項也，从頁、令聲。」段注：「按項當作頸。《碩人》《桑扈》傳曰：『領，頸也。』此許所本也。《釋名》《國語》注同。領字以全頸言之，不當釋以頭後。」肫，《説文》：「肫，面頯也。」頯就是權，亦即顴。段注：「肫，《史》《漢》作準……按準者假借字，肫其正字。」

〔二〕題頯，題，《説文・頁部》：「頟也。」《後漢書・杜篤傳》：「連緩耳，瑣雕題。」李賢注：「題，額也。」頟即額字。頯，即頄，亦作頯。《易・夬》：「壯於頄，有凶。」釋文：「頄，顴也。翟云：『面顴，頰間骨也。』鄭作頯。」《玉篇》：「頄，面顴也。」

〔三〕匈脅指梅（拇），脚腳脽尻，匈，《説文》：「匈，膺也。从勹、凶聲。[illegible]，匈或从肉。」可證匈、胸一字。《史記・吴太伯世家》：「手匕首刺王僚，鈹交於匈。」匈即胸。匈脅，《急就篇》：「胂腴匫脅喉咽髃。」指梅（拇），慧琳《寶星經音義》：「拇，將指也。」（《重輯〈蒼頡篇〉》卷上）脽尻，慧琳《無明羅刹集經律異相音義》引《三蒼》：「尻，髖也。」（《重輯〈蒼頡篇〉》卷上）

〔四〕酒肯，《急就篇》卷四：「酒肯省察諷諫讀。」顔注：「酒肯，猶言寧肯，謂不肯也。」但也有相反的説法。

〔五〕毀没共涿，《孝經》釋文：「毀，破也。」（《重輯〈蒼頡篇〉》卷下）毀没，毀謗埋没。涿似應讀諑，讒毀之義，《楚辭・離騷》：

「衆女嫉余之蛾眉兮，謡諑謂余以善淫。」

〔六〕殄泛骰（敵）仇，殄泛，有滅絶、覆滅之義。殄，如《史記·律書》：「成湯有南巢之伐，以殄夏亂。」《國語·周語下》：「以殄滅無胤，至于今不祀。」泛，有覆滅義，《漢書·食貨志》：「大命將泛，莫之振救。」敵仇，即敵讎，《書·微子》：「小民方興，相爲敵讎。」

〔七〕湩函澤濮，湩，《史記·匈奴傳》索隱引《三蒼》：「乳汁也。」（《重輯〈蒼頡篇〉》卷下）函，有包含之意。澤，慧琳《仁王經音義》：「澤，恩也。」濮，似應假爲溥，普遍義。此句謂乳汁所包含的恩澤很普遍。

〔八〕鄆郓鄮郇，皆地名。《玉篇》：「鄆，魯地名。」《説文》：「郓，左馮翊谷口鄉。从邑、季聲。讀若寧。」在今陝西禮泉縣東北谷口城境。鄮同鄮。「鄮，南陽有鄮縣。」「郇，地名。」其中鄮地，《潜夫論·志氏姓》説：「漢興，相國蕭何封鄮侯。」

〔九〕襐闍婟娓，襐，《廣雅·釋詁》：「飾也。」王念孫疏證：「襐者，《釋言》云：『裝，襐也。』《説文》：『襐，飾也。』《玉篇》：『似丈切』，云：『首飾也。』《急就篇》卷三：『襐飾刻畫無等雙。』顔師古注云：『襐飾，盛服飾也。』《漢書·外戚傳》：『襐飾。』顔注云：『盛飾也。一曰首飾在兩耳後，刻鏤而爲之。』」闍，指宫中奄人，《説文》：「闍，門豎也。宫中奄昏閉門者。」襐闍，就是裝飾奄人（宦官）。婟，或從人作侑，《説文》：「婟，耦也。」段注：「耕有耦者，取相助也。故引申之，凡相助曰耦，婟之義取乎此。」娓，《類篇》：「女字。」本句意即以服飾打扮奄人可以與女子爲伍。

〔一〇〕刪粺具曹，刪，《一切經音義》一引《三蒼》：「刪，除也。」粺，通稗，《文選·七啓》：「芳菰精粺。」李注：「稗與粺古字通。」稗是稗草，《説文》：「稗，禾别也。」段注：「謂禾類而别於禾也。《孟子》曰：『苟爲不孰，不如荑稗。』《左傳》云：『用秕稗也。』杜云：『稗，草之似穀者。』稗有米似禾，可食，故亦種之。如淳曰：『細米爲稗。』」稗也可以當糧食食用。具，有充數的意思，猶《論語·先進》「具臣」之「具」。曹，就是槽，《説文》：「槽，嘼之食器。」（段注本）今語猶説「馬槽」。本句意即除掉稗草作爲糧食放在獸槽裏充數。這句與上句「襐闍婟娓」文意正好相配。

〔一一〕諶對探徵，諶，《説文》：「誠諦也。」《爾雅·釋詁》：「諶，誠也。」又：「諶，信也。」字亦作訦、忱。徵，有驗證意。《書·洪範》：「念用庶徵。」鄭注：「徵，驗也。」《書·胤征》：「明徵定保」，傳：「徵，證也。」故此句大意承上兩句説，誠信對待，探求驗證。

〔一二〕減把操抱，把，《急就篇》卷三：「捃穫秉把插捌杷。」（捃，一作穱。插，一作臿。捌，一作拔）顔注：「一束曰秉，一把曰把。」《詩·魏風·伐檀》：「胡取禾三百億兮」，鄭箋：「禾秉之數。」疏：「秉，把也。謂刈禾之把數。」操抱，《説文》：「操，把持也。」慧琳《大唐内典録音義》同此訓（《重輯〈蒼頡篇〉》卷下）。全句的意思是減少禾的把數，以減輕抱持（勞作）。此處爲何説「減把操抱」？我推想這可能與上文把稗草作爲喂牲口的糧食有關。

〔一三〕訶曉孱意，訶曉，王國維《重輯〈蒼頡篇〉》卷下：「譙，訶也，亦嬈也。」考證説：「《原本玉篇》譙字注引作『訶譙也，亦嬈也。』訶譙二字互倒，今從玄應《孝經抄音義》所引訂正。」按，王校是對的，對讀本板，可知「嬈」乃「曉」之誤，蓋古人傳抄訛誤。訶曉，義爲訶責使人曉得事理，故《玉篇》譙字應訓「訶曉也」。孱，《説文》：「迮也。曰呻吟也。从孨在尸下。」段注：「此迮當爲笮，今之窄字也。」引申義頗多，此似爲謹小慎微意。《説文》：「孨，謹也。」段注：「《大戴禮》曰：『博學而孱守之』正謂謹也。」孱、孨可通假。

第五二

鱗鯕詣綬[一]，完矜毚代，究奥傀需[二]，冎□鳥□□閣，泠宮□（竉）遏〔包〕[三]，穗稍苦姎，□吠□宁（貯）施衷[四]，狄署□武（賦）賓[五]，□舌（䝯）□鳥（鶩）□我（騀）□言（謷），韋□（贛）[六]害軟□（輟）感，□□攸燔窯[七]，□乇（秏）秭（秭）麻□（苔）[八]，□殳（毄）蘖（蘗）鞠糟[九]。〔飫〕〔猒〕〔然〕〔稀〕，〔支〕〔衺〕〔牃〕〔膠〕。

【説明】

皁陽漢簡《蒼頡篇》有兩處文字可與本板相印證：C〇七九「衷愓署」；C一〇三「□□丸□殳□番□□匕□」。狄署，皁陽漢簡作「愓署」，愓、狄古音相通，愓爲透母錫部字，狄爲定母錫部字。《張家山漢簡·脈法·陽明之脈》：「聞木音則狄然驚，心愓然欲獨閉户牖而處。」《靈樞·經脈》作：「聞木音則愓然而驚，心欲動。」據此，王輝判定「張家山漢簡下文『愓然』即上文『狄然』，爲衍文」（詳見《古文字通假字典》第二五八頁）。

北大簡一四：「鴅煦窅閣，泠竉遏包，穗稍苦姎，挾貯施衷，狄署賦賓」，簡一五：「䝯鶩騀謷，贛害輟感，甄毃燔窯，秏秭麻苔，毄蘗鞠□。」簡二〇：「飫猒然稀，支衺牃膠。」應屬本板内容。文字頗有異同，如本板「冎□鳥□」，北大本作「鴅煦」；本板「□咯姎」，北大本作「苦姎」；本板「□吠□宁（貯）」，北大本作「挾貯」，均其例。至於「衷」，北大本作「衷」，二者一字，無需多説。

【注釋】

〔一〕鱗鯕詣綬，鱗鯕，典籍作麒麟、騏驎。《説文・艹部》「芔」下説「杜林以爲騏驎字」。慧琳《大寶積經》卷一音義：「牡曰麒，牝曰麐。」（《重輯〈蒼頡篇〉》卷下）詣綬，《原本玉篇》：「詣，至也。」綬，《廣雅・釋器》：「綸組紱綬也。」王念孫疏證：「古者綬以貫王，至戰國始有印綬之名。故可指印綬，代指高級官員。《漢書・嚴朱吾丘主父徐嚴終王賈傳》：「拜爲太守，買臣衣故衣，懷其印綬，步歸郡邸。直上計時，會稽吏方相與羣飲，不視買臣。買臣入室中，守邸與共食，食且飽，少見其綬。守邸怪之，前引其綬，視其印，會稽太守章也。」所述朱買臣事迹，綬即指印綬。綬亦可指璽綬，代指皇帝。《漢書・武五子傳》：「王受皇帝璽綬，襲尊號。」本板的綬似指後者。鱗鯕詣綬，《玉海》卷一百九十八：「《吴越春秋》：『（禹云云）鳳凰棲於木，麒麟步於庭。』蔡邕《麟頌》曰：『皇哉大角，降生靈獸，視明禮修，麒麟來乎。』」「麒麟來乎」與此句義近。

〔二〕完矜毚代，究奥傀霈，完，《説文》：「全也。」完有完成義，《詩・大雅・韓奕》：「溥彼韓城，燕師所完。」矜，同矜，唐慧苑《華嚴經音義》卷二十二引《説文》：「矜，憐也。」（唐本《説文》）完矜，憐愛完。毚，即毚，從二免（兔）隸書習見。毚，《詩・大雅・巧言》正義引《蒼頡解詁》：「大兔也。」（《重輯〈蒼頡篇〉》卷下）《玉海》卷一九八：「《宋志》：『白兔王者敬耆老則見，章帝元和中見郡國。』」麒麟、白兔的出現，古人都視爲祥瑞。毚代，指被大兔的出現所取代。究，窮盡義，《詩・小雅・蕩》：「侯作侯祝，靡届靡究。」毛傳：「究，窮也。」奥，《説文》：「宛也。室之西南隅。」引申爲奥秘義。傀，《説文》：「偉也。」字又作瓌。《廣韻》：「傀，大皃。」霈，盛貌。字通沛。玄應《佛本行集經音義》引《三蒼》：「沛，水波流也。沛亦大也。」此句説想探究這些傀偉（的現象）。

〔三〕閣，冷⿱宀口（窫）遏〔包〕，閣，本義指頂門的木橛。《爾雅・釋宫》：「所以止扉謂之閣。」郭璞注：「門辟旁長橛也。」此處指樓閣。《淮南子・主術訓》：「高臺層榭，接屋連閣。」慧琳《一切經音義》卷三十八引《蒼頡篇》：「閣，樓也。」冷應作泠，慧琳《起世因本經音義》：「泠者，水清澄皃也。」（《重輯〈蒼頡篇〉》卷下）窫，《説文》：「穿地也。」又訓「小鼠聲」。遏，遏絶。《素問・離合真邪論》：「早遏其路。」注：「遏，謂絶。」包，《説文》：「象人褢妊。」遏包似指使胎死腹中。泠窫指清泠寂静的環境。

〔四〕穗稍苦竦，⿰口大⿰口宁施裛，穗，慧琳《雜譬喻經音義》：「禾麥秀也。」（《重輯〈蒼頡篇〉》卷下）稍，《説文》：「麥莖也。」苦竦，《爾雅・釋器》李注：「編菅茅以蓋屋謂之苫。」《説文》「竦，得志竦竦。一曰竦，息也。一曰少气也。」此爲少氣義。施裛，裛即衭，指用絹貼棺中，《説文》：「衭，棺中縑裏。」詳見《禮記・喪大記》。但從全句看，裛應讀弔，應指拿物品慰問。

〔五〕狄署⿰口武（賦）賓，狄，通逖，遠。署，《急就篇》卷三：「簡札檢署槧牘家」，顔注：「檢之言禁也。削木施於物上，所以禁閉之，使不得輒開露也。署，謂題書其檢上也。」此處署指官署，《國語·魯語上》：「夫署，所以朝夕虔君命也。」狄（逖）署，指遠的官署。賦賨，徵收賨作爲賦税。

〔六〕 贛，通貢，如《禮記·檀弓下》：「使子貢埋之。」《釋文》：「貢本亦作贛。」參看《古字通假會典》第二頁。此處「贛害」讀「貢害」，實承「狄（逖）署賦賨」二句而言，指徵收貢賦之害。

〔七〕 燔窯，《説文》：「燔，爇也。」「爇，燒也。」窯，《蒼頡篇》或作窑，王國維説：「當作窯。」玄應《增一阿含經音義》引《蒼頡訓詁》：「燒瓦竈也。」（《重輯〈蒼頡篇〉》卷下）《説文》：「燒瓦窯竈也。」（《重輯〈蒼頡篇〉》卷下）《説文》與《蒼頡篇》所訓基本一致。

〔八〕 秅秭麻荅，張存良《〈蒼頡篇〉研讀獻芹》（十）釋北大簡釋文「秿」爲「秭」，引《周禮·秋官·掌客》：「車三秅芻薪倍禾。」鄭玄注：「秅讀爲『秅秭麻荅』之秅。」張氏並指出乾隆三十年（一七八五），著名學者畢沅在爲孫星衍所輯《倉頡篇》作序中指出「秅秭麻荅」四字當即《倉頡篇》之語。秅，《説文》：「二秭爲秅。」《儀禮·聘禮》：「四秉曰筥，十筥曰稯，十稯曰秅，四百秉曰一秅。」此爲禾稼計量單位，即四百束爲一秅。秭，《説文》：「五稯爲秭。」段注：「禾二百秉也。」西周金文曶鼎：「寇曶禾十秭。」即禾二千秉（束）。秭亦表示很大的數量。《詩·周頌·豐年》：「禹億及秭。」此不詳考。麻，古指大麻，取其莖部韌皮紆維以供紡織。《爾雅·釋草》：「枲，麻。」郝懿行義疏：「麻枲一耳。」荅，小豆，《説文》：「小尗也。」

〔九〕 糵麴糟，糵麴均是酒母，《書·説命下》：「若作酒醴，爾惟曲糵。」《説文》上米部：「䊮，酒母也。」糟是酒糟，《説文》米部：「糟，酒滓也。」此處「糵麴」與「糟」連言，猶劉伶《酒德頌》：「枕麴藉糟。」《急就篇》卷三：「糟糠汁滓稾莝芻。」（宋太宗本。滓，松江本作莘）顔師古注：「糟，酒粕也。」

第五三甲

竊（竊）鮒解隋（隋）〔一〕，鱣鮪鯉鰌〔二〕，慘犻（犻）羭羯〔三〕，羒羝羜羔〔四〕，冤晷（晷）暖〔通〕〔五〕，坐遷謏求〔六〕，䔲閭堪況〔七〕，燎灼煎炮〔八〕，快狡息寐〔九〕，㝉寤〔一〇〕□□，訽訬辱眈〔一一〕，亶擅隱傍〔一二〕，鮐□淫回，靁簾〔一三〕難條，惡蘭〔一四〕□取□。

【説明】

北大簡二〇的後三句及二一屬本板内容：

飫猒然稀，
支衺牒膠。
竊鮒解隋，
鱣鮪鯉鰌。
㣲犻羭羒□，（二〇）
羒犖羘羕。
冤謈暖通，
坐罨謾求。
䓖閻堪況，
燎灼煎炮。（二一）

二〇簡的前兩句應屬五二板。説明北大簡與本板對校，大多相同，頗有異文。例如「解隋」均作魚字旁。而本板作「解隋」。

【注釋】

〔一〕竊鮒解隋，鮒，《廣雅·釋魚》：「鰿，鮒也。」《莊子·外物》講「涸轍之鮒」的故事。鮒即鯽魚。隋，即隋（墮）字。解隋，義爲懈怠。《吕氏春秋·季秋紀》：「行春令，則暖風來至，民氣解墮，師旅必興。」《淮南子·時則訓》引作「解隋」。高誘注：「春氣陽温，故煖風至，民氣解隋也。」解墮、解隋，又作解惰，見《周禮·天官·宫正》「夕擊柝而比之」鄭玄注。又，《唐韻·四覺》：「嫭，懈墮。」（《重輯〈蒼頡篇〉》卷下）

〔二〕鱣鮪鯉鰌，鱣鮪，《詩·衛風·碩人》：「施罛濊濊，鱣鮪發發。」鱣，《説文》：「鱣，鯉也。」段注：「《衛風》毛傳曰：『鱣，鯉也。」許本之。以鮪鮥例之，此當同鄭曰『大鯉也』。蓋鯉與鱣同類而別異，猶鮥與鮪同類而別異。」鮪，《説文》：「鮥也。《周禮》：『春獻王鮪。』」段注認爲即今之鱘魚。鯉，《急就篇》卷三：「鯉鮒蟹鱓鮐鮑鰕。」

〔三〕犙犻（㸬）羭羯，《急就篇》卷三：「犙犻特羜羔犢駒。」顔師古注：「犙，三歲牛也。犻，二歲牛也。一曰長脊之牛也。」王應麟補注：「《爾雅》：『犢體長，犻。』注：『長身者。』」按，顔師古注犙、犻二字，皆本《説文》。王應麟所引爲《爾雅·釋畜》：「體長，㸬。」㸬，《説文》作犻，段注認爲應訓「牛體長也」。羭羯，《説文》：「夏羊牝曰羭。」（段注本）「羯，羊羖犗也。」段注：「『羊羖』當作『羖羊』。《廣雅》曰：『羖羊犗曰羯，牛部曰：『犗者，騬牛也。』』」則《説文》是説騸過的羖羊稱爲羯。段注又説：「今人便以牂羖名白黑羊也。黑羊則名羖，牝牡皆角。」「白羊則名牂，牝者多無角。」

〔四〕羒䍪羜羔，羒，《説文》：「牡羊也。」（段注本）段注：「《釋獸》：『羊牡羒。』郭曰：『謂吴羊白羝。』《廣韻》：『羒，白羝羊也。』」䍪羜，《廣雅·釋獸》：「美也。」王念孫疏證：「《説文》：『䍪六月生羔也，讀若霧。』小羊謂之䍪，猶小雞謂之雛矣。《爾雅》：『未成羊羜。』《説文》：『羜，五月生羔也，讀若煮。』《小雅·伐木篇》云：『既有肥羜，以速諸父。』」羔，《急就篇》卷三：「犙犻特羜羔犢駒。」顔注：「羊子曰羔。」就是羊羔。

〔五〕冤謈暖〔通〕，《説文》：「屈也。」《廣雅·釋詁一》：「曲也。」《釋言》：「冤桂（枉）也。」冤即冤屈、冤枉義。謈，《説文》：「大呼自勉也。」《漢書·東方朔傳》：「舍人不勝痛呼謈。」注：「謈，自冤痛之聲也。」《管子·形勢》：「紂之爲主也，勞民力，奪民財，危民死，冤暴之令加于百姓，憯毒之使施于天下。」冤暴即冤謈。暖，《説文》：「大目也。」似假爲䁓，《説文》訓「大視也」。通，《説文》訓「達也」，有明白道理之義。此句大意是喊冤之後得到重視，弄清了冤情。

〔六〕坐遷讂求，坐，玄應《涅槃經音義》：「坐辠也。」（《重輯〈蒼頡篇〉》卷上）遷，可以指晉升，也可以指貶謫，但「坐遷」應指因罪過貶謫。讂求，爲了拘捕人懸書有所求。《急就篇》卷四：「乏興猥逮詗讂求。」顔注：「律有乏興之法，謂官有所興發，而輒稽留闕乏其事也。猥，盛多也。逮，傳捕也。猥逮者，矯爲官府多有逮捕也。詗，謂知處密告之也。讂，隱語也，謂偵伺官府利害，隱密其事，有所追求也。一曰乏興之人，棄家逃匿，故官司逮捕，詗讂而求也。」王應麟補注：「黄氏曰：『讂，流言有所求也。』補曰：《説文》：『讂，流言也。』火縣反。」桓按，「讂求」，顔注後一説可參，但本板與乏興之法無涉。《原本玉篇》：「讂，縣書有所求也。」（《重輯〈蒼頡篇〉》卷上）

〔七〕𡖼閻堪况，𡖼，《説文·多部》：「厚脣皃。」閻，《説文》：「里中門也。」此蓋假爲欿。《廣雅·釋詁一》：「欿，欲也。」《説文》：「欿，欲得也。」此句是説嘴脣想要得到的東西，可相比擬。

〔八〕燎灼煎炮，燎，《廣雅·釋言》：「燒也。」《漢書·王莽傳》：「疑以火自燎。」注：「燎謂炙令腠也。」灼，慧琳《大寶積經、阿毗達摩發智論音義》：「爆也。」（《重輯〈蒼頡篇〉》卷下）煎，《廣雅・釋詁二》：「焣，乾也。」《方言》：「煎，火乾也，凡有汁而乾謂之煎。」炮，《説文》：「毛炙肉也。」字亦作炰，《詩・大雅・韓奕》：「炰鼈鮮魚」，鄭箋：「炰鼈以火熟之也。」《漢書・楊惲傳》：「亨羊炰羔」，注：「炰，毛炙肉也，即今所謂爊也。」燎、灼、煎、炮均爲用火加工食物的方法，所以上句説「夢閻堪况」，謂品嚐食物。

〔九〕快狡息寐，快，《急就篇》卷一：「用日約少誠快意。」王應麟補注：「《廣韻》：『約，少也。快，稱心也。』」狡，《方言三》：「恔快也」，注：「狡戲亦快事也。」息寐，《廣雅・釋言》：「息，休也。」《説文》：「寐，卧也。」段注：「俗所謂睡著也。」息、寐二字義近。此句是説稱心快意地休息睡著。

〔一〇〕夣寤，寤，慧琳《大寶積經音義》：「覺也。」慧琳《大般若經音義》：「寐，覺而有言曰寤。」（《重輯〈蒼頡篇〉》卷下）

〔一一〕訽詅辱耽，訽，《原本玉篇》：「言詐也。」詅，雲公《涅槃經音義》：「候也。」（以上分別見《重輯〈蒼頡篇〉》卷下、卷上）《急就篇》卷四：「亭長游徼（一作『游徼亭長』）共雜詅。」顔注：「雜，猶參也。詅，驗視也。有被殺傷者，則令亭長與游徼相參而詅驗之，知其輕重曲直也。」辱，《急就篇》卷四：「依溷汙染貪者辱。」王應麟補注：「《孟子》曰：『不仁則辱。』《荀子》曰：『先利而後義者辱。』《説文》：『辱，耻也。』」耽，《書・無逸》：「惟耽樂之從。」僞孔傳：「過樂謂之耽。」本句是説言語有詐，經過驗視而被發現，恥辱在於過樂。

〔一二〕亶擅隱[illegible]，亶，《説文》：「多穀也。」引申義爲「誠」（《爾雅・釋詁》），爲「信」（《爾雅・釋詁》）。擅，專擅。隱[illegible]，疑讀隱憂。《詩・邶風・柏舟》：「如有隱憂。」

〔一三〕霤簾，霤，《説文》：「屋水流也。」簾，字通廉，《説文》：「廉，仄也。」段注：「此與廣爲對文，謂偪仄也。廉之言斂也。堂之邊曰廉。天子之堂九尺，諸侯七尺，大夫五尺，士三尺，堂邊皆如其高。《賈子》曰：『廉遠地則堂高』，『廉近地則堂卑。』」是也。」屋水流之地正在堂邊，故「霤簾（廉）」連言。

〔一四〕惡蘭，指簡陋的蘭圈。惡，貶義詞，與美相對。《國語・齊語》：「惡金以鑄鉏夷斤欘。」韋注：「惡，麤也。」蘭，《一切經音義》一引《説文》：「闌，檻也。」字通蘭，《漢書・王莽傳中》：「與牛馬同蘭。」師古注：「蘭，謂遮蘭之，若牛馬蘭圈也。」下板「圈屬柔良，」與此相因，應連讀。

第五三乙

緇纔紅綃〔一〕，練縷素繆〔二〕，氂鑠膢〔三〕釦，帷募（幕）虛殳〔四〕，孫（弦）韇鞄瓷〔五〕，皮韋革鞣〔六〕，屬廄剡課，縱聒旋保，縠轑齗狋〔七〕，撟扶傘陶〔八〕，令次睢徧，盡得所求，延年益壽〔九〕，上下敖游〔一〇〕，兼吞天下。

【説明】

孫韇鞄瓷，《考工記·鮑人》注：「鄭司農云《蒼頡篇》有『鞄瓷』」，適與本板相合。阜陽漢簡《蒼頡篇》C一一三「皮」，應屬本板文字。

【注釋】

〔一〕緇纔紅綃，《説文》：「緇，帛黑色也。」「纔，帛雀頭色也。一曰微黑色如紺，纔，淺也。」纔，雲公及玄應《涅槃經音義》引《三蒼》：「微見也。」（《重輯〈蒼頡篇〉》卷下）非此義。紅，《急就篇》卷二：「烝栗絹紺縉紅燃。」載「紅」字。《説文》：「紅，帛赤白色也。」《廣雅·釋器》：「縓謂之紅」。王念孫詳細疏證，引《士喪禮記》「縓綼緆」，注云：「縓，今之紅也」。綃，《原本玉篇》：「素也，緯也。」（《重輯〈蒼頡篇〉》卷下）《廣雅·釋器》：「綃謂之絹。」王念孫云：「此謂白繒之未染者也。」

〔二〕練縷素繆，《急就篇》卷二：「綈絡縑練素帛蟬。」顏師古注：「練者，煮縑而熟之也。」王應麟補注：「《説文》：『練，湅練也。』明德馬后常衣大練。注：『大帛也。』《考工記·幌氏》『湅絲練帛』。《漢輿服志》：『重繒厚練，浣已復御。』《廣韻》：『白練。』」縷，《急就篇》卷二：「鍼縷補縫綻紩緣。」顏注：「縷，綫也。」

〔三〕氂鑠膢，氂，《爾雅·釋言》：「氂，罽也」，邢昺疏：「毛氂所以爲罽。」指毛毯類織物。鑠，字有美盛義，《詩·周頌·酌》：「於鑠王師，遵養時晦」，朱熹集傳：「鑠，音爍，盛。」膢，玄應《大智度論音義》引《三蒼》：「八月祭名也。」（《重輯〈蒼頡篇〉》卷下）

〔四〕帷募（幕）虛殳，帷幕，《周禮·天官·幕人》：「掌帷、幕、幄、帟、綬之事。」《太玄經·增·次六》：「大開帷幕，以引方客。」《張家山漢墓竹簡·奏讞書》：「臣有（又）診夫人食室，涂溍（塈）甚謹，張帷幕甚具。」虛殳，殳字從讀音看可讀投。《類篇》：

「投，止也。」

〔五〕弜（弦）韇鞄㲈，弦，《説文》：「弓弦也。从弓，象絲軫之形。」段注：「弓弦以絲爲之，張於弓，因之張於琴瑟者亦曰弦。」韇，《説文》：「革繡也。」據段注引《後漢〔書〕·烏桓傳》曰：「婦人能刺韋作文繡。」鞄，《説文》：「柔革工也。从革、包聲，讀若朴。《周禮》曰：『柔皮之工鮑氏。』鮑即鞄也。」（段注本）段注：「《考工記》：『攻皮之工五：函鮑韗韋裘。』先鄭云：『鮑讀如鮑魚之鮑，書或爲鞄，《蒼頡篇》有鞄㲈。』又，『鮑人之事』。後鄭云：『鮑，故書或作鞄。』許云鮑即鞄者，謂《周禮》之鮑即《蒼頡篇》之鞄，鞄正字，鮑假借。」按，段注總結許慎説「鞄正字」是對的，與本板相合。㲈，《説文》訓：「柔韋也。」《玉篇》：「䩠，柔革也，㲈（桓按，應即「㲈」字）也。」

〔六〕皮韋革鞣，屬於同義詞。《説文》：「韋，相背也……獸皮之韋，可以束物枉戾相韋背，故借以爲皮韋。」又，「革，獸皮治去其毛曰革」。又，「鞣，耎也」。段注：「耎同偄，弱也。」鞣指柔製過的皮革。

〔七〕齗狋，齗，《文選·魯靈光殿賦》注：「齒根也。」（《重輯〈蒼頡篇〉》卷上）從上下文看，齗在此當讀狺，《史記·魯周公世家》：「洙泗之間，齗齗如也。」《索隱》：「齗，讀如《論語》『誾誾如也』。」故此字可讀狺，《説文》作㹞，「犬吠聲」。段注：「狺即㹞字。」狋，《説文》：「犬怒皃……一曰犬難附。」

〔八〕撟扶𨍱陶，撟，《文選·長笛賦》注：「正也。」（《重輯《〈蒼頡篇〉卷下》）扶，《説文》：「左也。」段注：「『左』下曰：『手相助也。』」𨍱，《説文》：「軺車後登也。」段注：「《廣韻》十六蒸、四十二拯皆曰：『𨍱，軺車後登，出《字林》。』」陶，《詩·鄭風·清人》：「清人在軸，駟介陶陶。」鄭箋：「陶陶，驅馳之貌。」本句大意是説用手扶著從後面登軺車，馬奔跑起來。

〔九〕延年益壽，《爾雅·釋親》郭璞注：「《蒼頡篇》曰：『考妣延年。』」《文選·宋玉〈高唐賦〉》：「延年益壽千萬歲。」《史記·商君列傳》：「尚將欲延年益壽乎？」《急就篇》卷一：「宋延年」，「衛益壽」。顔注：「延年之義，取於壽考無疆也。」「益壽，亦延年之義也。」

〔一〇〕上下敖游，《抱朴子·内篇·仙藥》：「抱朴子曰：《神農四（《太平御覽》九八四引無此字）經》曰：『上藥令人身安命延，昇爲（藏本無此字）天神（《御覽》引此有仙字），遨遊上下（以下從略）。』」

第五四

圈屬柔良〔一〕，國家定度〔二〕，鉗（黔）首驩康〔三〕，爵仁列□（義？），左庶上〔卿〕〔四〕，欣喜説譯〔五〕，枚顯訢彭〔六〕，菅（管）晏孔墨〔七〕，堯舜〔禹〕湯〔八〕，毅⿰□卩躁⿰□欠（厥）〔九〕，瞵盼〔一〇〕范喪，頎碩疑化〔一一〕，蚩尤典明〔一二〕，洋⿰□巴□泰（？），豊載〔一三〕騷（？）□。

【説明】

鉗首，應讀「黔首」，水泉子漢簡七言本《蒼頡篇》暫一七：「☒分有術，黔首驩康歌鼓瑟，爵」可爲證。「〔禹〕湯，毅迎躁□」，七言本暫四五作「☒禹湯稱不絻（絶？），鍋（禍）迎趮（？）厥怒佛曰」，可相對校。本板的「毅」字很清晰，水泉子漢簡作「鍋」，本板「躁」後一字同於水泉子漢簡的「厥」字，可證二者本子相近。

本板文字與《英斯》所載也可對勘。《英斯》一八一一：「☒圈屬柔（原釋爲『民』）良國□☒。」C一七九一：「☒屬柔（原釋『韋』）良國家南（？）☒。」A一七九一：「☒□□良國家☒。」其中「南」字不好確定，疑爲「定」字的誤寫。則本板開首兩句應與《英斯》相同。本板「鉗（黔）首驩康，爵仁列□」，《英斯》三一四七作：「☒⿰馬□桼（康）爵□☒。」未見相異處。「左庶上□，欣喜説釋，枚顯訢彭，管晏孔墨」，《英斯》三六二六：「☒左庶上卿欣☒。」知「上□」即「上卿」。二一七二：「☒⿰□兑（原釋⿰□鬼）繹枚顯☒。」三五二三：「☒枚顯訢彭莞□☒。」三六〇六：「☒訢彭莞☒。」三三一八：「☒晏孔□☒。」其中本板「説譯」，《英斯》作「⿰□兑繹」，「繹」爲通假字。本板「管」晏的「管」，《英斯》用通假字「莞」。本板「堯舜禹湯，毅⿰□卩躁⿰□欠」，《英斯》三三五一：「☒禹湯⿰忄录（？）圯（？）。」二七八〇：「☒禹湯☒。」二六三七：「☒⿰氵□⿰忄录圯（？）□☒。」本板與《英斯》三三五一「禹湯」後面的兩個字不同，應是不同本子的差異。⿰忄录，似爲「⿰忄彖」字，可通毅。《英斯》一八四六「□頎碩猛（？）」。頎碩二字同於本板。

北大本簡六五可與本板文字對校：

…□堯⿱匚舛

禹湯。顡印

趮蠠，眲眲，

本板「毅卬躁吹」，北大本應斷句作「尭𡴲禹湯，顡卬趮蠠」。毅即毅字，《康熙字典·殳部》：「《前漢人物表》樂毅，書作毅。」可爲證。毅與毅（顡）含義不同。《説文》：「毅，妄怒也。一曰有决也。」「顡，癡顡，不聰明也。」應從本板讀毅爲是。

【注釋】

〔一〕圈屬柔良，圈屬，見《管子·立政》：「凡出入不時，衣服不中，圈屬、羣徒不順於常者。」注：「羊豕之類也。」圈，玄應《出曜論音義》：「檻類也。」（《重輯〈蒼頡篇〉》卷下）柔良，《淮南子·泰族訓》：「温惠柔良者，《詩》之風也。」

〔二〕國家定度，「國」原指諸侯或諸侯之國。「家」指諸侯采邑。《論語·季氏》：「聞有國有家者」，集解引孔注：「國，諸侯。家，卿大夫。」《孟子·離婁上》：「皆曰天下國家。」注：「國謂諸侯之國。家謂卿大夫家（『家』或作『也』）。」隨著秦漢大一統國家的創建，「國家」方指一個獨立的國家政權所領有的區域。定度，定立制度（或法度）。

〔三〕鉗（黔）首驩康，「黔首」一詞始見於戰國，《戰國策·魏策》：「撫社稷，安黔首。」此外，《吕氏春秋·大樂》、《韓非子·忠孝》均有此稱。王念孫《廣雅疏證》卷四上：「黔首者，《説文》：『秦謂民爲黔首，謂黑色也，周謂之黎民。』《史記·秦始皇本紀》：『更名民曰黔首。』」驩（歡）康，與「欣喜」都是高興之義。

〔四〕爵仁列□，左庶上〔卿〕，「爵列」本爲一個詞，《史記·李斯列傳》：「田常爲簡公臣，爵列無敵於國。」左庶，秦國官名，即左庶長。《史記·白起王翦列傳》：「昭王十三年，而白起爲左庶長，將而擊韓之新城。」又，王齕曾任此官職。

〔五〕説譯，《詩·邶風·静女》：「彤管有煒，説懌女美」，《釋文》：「説，本又作悦。」鄭箋：「説懌當作説釋。」説譯，或作説懌、悦懌、説釋，皆喜歡之義。

〔六〕枚顯訢彭，皆姓氏，枚，漢有枚乘。顯，周朝有顯父（《詩·大雅·韓奕》）。訢，有訢梵，漢章帝時人（《奇姓通》卷二）。彭，秦漢之際有彭越。

〔七〕菅（管）晏孔墨，管晏，《孟子·公孫丑上》：「管仲、晏子之功，可復許乎？」已將二人並稱。《戰國策·燕策三》：「雖有管晏，不能爲謀。」孔墨，孔子、墨子相並稱。《韓非子·顯學》：「孔墨之後，儒分爲八，墨離爲三。」

〔八〕禹湯，夏禹、商湯，《墨子·法儀》：「昔之聖王禹湯文武，兼愛天下之百姓。」

〔九〕毅卬躁吹（厥），北大本六五作「……□堯舜禹湯，頯卬〔蠹〕□□」。水泉子本暫〇四五：「□禹湯稱不絻（絶），頯迎趮厥怒佛曰。」本板「毅卬躁厥」，毅通頯，《書·臯陶謨》：「擾而毅」，僞孔傳：「致果爲毅。」宋代蔡沈《書集傳》釋爲「果毅」。江灝、錢宗武《今古文尚書全譯》釋爲「剛毅」。《説文》：「毅，妄怒也。一曰有決也。」卬，此應讀仰。古卬、仰字通，《詩·小雅·北山》：「或棲遲偃卬。」《釋文》：「本又作仰。」又，《小雅·車舝》：「高山仰止。」《説文》引作「高山卬止」。均其例。仰、卬有仰慕義。《説文》：「卬，望欲有所庶及也。」故「毅卬」是説剛毅者容易成功。躁厥，躁亦與趮通，《説文》：「趮，疾也。」《禮記·内則》：「狗赤股而躁。」疏：「躁謂舉動急躁。」本板正用爲急躁義。蹶，讀蹶，義爲失敗、顛覆。《孫子兵法·軍争》：「五十里而争利，則蹶上將軍，其法半至。」曹操注：「蹶，猶挫也。」《荀子·成相》：「賢能遁逃國乃蹶。」楊倞注：「蹶，顛覆也。」陸賈《新語·輔政》：「躁疾者爲厥速，遲重者爲長存。」由此可知「躁厥」指急躁者容易失敗。

〔一〇〕瞵盼，《玉篇》：「瞵，視不了也。」（《重輯〈蒼頡篇〉》卷下）《説文》：「盼，白黑分也。《詩》曰：『美目盼兮。』」此二字文義相反。瞵盼，作爲一個詞指天旦欲明。《楚辭·九懷·昭世》：「流星墜兮成雨，進瞵盼兮上丘墟。」王逸注：「天旦欲明至山溪也。」

〔一一〕頎碩疑化，《説文》：「頎，頭佳皃。」典籍多用其引申義「長皃」。《詩·衛風·碩人》「碩人其頎」，毛傳：「頎，長皃。」《説文》：「碩，頭大也。」段注：「引申爲凡大之偁。」頎碩，又高又大。疑化，疑，懷疑，《楚辭·九歌·山鬼》：「君思我兮然疑作。」化，指生死變化。《孟子·公孫丑下》：「且比化者，無使土親膚，于人心獨無恔乎？」《淮南子·精神訓》：「故形有靡而神未嘗化者。」注：「化猶死也。」故此句説又高又大者，懷疑已經死去。

〔一二〕蚩尤典明，蚩尤，黄帝時一部族首領。《書·吕刑》：「王曰：若古有訓，蚩尤惟始作亂，延及于平民。」追溯最初刑法的出現，跟他的作亂有關。典，法。此指刑法。《周禮·大司寇》：「掌建邦之三典，」鄭注：「典，法也。」明，明確。《孟子·公孙丑上》：「明其政刑，雖大國必畏之矣。」

〔一三〕豊戴，應讀作禮秩，指禮儀爵位車服之等級，《左傳·莊公八年》：「僖公之母弟曰夷仲年，有寵於僖公，衣服禮秩如適。」《説文》戴從戥聲，讀若「戴戴大猷」（《詩·小雅·巧言》），今本作秩秩（據王念孫《廣雅疏證》卷五下「袟，程也」）。可證戴（《説文》之戴）可讀爲秩。

失序號第一

…其虎薦蓧〔一〕，□□□□佀□軶…〔莎〕〔荔〕〔莩〕〔葶〕，〔蓬〕〔蒿〕〔蒹〕〔葭〕，〔薇〕薛莪蔓〔二〕，藿〔三〕〔藜〕〔薊〕茶，薺〔四〕〔芥〕〔萊〕〔荏〕，〔茱〕〔臾〕蓼蘇〔五〕，〔果〕〔蓏〕□□，〔亲〕栗〔六〕瓠瓜〔七〕，堅穀極桼，饒飽分□（餘）〔八〕。

【説明】

本板虎薦之虎字寫法，下端似巾，《衡方碑》《漢印徵》可證，參看《甲金篆隸大字典》第三一六至三一七頁。北大簡有兩簡屬本板內容：

莎荔莩葶，
蓬蒿蒹葭。
薇薛莪蔓，
藿藜薊茶。
薺芥萊荏，（二四）
茱臾蓼蘇。
果蓏茄蓮，
亲栗瓠瓜。
堅穀極孅，
饒飽莽餘。（二五）

葶即蔓延之蔓。桼，應釋亲。但莽，本板作分。借助北大簡，漫漶的字得以填補。北大本「藿藜薊葉，薺芥萊荏」等語，與本板應基本相合。蓼蘇，《急就篇》卷二：「葵韭葱䪥蓼蘇薑。」「蓼蘇」連言與本板同。

【注釋】

〔一〕薦蒢，蒢，《夏小正》：「王萯，取荼。荼也者，以爲君薦將也。」洪震煊《夏小正義疏》：「薦，藉也，將席也。」據此知荼、蒢一字，義爲薦，將席。

〔二〕莪蔞，莪，即莪蒿，《廣雅·釋草》：「莪蒿，䕡蒿也。」王念孫疏證：「《爾雅》：『莪蘿』，郭注云：『今莪蒿也，亦曰䕡蒿。』《説文》：『莪蘿，蒿屬，菻，蒿屬也，菻與䕡同。』《小雅》：『菁菁者莪』，傳云：『莪蘿，蒿也。』」蔞，《説文》：「艸也，可以亨魚。」《爾雅·釋草》：「蔞，蒿也。」即蔞蒿。

〔三〕藿，即藿，豆葉。《廣雅·釋草》：「豆角謂之莢，其葉謂之藿。」

〔四〕薺，《急就篇》顔注：「薺，甘菜也，其實名蒫。」王應麟補注：「《本草》：『薺味甘，人取其葉作菹及羹，亦佳。《詩》（桓按，見《邶風·谷風》）：其甘如薺。』」

〔五〕蓼蘇，《鹽鐵論·散不足》云：「浚此蓼蘇。」《急就篇》顔注：「蓼有數種，葉長鋭而薄，生於水中者曰水蓼。葉圓而厚，生於澤中者，曰澤蓼，一名虞蓼，亦謂之薔。而許叔重云，蓼，亦名薔虞，非也。」「蘇，一名桂荏。」王應麟補注：「蘇葉下紫色而香，俗呼爲紫蘇。《南都賦》曰：『蘇蔱紫薑，拂徹羶腥。』《内則》：『江香蘇荏之屬也。』」

〔六〕亲栗，《廣雅·釋木》：「亲，㮚也。」亲即榛。此指一種像栗樹的榛。「榛栗」一詞見《左傳·莊公二十四年》（詳見《廣雅疏證》卷十下）。

〔七〕瓠瓜，《韓非子·外儲説左上》：「齊有居士田仲者，宋人屈穀見之，曰：『穀聞先生之義，不恃人而食。今穀有樹瓠之道，堅如石，厚而無竅，獻之。』（據王先慎校）

〔八〕饒飽分餘，饒，《説文》：「飽也。」段注：「饒者，甚飽之詞也。」「飽，猒也。」段注：「甘部曰：『猒，飽也。』是爲轉注。」饒、飽二字爲同義詞。分，北大本作奔，即糞，應讀分爲是。分餘，分餘物。

失序號第二

……笏（？）華若我胥□□㜑〔一〕緑〔二〕□咅（醅？）□□……父（？）□幼□□□寵（？）□□……□□□……

【注釋】

〔一〕[illegible]，應釋𡛼。金文有[illegible]（《甲金篆隸大字典》第七頁），即祇字。《說文》無𡛼字。《集韻·齊韻》：「𡛼，女字。」

〔二〕緑，《急就篇》卷二：「縹綟緑紈皁紫碰。」顔注：「緑，青黃色也。」

失序號第三

…□□挎射〔一〕畢弋羅罔（網）〔二〕□□□□袚鑲〔三〕銜…□□□□塡〔四〕□□□茵□□。

【注釋】

〔一〕挎射，本書《蒼頡篇》第二六板：「𦎫引汲𨊠。」「𦎫引」的「𦎫」就是「彀弓」的「彀」。《孟子·告子上》：「羿之教人射，必志於彀。」就是拉滿弓，挎應是彀字的另一種寫法。

〔二〕畢弋羅罔（網），《呂氏春秋·季春紀》：「田獵畢弋，罝罘、羅網、餧獸之藥，無出九門。」《莊子·則陽》：「田獵畢弋，不應諸侯之際。」羅罔，《說文·网部》：「羅，㠯絲罟鳥也。」段注：「《釋器》：『鳥罟謂之羅。』《王風》傳曰：『鳥網爲羅。』」

〔三〕袚鑲，疑應作袚禳，《說文》：「袚，除惡祭也。」「禳，磔禳，祀除癘殃也。」

〔四〕塡，《廣雅·釋樂》：「塡象稱錘，以土爲之，有六孔。」

失序號第四

…□□…播（橎）棫〔一〕，桐榫（梓）杜楊〔二〕，欝棣桃李〔三〕，〔棗〕〔杏〕〔榆〕〔桑〕。

【説明】

《急就篇》卷三：「桐梓樅桼榆椿樗。」「桐榟」即「桐梓」。「榟」讀「梓」，猶三三板「騂」讀「騂」。本板文字可與水泉子漢簡七言本《蒼頡篇》相對照，彼簡暫一六：

☐楊棺槨朴，欝棣桃李人所欲。

其中「楊欝棣桃李」五字，二者完全相同。據此，水泉子漢簡《蒼頡篇》可補作：「〔桐〕〔梓〕〔杜〕楊棺槨朴」，言桐梓杜楊可作棺槨，特別是梓木，據宋代陸佃《埤雅》載：「今呼牡丹謂之花王，梓爲木王，蓋木莫良於梓。」（參看王樹芝《湖北棗陽九連墩一號楚墓棺槨木材研究》，《文物》二〇一二年第十期）

北大簡可與本板對讀的「□輪」章：

蛢畚㡉箱。
松柏播棫，
桐榟杜楊。
鬱𣏕桃李，
棗杏楡桒。（六三）

按榟、𣏕、桒，即梓、棣、桑，前兩字與本板相同。播字則可確定本板殘半字即此字。

【注釋】

〔一〕棫，《詩·大雅·緜》正義並釋文引《三蒼》：「即柞也。」（《重輯〈蒼頡篇〉》卷下）

〔二〕桐梓杜楊，桐，《説文》：「榮也。」「榮，桐木也。」段注：「見釋木。按，『梧』下云：梧桐木。『榮』下云：桐木。此即賈思勰青桐、白桐之別也。白桐華而不實，材中樂器。青桐則不中用。《毛詩》：『椅桐梓漆，爰伐琴瑟。』其白桐與。」桐，即白桐。梓，《說文》：「楸也。从木、宰省聲。梓，或不省。」即楸樹。杜楊，《急就篇》卷一：「柏杜楊。」顔注：「杜楊，以二木爲名也。杜，甘棠也。牡者曰棠，無子者也；牝者曰杜，有子者也。楊，一名蒲柳，可以爲矢。」

〔三〕鬱棣桃李，爵，《詩·豳風·七月》：「六月食鬱及薁」，毛傳：「棣屬。」《玉燭寶典》卷六：「車下李也。」（《重輯〈蒼頡篇〉》卷上）棣，《急就篇》卷二：「棗杏瓜棣饊飴餳。」顔注：「常棣也。其子熟時正赤色，可啗。俗呼爲山櫻桃。隴西人謂之棣子。」宋王應麟補注：「《爾雅》：『常棣，棣。』注：『今山中有棣樹，子如櫻桃，可食。』『唐棣，栘。』注：『似白楊，江東呼夫栘，常棣與唐棣異。』」桃李，即桃樹、李樹。《韓非子·內儲說上》：「桃李冬實。」

失序號第五

…濫采（？）□采（？）□…琅玕〔一〕翡翠〔二〕□哺敝…

【注釋】

〔一〕琅玕，是一種美石。《急就篇》卷三：「係臂琅玕虎魄龍。」《尼雅漢簡》七一八（N.XIV.iii 一）：「大（太）子=美夫人叩頭，謹以琅玕致問」（正面）；「夫人春君」（背面）。是漢代琅玕被當作寶物的例子。

〔二〕翡翠，枚乘《梁王菟園賦》：「翡翠鴝鵒。」是說鳥名翡翠。但本板非指此。清桂馥《札樸》卷十：「《後漢書·班固傳》：『翡翠火齊。』注引《異物志》釋爲『翡翠鳥』。馥案：翡翠與火齊並言，乃石之似玉者，所謂翡翠屑金也。今緬甸出此石，大者重五六百斤，小者如拳，剖之白如雪，青如翠，美者價值千金。」

失序號第六

……頗跙（？）〔一〕娉〔二〕□□□。

【注釋】

〔一〕頗跙，頗，《玉篇》：「不平也。」《集韻·果韻》：「不正也。」《書·洪範》：「無偏無頗，遵王之義。」孔傳：「不正。」跙，《玉篇》：「行不進也。」此爲一義。另一義是《集韻·御韻》：「行不正也。」後一義與頗字相協。

〔二〕娉，《説文》：「問也。从女、甹聲。」段注：「凡娉女及娉問之禮，古皆用此字。」《玉篇》：「娶也。」與此義相因。《廣雅·釋詁三》：「害也。」爲另一義。

失序號第七

□匕（？）□……媢相司宫……

失序號第八

皁牢（？）〔一〕稾□□……□虐〔二〕拳（？）□□□……早（？）□。

【説明】

本板文字有些模糊，所作釋文聊作參考。

【注釋】

〔一〕皁，即皂，《玉篇》:「皁，色黑也。」熏，也有黑義。《説文》:「火煙上出也。从屮、从黑。屮黑，熏黑也。」

〔二〕虘，字殘左邊筆畫，蓋即甲骨文虘，亦作虘，後一寫法見於秦代詔版，是爲「皆」。參看李學勤、李零《平山三器與中山國史的若干問題》，《考古學報》一九七九年第二期；朱德熙、裘錫圭《平山中山王墓銅器銘文的初步研究》，《文物》一九七九年第一期。

失序號第九

…□□…□暴〔一〕皋（？）…

【注釋】

〔一〕暴字出現於秦朝，始見於《睡虎地秦簡》。再向前推溯，甲骨文作䖘、虣，乃會意字。參看裘錫圭《説「玄衣朱襮裣」——兼釋甲骨文「虣」字》，《文物》一九七六年第一二期。

失序號第一〇

…臺（？）〔一〕臱…

【注釋】

〔一〕臺，《説文》:「觀四方而高者也。」此字甲骨文《花東》卜辭有會意字。

失序號第一一

□…□玔（？）□…彘〔一〕…[illegible]…

【注釋】

〔一〕彘，《急就篇》卷三：「六畜蕃息豚彘豬。」顔本豚作豕（參看《重輯〈蒼頡篇〉》卷上）。

失序號第一二

…考老〔一〕…

【注釋】

〔一〕《說文》以考、老二字互訓，「考，老也」；「老，考也」。

#《史篇》一釋文

第一

寧來學書〔一〕，告子之方〔二〕，蒼頡之寫，五十五章〔三〕，□□□□，令人不忘，投筭計會〔四〕，自致君卿，朝坐府廷，律令〔五〕□□，道文辯法，治平久長，坐召立至，曉事有常〔六〕。醪酒脯肉〔七〕。

【注释】

〔一〕學書，書即書籍，《説文·敘》：「著於竹帛謂之書」，漢代的書是竹、木簡牘和帛書，此處指《蒼頡篇》《史篇》等教科書。《英斯》三五三二：▨糸（？）▲子來〈來〉學者，吾□▨。」以「子來學者」開端，是當時識字課本大都如此開頭。

〔二〕告子之方，「子」指學童。

〔三〕蒼頡之寫，五十五章，表明當時教學所使用的《蒼頡篇》已然是《漢書·藝文志》著録的，經漢間里書師增補修改的五十五章本，這也説明本書這部分是與《蒼頡篇》並存的啓蒙課本。

〔四〕投筭計會，筭，《説文》：「長六寸，計曆數者。」段注：「《漢志》云：『筭法用竹徑一分，長六寸，二百七十一枚而成六觚，爲一握。』此謂算。籌與算數字各用。計之所謂算也，古書多不別。」《蒼頡篇》第一章：「苟務成史，計會辯治」。

〔五〕律令，《急就篇》卷四：「《春秋》《尚書》律令文。」王國維説：「律令者，《史記·酷吏傳》云：『前主所是著爲律，後主所是疏爲令。』《漢書·朱博傳》云：『「三尺律令」是也。』」（《流沙墜簡》第一〇六頁）

〔六〕曉事有常，曉通曉，謂告知。

〔七〕醪酒脯肉，醪，《説文》：「汁滓酒也。」玄應《涅槃經舍利弗阿毗曇心論》：「醪謂有滓酒也。」（《重輯〈蒼頡篇〉》卷上）脯，《説文》：「乾肉也。」醪酒脯肉，應與下板「獨中上意」連讀。《居延漢簡》四九·九：「▨平日，能書會計，治官民，頗知律令文。」可見漢代官吏的評價標準之一斑，與本板所述相合。

第二

獨中上意〔一〕。臨官使衆〔二〕，恭肅畏事〔三〕，終身毋怠，安樂貴富。詹（瞻）彼卑賤，固綵無能，馴道〔四〕至矣，諸産皆備，人名元䵷，師用爲佴〔五〕，百蟲草木，兵甲〔六〕器械，禽獸虎兕，雜物奇恠（怪）〔七〕。

【説明】

甘肅永昌水泉子漢簡七言本《蒼頡篇》有兩處可與本板相印證，即：

暫一九：▨貴富萬石君，瞻彼卑賤不……

簡二〇：▨道至矣可東西，諸産皆備力……

其中「▨貴富」、「瞻被卑賤」、「▨道至矣」、「諸産皆備」皆見於本板，唯「瞻被」作「詹彼」，循文意以作「彼」爲是。《史篇》二「詹視侍疾」，亦假詹爲瞻。由此可證水泉子漢簡七言本《蒼頡篇》，並非全部是《蒼頡篇》，其中也有《史篇》並存，其原因是兩書均爲課本，常在一起使用。

本板内容《英斯》亦有記載，《英斯》二五三四：「▨事終身毋怠，」二二七四：「▨毋怠，安樂▨」，即本板的「終身毋怠，安樂貴富」。一九四四：「▨至矣諸▨」，即「馴道至矣，諸産皆備」。三五七二：「▨□財用爲佴□▨」，二〇五五：「▨財用□▨」，三二一三：「▨爲佴，百蟲▨」，三五七四：「□佴百〈百〉蟲草（草）▨」，即本板的「師用爲佴，百蟲草木」。「師」作「財」，顯然本子不同。三六三四：「▨雜物畸（畸）▨。」即本板末句的「雜物奇恠」。《英斯》所以有這些《史篇》文字，也是因爲與該書中的《蒼頡篇》常在一起作爲學習課本的緣故，足見此章流傳之廣。

【注释】

〔一〕獨中上意，應與上板「醪酒脯肉」連讀，謂此酒肉中長官之意。

〔二〕使衆，支配、役使民衆。

〔三〕恭肅畏事，恭肅，恭敬嚴肅，見《後漢書·皇后紀上·和熹鄧皇后》：「恭肅小心，動有法度。」畏事，不是膽小怕事，而是《論語·述而》所説的「臨事而懼」。

〔四〕馴道，即訓道（導），《漢書·刑法志》：「故夫訓道不純而愚民陷焉。」顔師古注：「道，讀爲導。」《史記·文帝本紀》中本作「馴道」。古時訓、道（導）同義，《周禮·訓方氏》注：「訓，道也。」也作「導訓」，《國語·周語》：「上能導訓諸侯者。」

〔五〕師用爲佴，《爾雅·釋言》：「佴，貳也。」郭璞注：「佴，次。爲副貳。」《張家山漢墓竹簡·史律》：

> 史、卜子年十七歲學。史、卜、祝學童學三歲，學佴將詣太史、太卜、太祝，郡史學童詣其守，皆會八月朔日試之。

趙平安據此將一枚田字格秦印「粁募學佴」（該印見許雄志《秦印雄風》第一五九頁，重慶出版社一九九九年；又見氏編《秦印文字彙編》第一五五頁，河南美術出版社，二〇〇一年）釋爲一枚官印。謂「和漢簡《史律》一樣，『學佴』是官名」（《新出〈史律〉與〈史籀篇〉的性質》，《新出簡帛與古文字古文獻研究》第二九三頁）。本板「師用爲佴」，當是書師用學生某人爲學佴，不屬於上舉官名的情況。

〔六〕关甲，关即朕、送所從之关，也是勝、滕所從之关，古滕與乘、賸與乘均有通假之例（見高亨《古字通假會典》第四〇、四一頁）。故「关甲」應讀「乘甲」，張華《博物志》卷六：「武王伐殷……乘輿三百，乘甲三千。」

〔七〕雜物奇恠，王延壽《魯靈光殿賦》：「雜物奇怪，山神海靈。寫載其狀，托之丹青。」許沖《上書進〈説文〉》：「而天地鬼神，山川艸木，鳥獸蚰蟲，雜物奇怪，王制禮儀，世間人事，莫不畢載。」可知「雜物奇恠」，應讀「雜物奇怪」。恠字從心旁，奍（或從夂從夫）聲，溯其來源，即甲骨文[illegible]（《甲骨文合集》一一〇一八正），從奍的還有[illegible]（《甲骨文合集》四四五〇），卜辭均爲人名或氏族名。《正字通·心部》：「怪，姓。《春秋元命苞》：『炎帝臣怪義。』」按，上古人名一般前面的文字稱氏，所以「怪」應是氏（或部族）名，而不是姓。當時人名還不見稱姓的習慣。從「百蟲草木」到「雜物奇恠」，都是授課學習的內容。

第三

持米一斗，晨上雲陽〔一〕，齎〔二〕錢五十，莫〔三〕宿南鄉，酤酒飲醉，僵臥道旁，忽⿰忄學〔四〕而起，忘其衣裝，把頭自念，今何操行〔五〕，朝作鼓室〔六〕，夜築承明〔七〕，銅柱〔八〕已立，維持四方。史者蚤休。

【注釋】

〔一〕雲陽，《史記·秦始皇本紀》：「韓非使秦，秦用李斯謀，留非，非死雲陽。」張守節正義引《括地志》云：「雲陽城在雍州雲陽縣西八十里，秦始皇甘泉宮在焉。」其地在今陝西淳化西北。陳直《漢書新證》在《武紀六》「賜雲陽都百户牛酒」下説：「西漢未央、長樂二宫規模闊大之外，則數甘泉宫。甘泉在雲陽，比其他縣爲重要，故稱以雲陽都，與列侯所食曰國、蠻夷雜處曰道相等，但僅有雲陽一縣稱都，故不見於《百官表》。」陳氏又引《居延漢簡釋文》卷一（五頁），丙吉奏改火簡文（引文從略），謂：「改火之事，長安與雲陽並稱，可見雲陽縣在當時位置之重要性。」（該書第三五頁）

〔二〕齎，攜帶。

〔三〕莫，通暮。

〔四〕⿰忄學，通覺。從學聲的字每與覺通，參看高亨《古字通假會典》第七二六頁。

〔五〕操行，多指品行而言，此則指操勞行動。

〔六〕鼓室，《史記·淮陰侯列傳》載有鐘室，爲韓信被殺處，在未央宫中。鼓室不詳。

〔七〕承明，《漢書·嚴朱吾丘主父徐嚴終王賈傳》：「君厭承明之廬」，楊樹達《漢書窺管》：「承明，殿名，在未央宫。《霍光傳》：『皇太后車駕幸未央承明殿』，是也。亦見《翼奉傳》。」（第四九一頁）《千字文》：「右通廣内，左達承明。」

〔八〕銅柱，《史記·孝武本紀》：「其後則又作栢樑、銅柱，承露僊人掌之屬矣。」又，《後漢書·馬援傳》注引《廣州記》：「援到交阯，立銅柱爲漢之極界也。」本板所述徭役未至遠方，故此處的銅柱應是西漢武帝時所立。

第四

不史至明〔一〕，鴻米〔二〕之飯，中多（？）沙糠，泔滫〔三〕米…（中缺二字）□病腸，退更便衣，端逢作卿〔四〕，伏答五十〔五〕，□□…（缺二字），病卧私舍，不得水漿，客居地濕，編莞帶纕〔六〕，□□不念，顔色□倉〔七〕。

【注释】

〔一〕不史至明，上一板的「史者蚤（早）休」，應與此句連讀。因爲「史者早休」（休息得早），所以（次日）「不史（使）至明」，即不使他休息到天明，隨即起牀趕路。

〔二〕鴻米，似讀紅米，應指糙米，故飯「中多沙糠」，連同下句「泔滫」，都是説食物之粗劣。

〔三〕泔滫，滫，《説文》：「久泔也。」《原本玉篇》：「老潚（王國維謂「潚」乃「灡」之訛）也。」（《重輯〈蒼頡篇〉》卷下）

〔四〕端逢作卿，正遇到成爲卿的人當上官。漢代「卿」應是指一鄉之長。《漢書・食貨志》：「五家爲鄰，五鄰爲里，四里爲族，五族爲黨，五黨爲州，五州爲鄉。鄉，萬二千五百户也。鄰長位下士，自此以上，稍登一級，至鄉而爲卿也。」

〔五〕伏答五十，五十似指有關禮儀。

〔六〕編莞帶纕，編莞，莞通菅，指蓋屋的茅苫。《左傳・昭公二十七年》：「或取一編菅焉。」杜注：「編菅，苫也。」孔疏：「李巡曰：『編菅以覆屋爲苫。』郭璞曰：『白茅苫也，是編菅爲苫也。』」纕，《説文》：「援臂也。」段注：「援引也，引褎而上之也，是爲纕臂。」與此處文義不合。字應假爲穰。《説文》：「墐，涂也。」段注：「《内則》曰：『塗之以謹塗。』注曰：『謹當爲墐，聲之誤也。墐塗，塗有穰草也。按合和黍穰而塗之謂之墐塗，取乾則易擘也。』」《説文》：「穰，黍梨已治者。」段注：「已治，謂已治去其箬皮也，謂之穰者，莖在皮中，如瓜瓤在瓜皮中也。」故此句是説還帶著纕草，是説住處的簡陋。

〔七〕□倉，《急就篇》卷三：「革轖髤漆油黑蒼。」似應讀爲黑蒼。

第五

歸（歸）告我家，趣迎子喪，谷口〔一〕左右，甘泉〔二〕東坊，棄捐〔三〕溝中，狗俞腹腸〔四〕，身死名滅，魂魄恚洋（揚），妻寡子孤，遠爲强殤〔五〕，父母誰依，宗家諸卿，年長不史，如此固當。不教子書。

【注釋】

〔一〕谷口，地名。《急就篇》卷三：「板柞所産谷口斜。」顔師古注：「谷口在北，即今雲陽治谷是也。」王應麟補注：「《郊祀志》：『寒門谷口』，注：『谷口，仲山之谷〔口〕也。漢時爲縣，今治谷，仲山之北寒凉，故謂寒門。』《戰國策》：范雎説秦王曰：『北有甘泉、谷口。』《郡縣志》：『京兆醴泉縣本谷口縣，在九嵕山東、仲山西，當涇水出山處，故謂谷口。』」

〔二〕甘泉，指甘泉宫，在雲陽，今陝西淳化西北。

〔三〕棄捐，此指死亡。《史記·扁鵲倉公列傳》：「無先生則棄捐填溝壑，長終而不得反。」

〔四〕狗俞腹腸，俞讀偷，義爲取。《淮南子·説林訓》：「狗彘不擇甂甌而食，偷肥其體而顧近其死。」高誘注：「偷，取也。顧，反也。肥則烹之，故近其死也。」《文子·上德》：「犬豕不擇器而食，俞肥其體，故近死。」王利器《文子疏義》：「道藏纘義本『俞』作愈。器案，『愈』當作『愉』，作『俞』者，形近之誤。《詩·唐風·山有樞》：『他人是愉。』鄭箋：『愉讀曰偷，取也。』釋文：『鄭作偷，他侯反，取也。』《周禮·地官·大司徒》：『則民不愉。』釋文：『愉音偷。』」（第二七八頁）故狗俞腹腸，意即人死後被狗吃掉腹中腸子。《後漢書·董卓傳》：「敝腸狗態」，應是指狗食腹腸之態，喻野性不改，李賢注：「言心腸敝惡也。」不確。

〔五〕遠爲强殤，唐蘭曾説：「禓是祭名。《説文》：『禓道上祭』，其祭處即名場，《説文》：『祭神道也。』《禮記·郊特牲》注：『禓强鬼也。』亦作殤，《小爾雅·廣名》：『無主之鬼謂之殤』；《楚辭·九歌》有國殤。《急就篇》：『謁、禓、塞、禱鬼神寵。』《周禮·太祝》九祭之二是衍祭，鄭司農注：『衍，祭羡之道中，如今祭殤，無所主。』」（《西周青銅器銘文分代史徵》第三八頁）

第八

自致高功〔一〕，廉絜平端〔二〕，日進當封，徵□（諸？）公車〔三〕，見於後宫〔四〕，侍中待節〔五〕，使於諸王，予諸矦對，三公九卿，錢金日至，布帛𩎮黄〔六〕，訾（貲）滿千萬〔七〕，恐徙雲陽〔八〕，子孫別户〔九〕，獨滿四鄉。

【注释】

〔一〕自致高功，高功，指政績優異。《後漢書·黄琬傳》：「舊制，光禄舉三署郎，以高功久次才德尤異者爲茂才四行。」本文取得「高功」的原因，是「廉絜平端」。

〔二〕廉絜平端，廉絜即廉潔，是爲官的品德要求。《睡虎地秦墓竹簡·語書》説良吏「有（又）廉絜敦慤而好佐上」。《漢書·貢禹傳》：「禹又言孝文皇帝時，貴廉絜，賤貪污。」平端，就是平正或端正，賈誼《新書·等齊》：「事諸侯王或不廉潔平端，以事皇帝之法罪之。」「廉潔平端」見於此。又，《急就篇》卷四：「廉絜平端撫順親。」《張家山漢墓竹簡·奏讞書》：「與闒毋害謙（廉）絜（潔）敦慤，守吏也，平端，謁以補卒史，勸它吏，敢言之。」是漢代官吏因爲「廉潔」「平端」而升遷之例。

〔三〕徵□公車，公車，漢代官署名。徵召是公車令的職責之一。

〔四〕見於後宫，皇帝在後宫接見，表明受皇帝的格外恩寵。

〔五〕侍中待節，侍中是所任官職。待應讀持。《墨子·七患》：「仕者待禄，游者憂反。」孫詒讓《墨子閒詁》：「《群書治要》引『待』作『持』。」

〔六〕布帛𩎮黄，布帛，《禮記·禮運》：「昔者……未有麻絲，衣其羽皮，後聖治其麻絲，以爲布帛。」𩎮黄，應讀焜煌。《急就篇》卷三：「靳靷韅鞊色焜煌。」顔師古注：「色焜煌者，言其光采盛也。」王應麟補注：「《説文》：『焜，煌也。』《左傳》云『焜耀』。《方言》：『焜，晠也。』」

〔七〕訾滿千萬，訾應讀貲，《文選·古意贈王中丞詩》注：「財也。」（《重輯〈蒼頡篇〉》卷下）指錢財，千萬是很大的數目。

〔八〕恐徙雲陽，恐怕被作爲富户遷徙雲陽。

〔九〕子孫別户，子孫別立門户。

第九

嫁女遊戲，道中青黃，筆端所致，不須弟兄〔一〕，結駟連騎〔二〕，安車温涼〔三〕，小吏趩走〔四〕，不史者違〔五〕，出入鼓炊（吹），歌兒成行〔六〕，安樂貴富，天下所望，廣田大宅，樓殿東箱〔七〕。重吏⿰口戠（？）□。

【説明】

安車温涼，水泉子漢簡七言本《蒼頡篇》簡九：「☑軒轉輼輬輂郎極□☑。」復旦讀書會《讀水泉子簡〈蒼頡篇〉札記》一文説：「按圖版，『軒轉輼輬』當是『軒□輼輬』。」所釋可從。似乎此句即本板之「安車温涼」，軒、安字異，應屬《史篇》一。

【注释】

〔一〕筆端所致，不須弟兄，筆端，《漢書·杜周傳》：「刑罰無平，在方進之筆端。」此處是説嫁女時作爲父親自己寫字發邀請，不需弟兄幫忙。

〔二〕結駟連騎，見《史記·仲尼弟子列傳》：「子貢相衛，而結駟連騎，排藜藿入窮閻，過謝原憲。」

〔三〕安車温涼，安車，古代一種坐乘小車，用一匹馬拉（《禮記·曲禮上》）。漢代高官及被徵召大臣往往被賜乘安車。

〔四〕趩走，「趩」通「蹕」，禁止行人往來。走，爲此奔走。

〔五〕不史者違，「史」通「使」。「者」通「諸」。違，指違反清道的行爲。

〔六〕出入鼓炊（吹），歌兒成行，還有下文的「廣田大宅，樓殿東箱」都是形容安樂貴富的生活狀况。

〔七〕樓殿東箱，《急就篇》卷三：「室宅廬舍樓殿堂。」又，「壄壘廥廄庫東箱。」「樓殿」、「東箱」襲用本板之文。東箱，《後漢書·虞傅蓋臧列傳》：「防不得已，趨就東箱。」李賢等注：「《埤蒼》云：『箱，序也。』字或作『廂』。」

第一〇

收采蠶桑。車乘閫門，馬牛羔羊〔一〕。有子如此，爲縣里光。不知書史，歸事田方〔二〕。捽草杷土〔三〕，將犁而行。深耕〔四〕禱種，近汝黍粱。具汝于臿〔五〕，隨汝畔疆〔六〕。夫妻薅鉏〔七〕，丈人治埸。

【注释】

〔一〕車乘閫門，馬牛羔羊，閫門，滿門。《史記·汲鄭列傳》：「翟公爲廷尉，賓客閫門。」又作「填門」，見《漢書·鄭當時傳》。車乘閫門，是説造訪的賓客多。馬牛羔羊，是説家裏富足，飼養的牲畜多。

〔二〕不知書史，歸事田方。書史，史者能書，故稱「書史」。歸事田方，回家種田。

〔三〕捽草杷土，《漢書·貢禹傳》作「捽屮杷土」。這一習俗語漢代習見。例如《潛夫論·述赦》：「又謹慎之民，用天之道，分地之利，擇莫犯土，謹身節用。」孫詒讓《札迻》於「擇莫犯土」校釋説：「案：此當作『捽草杷土』。《漢書·貢禹傳》云：『農夫父子，暴露中野，不避寒暑，捽屮（顔注云：「屮，古草字也。」）杷土，手足胼胝。』即王節信所本。今本上三字皆形近訛易，唯『土』字未訛，而程榮又肊改爲『法』，繆之甚也。」（第二六八頁）

〔四〕深耕，即深耕。耕爲耕字，同於漢牘《蒼頡篇》。

〔五〕臿，像鍬的起土工具。《韓非子·五蠹》：「身執耒臿以爲民先。」《漢書·溝洫志》：「舉臿如雲。」注：「臿，鍪也，所以開渠者也。」

〔六〕畔疆，《急就篇》卷三：「疆畔畷伯（一作陌，一作佰）耒犂鉏。」「畔疆」即「疆畔」之倒，以就韻。吴質《在元城與魏太子牋》：「使農夫逸豫於疆畔。」

〔七〕薅鉏，似即茠鋤，茠（音 hāo），同薅，除去田中雜草。《顔氏家訓·涉務》：「耕種之，茠鉏之。」鉏，同鋤。

第一一

當畏鄉部，見吏匿臧（藏）〔一〕。家毋宦子〔二〕，如羔見狼〔三〕，〔如〕畏鷹鷂〔四〕，稚禾逢霜〔五〕。天旱稼惡，尉曹發更〔六〕，今爲見卒〔七〕，當奏雲陽〔八〕。毋（無）錢取庸，身當自行〔九〕。負裝隨吏，至於函陽。裝重資少。

【注释】

〔一〕當畏鄉部，見吏匿臧，秦漢時期，鄉是縣以下的基層單位。《急就篇》卷四：「閭里鄉縣趣辟論。」顔注：「里屬於鄉，鄉統於縣。」鄉吏也管民户服徭役事，其中貪官污吏還額外勒索以飽私囊。故有此言。

〔二〕家毋宦子，家裏没有做官的兒子。

〔三〕如羔見狼，《漢書・酷吏傳》：「御史大夫弘曰：『臣居山東爲小吏時，寧成爲濟南都尉，其治如狼牧羊，成不可令治民。』」

〔四〕如畏鷹鷂，《急就篇》卷四：「鷹鷂鴇鴰翳雕尾。」

〔五〕稚禾逢霜，稚禾，即晚熟之禾。稚亦作穉、稺。《説文》：「稺，幼禾也。」《齊民要術・種穀》：「二月三月種者爲植禾，四月五月種者爲穉禾。」穉、稺一字。稚禾逢霜，晚熟之禾遇霜便嚴重影響收成。

〔六〕尉曹發更，漢代縣的令、長之下設尉，掌武事，尉曹是尉的辦公官署。更，即更役，一月一换，爲秦、西漢初期成年男子服勞役的統稱，每年應服的無償勞役爲期一個月。《漢書・昭帝紀》注引如淳曰：「更有三品，有卒更，有踐更，有過更。古者正卒無常人，皆當迭爲之，一月一更，是謂卒更也。貧者欲得顧更錢者，次直者出錢顧之，月二千，是謂踐更也……《食貨志》曰：『月爲更卒，已復爲正，一歲屯戍，一歲力役，三十倍於古。』此漢初因秦法而行之也。」發更，指徵發更役。

〔七〕見卒，漢代服役的成年男子稱爲卒，見卒是現當服勞役之卒。

〔八〕雲陽，今陝西淳化西北，該地是將去服勞役之地。參第三板注〔一〕。

〔九〕毋（無）錢取庸，身當自行。當時服更役者可以出錢僱人代勞，但没錢僱人，只好自己服役。

第一二

去吏道亡〔一〕。檄書遝之〔二〕，家盡毄（繫）鄉〔三〕。衣被穿敝〔四〕，不可直當。履不同踦〔五〕，衣補以囊〔六〕。瑟獨衆多，蟣如白糠〔七〕。自强寇盗，不能遠亡〔八〕。一錢以上，當出倍臧（贓）〔九〕。不虞計念，自爲天殃〔一〇〕。

【注释】

〔一〕道亡，秦代服役者「道亡」，如《史記·高祖本紀》：「高祖以亭長以縣送徒酈山，徒多道亡。」指服役者半路上逃跑，在秦漢時期被視爲嚴重違法犯罪行爲。

〔二〕檄書遝之，《急就篇》卷四：「輒覺没入檄報留。」顔注：「檄者，以木爲書，長二尺。報者，處當辠人也。言有乏興猥逮及詷讓者，其事發覺，身則没入爲奴婢，或没其家財。則爲檄書，處當其罪而留之。」説明漢代對這類嚴重違法犯罪者，要發檄書處當其罪。遝，《説文》段注：「《方言》：『迨遝，及也。東齊曰迨，關之東西曰遝，或曰及。』《公羊傳》：『祖之所逮聞也。』《漢石經》作『遝聞』。」知遝義爲「及」。

〔三〕家盡繫鄉，指家屬受到逃亡者的牽連，被綁到鄉。

〔四〕衣被穿敝，敝，破。《説文》：「敝，帗也。一曰敗衣。」敗衣，即穿破的衣。

〔五〕履不同踦，履即鞋，踦，《説文》：「一足也。」段注：「引申之凡物單曰踦。」此句是説所穿的鞋不是同一雙脚穿的，故凑不成合適的一雙。

〔六〕衣補以囊，囊是盛物的袋子，猶今之口袋。因爲找不到補衣服的布，故剪破袋子縫上。

〔七〕瑟獨衆多，蟣如白糠，瑟讀蝨，《説文》：「蝨，齧人蟲。」段注：「古或叚幾瑟作蟣蝨，蟣者，蝨子也。」極言身上蝨蟣之多。

〔八〕自强寇盗，不能遠亡，自以爲强於寇盗，不能遠走逃亡。

〔九〕一錢以上，當出倍臧（贓），《張家山漢墓竹簡·二年律令·盗律》説盗臧（贓）直（值）「不盈廿二錢到一錢罰金一兩」。

〔一〇〕不虞計念，自爲天殃。不虞，没料到，《左傳·僖公四年》：「不虞君之涉吾地也，何故？」計念，盤算，語見劉向《列女傳·周主忠妾》：「媵婢心知其毒酒也，計念進之，則殺主父，不義；言之，又殺主母，不忠。」天殃，《禮記·月令》：「〔孟春之月〕，是「月也，不可以稱兵。稱兵，必天殃」。

第一三

嚴親〔一〕下世〔二〕，又畏嫂兄。獨見稚禾〔三〕，塊〔四〕摧不長，當孰（熟）不就，因逢秋霜。軍役〔五〕發急，毋可齎行〔六〕，杷頭正公，不以旦明，稚弟幼弱，又毋强兄，趣賣田宅，毋以辨裝〔七〕。舍盡立虛。

【注释】

〔一〕嚴親，指父母，《墨子·非儒下》：「秉轡授綏，如仰嚴親。」

〔二〕下世，去世。

〔三〕稚禾，指晚熟之禾，見前注。

〔四〕塊，即凷，指土塊。《左傳·僖公二十三年》：「野人與之塊。」自「獨見稚禾」至「因逢秋霜」，是説本來晚熟又生長不好的莊稼受到霜打，這一年没有什麽收成。

〔五〕軍役，指爲軍興所服的勞役。《漢書·食貨志》：「時有軍役，若遭水旱，民不困乏，天下安寧。」本書《蒼頡篇》第十一乙板：「建武牴觸，軍役嘉臧。」

〔六〕毋可齎行，没有什麽東西可以攜帶而行。

〔七〕辨裝，當時服役必須自帶衣服等，所以稱「辨裝」。

第一四

四辟垣牆〔一〕。身爲庸徒〔二〕，污養盡哭，兒婦分散，誰依公公〔三〕，老母自餽，騑駟闕旁。有女如此〔四〕，老母絶腸〔五〕，遭數從軍，爲吏養馬，舂炊薪采，不辟（避）陰雨〔六〕，夏菜長城，冬治⿰土焦塢〔七〕。

【注释】

〔一〕四辟垣𡒊，《急就篇》卷三：「泥塗堊塈壁垣墻。」「壁垣墻」爲此語所本。上一板「舍盡立虚」，應與「四辟垣𡒊（墻）」連讀。舍盡立虚，四辟垣𡒊，跟「家徒四壁」的意思差不多。

〔二〕庸徒，徒指刑徒，庸當指受傭傭的服苦役的刑徒。這種人已經失去家庭，故曰「兒婦分散」。

〔三〕公公，應指庸徒之父，被庸徒之婦稱爲「公公」。

〔四〕有女如此，「女」指庸徒之妻。

〔五〕老母絶腸，「老母」似指庸徒之妻之母。絶腸，斷腸。

〔六〕遭數從軍，爲吏養馬，舂炊薪采，不辟（避）陰雨，這些是説庸徒的家屬從軍所從事的勞動，即喂馬、舂米做飯、砍柴等。《急就篇》卷四：「斬伐林木斫株根。」王應麟補注：「《平帝紀》注：『令甲：女子犯罪作如徒，六月，顧山遣歸。』」

〔七〕⿰土焦塢，屢見於居延簡。裘錫圭認爲：「⿰土焦就是譙樓的譙，古書中也寫作『樵』。《漢書·趙充國傳》：『今留步士萬人屯田……部曲相保，爲壍壘木樵』，顔注：『樵與譙同，謂爲高樓以望敵也。』」又認爲「勞榦『推定塢是環於亭燧外的小城』，這大概是正確的」（《漢簡零拾》，《古文字論集》第五九五頁）。

第一六

〔無〕益族子，小不教書〔一〕，長得其茖〔二〕，不學禮節，少知□□，致毋□□，棄捐兒婦，田地盡賣，殊毋所有，財物盡索〔三〕，立於庸市〔四〕，維軀事人，雞鳴蚤起〔五〕，碓磑扇隤〔六〕，夜半乃止。

【注释】

〔一〕小不教書，教應讀學，《書·洛誥》：「乃女其悉自教工。」《尚書大傳》引教作學。《老子》四十二章：「吾將以爲教父。」漢帛書甲本教作學（詳見《古字通假會典》第七二六頁）。此處説「小不教（學）書」，故下文説「不學禮節」。

〔二〕莟，即咎，尹灣漢墓出土竹簡《神烏傅（賦）》云：「何命不壽，狗麗此莟。」《居延新簡》亦見用莟爲咎。

〔三〕財物盡索，索就是盡。王念孫《廣雅疏證》卷一下：「《衆經音義》卷三引《蒼頡解詁》云：『索，盡也。』」

〔四〕庸市，出賣勞動力的市場。

〔五〕雞鳴蚤起，《孟子·盡心上》：「鷄鳴而起，孳孳爲善者，舜之徒也。」從「雞鳴蚤（早）起」到「夜半乃止」，是説族子被人傭傭後的每天勞動情況。

〔六〕碓磑扇隤，《急就篇》卷三：「碓磑扇隤舂簸揚」，顏注：「碓，所以舂也。磑，所以䃺也。亦謂之𥓓。古者雍父作舂，魯班作磑。扇，扇車也。隤，扇車之道也……隤之言墜也，言既扇之，且令墜下也。」大意是説推碾拉磨簸糧食，做加工糧食的苦活。

第一八

覆校四海，富貴〔一〕高遷〔二〕，丞相御史〔三〕，家室殷昌，父母驩喜，延年益壽〔四〕，後世長久，維葷之疏，□顯爲列。著文耶益益在前，載以〔竹〕帛名曰篇，史者讀之以自全〔五〕。不史聞之。

【説明】

第十八板至第五十七板中間原板有缺失。

【注释】

〔一〕富貴，《急就篇》卷一：「曹富貴。」本板指富貴之人。

〔二〕高遷，《急就篇》卷二：「綸組綖綬以高遷。」

〔三〕丞相御史，《急就篇》卷四：「丞相御史郎中君。」即襲用此語。

〔四〕延年益壽，亦見《蒼頡篇》，《急就篇》卷一「宋延年」、「衛益壽」，雖述姓名，亦可知「延年益壽」之語流行，故取爲人名。

〔五〕著文耶益（此字應有重文符號）益在前，載以〔竹〕帛名曰篇，史者讀之以自全。全書四言，唯此三句爲七言，意在説明此書名《史篇》是供史者誦讀學習的。《賈子·道德説》：「著此竹帛謂之書。」《説文·敘》：「著於竹帛謂之書。」本板：「載以竹帛名曰篇」，「書」與「篇」義近，故《史篇》亦稱《史書》。

第五七

長有九州，四海之外，皆形尸游〔一〕，與天相葆〔二〕，毋有以時，史就而去，日〔夜〕〔念〕思，投筭毋亂，投籌毋留〔三〕，計如湯禹〔四〕，知賢孔丘，出入驩喜，〔上〕〔下〕隨時，見利若此，卑身受〔之〕〔五〕。

【注释】

〔一〕尸游，可能就是所謂「尸解」（《論衡·道虚》）。

〔二〕與天相葆，《急就篇》卷四載有後漢人附入的字句，其中有「與天相保無窮極」。即襲用此語。《易林·訟之泰》：「生不知死，與天相保。」

〔三〕投筭毋亂，投籌毋留，本書《蒼頡篇》第五十板：「筆研筭籌」，《急就篇》卷四也説：「筆研籌筭膏火燭。」筭、籌是計算工具。毋亂、毋留，是説好好計算。

〔四〕計如湯禹，湯禹，亦常作禹湯，指夏禹、商湯，《漢書·食貨志》載鼂錯《論貴粟疏》：「今海内爲一，土地人民之衆，不避湯禹。」

〔五〕卑身，俯下身子，表示謙恭的樣子。

失序號第一

…者凡憂□…□人留…毋姦爲端〔一〕，□□學□亂隋（隨）像…八十□□果（課？）人（？）□□，並皆身過〔二〕。

【説明】

此板文字殘缺太多，難以通讀。

【注释】

〔一〕毋姦爲端，「端」乃端直、端正之義。

〔二〕並皆身過，都是自己的過失。

《史篇》二釋文

第一

興章造寫〔一〕，教敕〔二〕僮子〔三〕，發蒙〔四〕□昭（昭）性，從表入裏，以著卷次。天地本紀，陰陽變化，消息所起，五方□□，〔四〕時之始〔五〕，萬物升降，人道〔六〕義理，聖賢所貴，倄文書史，勉力亟學，福禄歸（歸）之〔七〕。

【注释】

〔一〕興章造寫，興，起。此言分章編寫。是書每板（章）六十四字，與《蒼頡篇》每章六十字有别，但受《蒼頡篇》的影響却很明顯。

〔二〕教敕，教導。《漢書·江充傳》：「非愛車馬，誠不欲令上聞之，以書教敕亡素者。」

〔三〕僮子，學童。

〔四〕發蒙，猶啓蒙。揚雄《長楊賦》：「乃今日發蒙，廓然已昭矣。」

〔五〕陰陽變化，消息所起，五方□□，〔四〕時之始，這幾句話透露出陰陽五行説在漢代已頗爲盛行。

〔六〕人道，本與天道相對而言。《左傳·昭公十八年》：「天道遠，人道邇，非所及也。」（鄭國子産語）天道，指日月星辰的運行法則；人道，指人世間的吉凶禍福（楊伯峻、徐提編《春秋左傳詞典》第八頁）。《莊子·在宥》亦談天道、人道，人道含義亦與本板所言不相合。本板之「人道」，是説做人（爲人處世）的道理。尹灣漢墓竹簡《神烏傳（賦）》：「行義淑茂，頗得人道。」

〔七〕勉力亟學，福禄歸之，《急就篇》開首幾句中的「勉力務之必有喜」，應本此而有所變化。亟學，急學，趕快學。《詩·豳風·七月》：「亟其乘屋，其始播百穀。」鄭箋：「亟，急也。」本板最後兩句爲勸學之語。

第二

上古之時，未有天地〔一〕，元氣窈寘（冥）〔二〕，欝泱流離（離）〔三〕，項頌混洄，曠冶無崖（涯）〔四〕，䑘沌沈蹛〔五〕，騑駉〔六〕於波，潭潭允允〔七〕，展轉埶移，狀似鷄卵〔八〕，而不相麗〔九〕，若斯久矣，乃有上帝，清濁分别〔一〇〕，萬物乃諦。

【注釋】

〔一〕上古之時，未有天地，《淮南子・天文訓》：「天墬未形，馮馮翼翼，洞洞灟灟，故曰太昭。道始于虚霩，虚霩生宇宙，宇宙生氣，氣有涯垠。」可相參證。

〔二〕元氣窈冥，窈冥，昏暗不明，《淮南子・兵略》：「窈窈冥冥，莫知其情。」《吕氏春秋・論威》作：「窅窅乎冥冥，莫知其情。」窈亦通幽，《淮南子・原道》：「幽兮冥兮。」（《古字通假會典》第七〇八頁）幽冥，見《論衡・道虚》。

〔三〕欝泱流雒，欝泱，廣大貌。《後漢書・馬融傳》：「徒觀其坰場區宇，恢胎曠蕩，藐敻勿罔，寥豁鬱泱。」「欝」同「鬱」，李賢注：「並廣大貌。」流雒，雒即離，是一個多義詞，此當指流轉。阮籍《鳩賦》：「終飄摇以流離。」

〔四〕項頌混洄，曠冶無崖，項頌應讀澒溶，水深廣貌。劉向《九歎・遠游》：「譬彼蛟龍，乘雲浮兮。汎淫澒溶，紛若霧兮。」曠冶，應讀「曠野」，古「冶」通「野」，《易・繫辭上》：「冶容誨淫」，《釋文》：「冶，陸、虞、姚、王肅本作野。」《論衡・言毒》：「毒螫渥者，在蟲則爲蝮蛇蜂蠆，在草則爲巴豆冶葛。」「冶葛」即「野葛」。無崖（涯），即無邊際。

〔五〕鯤沌沈躃，鯤沌，即混沌。《白虎通・天地》：「混沌相連，視之不見，聽之不聞，然後剖判。」字亦作渾沌，曹植《七啓》：「夫太極之初，渾沌未分。」沈躃，即沈滯，意爲鬱積，《國語・周語下》：「氣不沈滯，而亦不散越。」

〔六〕騑駟，《史篇》一第一四板：「騑駟闕旁。」亦作徘徊。

〔七〕潭潭允允，潭潭，深廣貌。《韓詩外傳》卷一：「吾北鄙之人也，將南之楚，逢天之暑，思心潭潭。」允允，應讀沇沇，《漢書・禮樂志》：「沇沇四塞」，顔師古注：「孟康曰：沇音兖。沇沇，流行之貌也。」揚雄《羽獵賦》：「沇沇溶溶遥噱乎紘中。」

〔八〕狀似鷄卵，《三五曆紀》曰：「未有天地之時，混沌狀如雞子，溟涬始牙，濛鴻滋萌，歲在攝提，元氣肇始。」（據《太平御覽》卷第一「天部」一，「元氣」引）

〔九〕而不相麗，麗，附麗，附著，《周禮・秋官・大司寇》：「而未麗於灋。」鄭注：「麗，附也。」謂不相附著。

〔一〇〕清濁分別，《淮南子・天文訓》：「清陽者薄靡而爲天，重濁者凝滯而爲地。」《説文・土部》：「地，元气初分，輕清昜爲天，重濁侌爲地。」本板所述，可參看《潜夫論・本訓》：「上古之世，太素之時，元氣窈（桓按，應作「窈」）冥，未有形兆……若斯久之，翻然自化，清濁分別，變成陰陽，陰陽有體，實生兩儀，天地壹鬱，萬物化淳。」其中「上古之世」、「元氣窈冥」、「若斯久之」、「清濁分別」等語，因襲之迹甚明，顯然鈔自本書。王符應是讀過此書。

第三

天罔〔一〕有禮，不轂（繫）維綱〔二〕，孔（孔）氣揔集〔三〕，聚積純陽，升降不呂（邑？），廣大無方，衆星著文，日月施光，列序八風〔四〕，陳置五〔方〕，周旋無已〔五〕，强健聰明，乾元垂統〔六〕，審于是當，報德有善〔七〕，應惡以〔央〕（殃）〔八〕。

【注释】

〔一〕天罔，古人認爲上天所布的羅網。《老子·七十三章》：「天罔恢恢，疏而不漏。」《太玄經·應·次三》：「一縱一横，天綱罠罠。」

〔二〕不繫維綱，維綱，用於繫物和提綱的繩。《儀禮·大射》：「中離維綱。」天罔有禮，不繫維綱，是説天網有禮，不繫用於繫物和提綱的繩。

〔三〕孔氣揔集，孔氣，天網内的氣。揔集，揔同總，見《集韻》。

〔四〕八風，《孫臏兵法·地葆》：「八風將來，必勿忘也。」張震澤《孫臏兵法校理》：「八風，八方之風。八方之風各有風名，《吕氏春秋·有始覽》：『何謂八風？東北曰炎風，東方曰滔風，東南曰熏風，南方曰巨風，西南曰凄風，西方曰飂風，西北曰厲風，北方曰寒風。』」（第七四頁）這當是秦代八風風名。《説文》：「風，八風也。東方曰明庶風，東南曰清明風，南方曰景風，西南曰凉風，西方曰閶闔風，西北曰不周風，北方曰廣莫風，東北曰融風。」這是漢代關於八風的一種主要説法。

〔五〕周旋無已，意爲盤旋不止。

〔六〕垂統，指把皇位傳下去。垂統一詞見《孟子·梁惠王下》。《急就篇》卷末後漢人附入的文字，有「建號垂統解鬱悒」之語。

〔七〕報德有善，《論語·憲問》：「以直報怨，以德報德。」

〔八〕央，宋《金石録》卷第十四漢祝長嚴訢碑云：「經設三命，君獲其央。」金文明《〈金石録〉校證》：「央，三長本作『殃』。案原文當作『央』。《隸辨·平聲下·陽》云：『《無極山碑》：來福除央。』《隸釋》云：『以央爲殃。』按，《吴仲山碑》：『而遭禍央。』《嚴訢碑》：『君獲其央。』『殃』皆作『央』。」（該書第二二六頁）可爲證。

第五

春位東方，音角木德〔一〕。夏至於南，徵火營惑〔二〕。秋分西商，金象兵革〔三〕。立冬水冰，羽聲在北〔四〕。中央土宮，赤青白黑〔五〕。陽消於上，至子而息，陰隨盛衰，雲榑相代。寒往暑來〔六〕，不失法則。

【注释】

〔一〕春位東方，音角木德，《淮南子·時則訓》：「孟春之月，招搖指寅，昏參中，旦尾中。其位東方，其日甲乙，盛德在木，其蟲鱗，其音角。」漢高誘注：「太皞之神治東方也。甲乙，木日也。盛德在木，木王東方也。」又注：「角，木也，位在東方也。」

〔二〕夏至於南，徵火營惑，《淮南子·時則訓》：「孟夏之月，招搖指巳，昏翼中，旦婺女中。其位南方，其日丙丁，盛德在火，其蟲羽，其音徵。」高誘注：「炎帝之神治南方也。丙丁，火日也。盛德在火，火王南方也。」「徵，火也。」

〔三〕秋分西商，金象兵革，《淮南子·時則訓》：「孟秋之月，招搖指申，昏斗中，旦畢中。其位西方，其日庚辛，盛德在金，其蟲毛，其音商。」高誘注：「少昊之神治西方也。庚辛，金日也。盛德在金，金王西方也。」「商，金也，位在西方。」

〔四〕立冬水冰，羽聲在北，《淮南子·時則訓》：「孟冬之月，招搖指亥，昏危中，旦七星中。其位北方，其日壬癸，盛德在水，其蟲介，其音羽。」高誘注：「顓頊之神治北方也。壬癸，水日也。盛德在水，水王北方也。」「羽，屬水也。」

〔五〕中央土宮，赤青白黑，馬王堆漢墓出土帛書《五星占》：「中央〔土〕，其帝黃帝，其丞后土，其神上爲填星。」劉樂賢《馬王堆天文書考釋》於此注説：「『土』字原缺，據文義及傳世文獻補，參看下文『疏證』部分。按照五行學説，中央屬土，故與土星（填星）相配。」（第四八頁）魏相《表奏采易陰陽明堂月令》：「中央之神黃帝，乘坤艮執繩，司下土。」該文從東、南、西、北、中五帝所司之説，與本板所述相合。漢代陰陽五行説表現在天文曆法方面，本板是一個例證。漢代桓譚《新論·離事》云：「五聲各從其方：春角、夏徵、秋商、冬羽，宮居中央，而兼四季，以五音須宮而成。」所述正與本文相合。《孔子家語·五帝》記孔子曰：「五行用事，先起於木。木東方，萬物之初皆出焉，是故王者則之，而首以木德王天下。」看來五行之説由來已久，漢儒傳承下來，在内容方面有所擴充發展而已。

〔六〕寒往暑來，此語後者見梁周興嗣撰的《千字文》。《易·繫辭下傳》：「寒往則暑來，暑往則寒來，寒暑相推而歲成焉。」爲此語所本。

第八

父尊母卑〔一〕，禮各有理，舉□己記，毋擅游己，奉行法度〔二〕，不得變改，過坐必趨〔三〕，爲机杔□，隱語伏對，有命乃起〔四〕，身供侍食，毋使兒婦，惡言咄啐〔五〕，不加左右，母則先終，服基（朞）而止〔六〕。

【注释】

〔一〕父尊母卑，這是封建倫理觀念「男尊女卑」在家庭中的體現。

〔二〕奉行法度，此語又見後面第三七板。奉行，遵照執行。《漢書·魏相傳》：「方今務正在奉行故事而已。」所以説「不得變改」。

〔三〕過坐必趨，「趨」是小步快走，以此表示恭敬。

〔四〕隱語伏對，有命乃起，隱語，有話不直説，用暗示，見《漢書·東方朔傳》。伏對，是在跪時面朝下，體前屈答話。有命乃起，是説直到父母發話讓起來，纔起來。

〔五〕咄啐，《孟子·告子上》：「嘑爾而與之，行道之人弗受。」漢趙岐注：「嘑爾猶呼爾，咄啐之貌。」

〔六〕母則先終，服基（朞）而止，指爲先去世的母親，服一年的喪。

第九

孝子執操〔一〕，請狠〔二〕温柔，昏定晨星（省）〔三〕，晝夜不休。恒常慎戒，靡遺親𢝊（憂）〔四〕，父母在焉，義弗遠游，則厥有方〔五〕，不必有期，詹（瞻）視〔六〕侍疾，本問良醫〔七〕，先嘗食藥，身自試之〔八〕，如其善惡，瘉病將不。

【注释】

〔一〕執操，堅持操守，東方朔《七諫·哀命》：「怨靈脩之浩蕩兮，夫何執操之不固。」（《全上古三代秦漢三國六朝文》第二六三頁）

〔二〕請貇，請可讀清，《論語·微子》：「身中清。」集解引馬注：「清，純潔也。」貇，誠懇。

〔三〕昏定晨星（省），謂子女對於父母，晚上安置就寢，早上省視問安。《禮記·曲禮上》：「凡爲人子之禮，冬温而夏清，昏定而晨省。」

〔四〕恒常慎戒，靡遺親憂，慎戒，謹慎戒懼。王褒《四子講德論》：「南容三復白珪，孔子睹其慎戒。」遺，遺留。靡遺親憂，是説不要給父親、母親留下憂愁。

〔五〕父母在焉，義弗遠游，則厥有方，《論語·里仁》：「子曰：『父母在，不遠游，游必有方。』」

〔六〕詹視，應讀瞻視。

〔七〕良醫，《淮南子·人間訓》：「是猶病已惓而索良醫也。」

〔八〕先嘗食藥，身自試之，《禮記·曲禮下》：「君有疾，飲藥，臣先嘗之；親有疾，飲藥，子先嘗之。」

第一〇

親老終没，飲粥〔一〕足息，哭泣辟踴〔二〕，悲毐（讀「哀」）凄惻，气竭而止，退却府（俯）伏，毀不滅姓，三日而食〔三〕，制衣斬衰〔四〕，持三年服〔五〕，喪事乃言，非即堅墨〔六〕，飡（飧）飯麤糲，容貇（貌）不飭〔七〕，既塟（葬）祭祠，思墓（慕）毋極〔八〕。

【説明】

本板所述可參看《禮記》中的《問喪》《間傳》《喪大記》等篇。

【注释】

〔一〕粥，應讀爲粥。飲粥，即食粥。或説「歠粥」（《大戴禮記·哀公問五義》）。《禮記·問喪》説「親始死」時「水漿不入口，三日不舉火，故鄰里爲之糜粥以飲食之」。

〔二〕哭泣辟踴，《禮記·問喪》又説：「三日而斂，在牀曰尸，在棺曰柩。動尸舉柩，哭踴無數……故曰『辟踴哭泣，哀以送之，送而往，迎精而反』也。」

〔三〕毀不滅姓，三日而食，是説居喪哀毀，不令生者殞滅。《孝經·喪親》：「三日而食，教民無以死傷生。毀不滅性，此聖人之政也。」唐玄宗注：「不食三日，哀毀過情，滅性而死，皆虧孝道。」《孔子家語·本命》：「三日而食，三月而沐，期而練，毀不滅性，不以死傷生。」《禮記·喪服》亦載此語。

〔四〕斬衰，用粗麻布製成，不縫下邊的喪服，爲五服中最重的一種。

〔五〕持三年服，服斬衰喪服三年。

〔六〕喪事乃言，非即堅墨。我國上古喪事有以墨塗面的禮俗，《孟子·滕文公上》：「孔子曰：『君薨，聽於冢宰，歠粥，面深墨。即位而哭，百官有司，莫敢不哀，先之也。』」

〔七〕飧飯麤糲，容貇（貌）不飭，飧，《説文》：「餔也。」本指夕食（晚餐），但典籍「渾言之」（段注），亦指飯食。麤糲，麤即粗字，《史記·刺客列傳》張守節正義：「糲，猶麤米也，脱粟也。」指粗米而言。貇同⿰豸頁（即貌），見《龍龕手鑑·豸部》。

〔八〕既塟祭祠，思慕毋極。《禮記·三年問》：「三年之喪，二十五月而畢，哀痛未盡，思慕未忘。」

第二

念□（我）父母，恩甚厚大，愛深無量〔一〕，德不可蓋，抱撫含哺，衣被結帶〔二〕，將望拘抱，不使觸害〔三〕，自饑食之，未嘗解懷〔四〕，及孫耐養，年已耆艾〔五〕，紃（細）思何傷，摧于肝肺〔六〕，謹供如母，資服奉歲。

【注释】

〔一〕愛深無量，無量，没有窮盡。宋玉《神女賦》：「私心獨悦，樂之無量。」

〔二〕抱撫含哺，衣被結帶，哺，《説文》：「哺咀也。」段注：「釋玄應引許《淮南》注曰：『哺，口中嚼食也。』」含哺，指口中含著所嚼的食物，古人常先自己嚼爛食物用來餵養嬰兒。衣被結帶，當指嬰兒包裹在衣被裏時用帶子束縛手脚，防止亂動。

〔三〕不使觸害，不使受到傷害。

〔四〕自饑食之，未嘗解懷，解懷指母親解開胸前衣服放下孩子。這兩句是説連自己餓了吃飯，都不放下抱著的孩子。

〔五〕及孫耐養，年已耆艾，耐養，耐通能，《漢書·食貨志》：「能風與旱」，顔注：「能讀曰耐。」耐養即能養。耆艾，指年老，古書或説六十曰耆（《禮記·曲禮上》），或説七十曰耆（《後漢書·韋彪傳》注引《禮記》），或曰五十曰耆艾，《禮記·檀弓上》「五十以伯仲」，疏：「年至五十耆艾。」

〔六〕細思何傷，摧于肝肺，何傷，常用爲何妨、何害之義，如《論語·先進》：「子曰：『何傷乎？亦各言其志也。』」但本板爲多麽傷心之義，故曰「摧于肝肺」。

第一二

兄弟甚傶〔一〕，崇陸（睦）獲福，調和心腸，和適顔色。恭惠順從，忠誠翼翼〔二〕，怡怡嚙嚙〔三〕，以義相勑〔四〕。涉難攻苦〔五〕，事事盡力。罪過自悔，毋問曲直〔六〕。通共計會〔七〕，秆□不匿。□任偦（隨）喪，十三（？）□陜。

【注释】

〔一〕傶，通「戚」。漢牘《蒼頡篇》第十五板：「親傶弟兄」，水泉子漢簡七言本《蒼頡篇》「傶」作「戚」，可證。

〔二〕翼翼，《廣雅·釋訓》：「盛也。」所訓不合文意。《詩·大雅·文王》：「厥猶翼翼」，毛傳：「翼翼，恭敬也。」當是。

〔三〕怡怡嚙嚙，怡怡，兄弟和睦之狀。《論語·子路》：「朋友切切偲偲，兄弟怡怡。」嚙嚙，可讀齪齪，《漢書·申屠嘉傳》：「齪齪廉謹」，顏注：「⿰足齒⿰足齒，持整之貌。」

〔四〕以義相勑，勑通勅，意即以義相戒敕。

〔五〕涉難攻苦，涉難，涉歷災難，《呂氏春秋·士容》：「臨患涉難，而處義不越。」攻苦，能吃苦，見《史記·劉敬叔孫通列傳》。

〔六〕罪過自悔，毋問曲直，有了罪過要自己悔改，不要管孰對孰錯。

〔七〕通共計會，「計會」一詞又見本書《蒼頡篇》第一板，因爲兄弟在一起生活，經濟上不分你我，所以「通共計會」。

第一三

上庇父母〔一〕，□□…□…所疾小□，務□竭盡，永本（？）□苦，大義〔二〕通（？）□，官予毋□，有無多少，自□（能？）相足〔三〕，追（？）患被難，禍亂相赴〔四〕，喪服基（朞）年，必崇絶嘗。

【注释】

〔一〕上庇父母，表明漢代仕宦者「孝」的觀念。

〔二〕大義，《左傳·隱公四年》：「君子曰：『石碏，純臣也，惡州吁而厚與焉。大義滅親，其是之謂乎！』」楊伯峻、徐提謂：「大義，合於治國人倫之大理。」（《春秋左傳詞典》第四五頁）

〔三〕官予毋□，有無多少，自□（能？）相足，此數語表明與人互助的狀況。

〔四〕追（？）患被難，禍亂相赴，是説遭遇災難時，有禍亂則一起前赴。被難，遭逢災難，見《周書·韋祐傳》。相赴，《爾雅·釋詁》：「赴，至也。」仲長統《昌言》云：「救患赴急，跋涉奔波者，憂樂之盡也。」（《文選·齊竟陵王行狀》注，載《全上古三代秦漢三國六朝文·全後漢文》卷八九）文意較爲接近，可參證。

第一四

羣父從弟〔一〕，不次近親，尊事以禮，德欲普均〔二〕，顧望抔弱〔三〕，毋獨營昌，惡于遠此，而近之心〔四〕，散財妄施，貧者棄捐〔五〕，榮□（譽？）⿰口流（流）延，羞污先君〔六〕，務□爲隱，罪惡無□，□□□□…（缺四字）

【注释】

〔一〕羣父從弟，是指父親的兄弟（伯、叔）之子，見《爾雅·釋親》。古人族居，因而這些親屬來往較多。

〔二〕德欲普均，普均，普遍平均。《易·乾》：「見龍在田，德施普也。」

〔三〕抔弱，撫養弱者。抔，通捊，此讀拊。

〔四〕惡于遠此，而近之心，意即厭惡於（某人或某種做法）。《孝經·天子》：「子曰：『愛親者，不敢惡於人；敬親者，不敢慢於人（以下從略）。』」遠此，「此」是指對羣父從弟「尊事以禮，德欲普均，顧望抔弱，毋獨營昌」的做法，「遠此」是指遠離這種做法的人。作者認爲遠離這種做法的人是不對的，因而需要「近之心」。

〔五〕棄捐，有拋棄、人死亡二義，此似用前一義，指被拋棄，例見《戰國策·秦策五》。

〔六〕榮□（譽？）流延，羞污先君，流延，猶流衍，廣泛流傳。揚雄《劇秦美新》：「俾前聖之緒，布濩流衍而不韞韣。」羞污先君，使先君蒙羞受辱。

第一五

諸羣兄弟〔一〕，恩存不離，承事以禮，務別尊卑，恭孫（遜）⿰口兼讓〔二〕，固執毋移〔三〕，患禍痛惪（憂）〔四〕，疾病相窺〔五〕，開道（導）愚誠〔六〕，扶將佒罷〔七〕，毋尊赴⿰口建，而忽輾羸〔八〕，聞惡絶滅，蔽匿瑕疵〔九〕，喪服五月〔一〇〕，必勉從險（儉）〔一一〕。

【注释】

〔一〕諸羣兄弟，應指同一宗族（同一高祖）的同輩兄弟。

〔二〕恭孫□兼讓，即恭遜謙讓。恭遜，《管子·小稱》：「脩恭遜、敬愛、辭讓、除怨、無争以相逆也，則不失於人矣。」

〔三〕固執毋移，「固執」猶言堅持。失序號第八：「固執毋忄□」，「固執」義同。

〔四〕患禍痛憂，《孝經》邢疏三：「《蒼頡篇》：謂患爲禍。」（《重輯〈蒼頡篇〉》卷上）是患、禍二字同義，亦作「禍患」（《荀子·大略》）。本句是説彼此爲發生災禍而痛心擔憂。

〔五〕疾病相窺，窺指探視，此句是説生病時前往看望。

〔六〕開道（導）愚誠，開道，《荀子·儒效》：「上則能大其所隆，下則能開道不己若著。」愚誠，雖愚却誠實者。

〔七〕怏罷，怏通央，義爲久，《莊子·列禦寇》：「緣循偃怏困畏。」《釋文》：「怏本亦作央。」《素問·生氣通天論》：「精神乃央。」注：「央，久也。」罷，通疲，「怏罷」應指久病之人。

〔八〕輾贏，當是一個詞，其義待考。玄應《正法念經音義》：「輾，車行處也。」（《重輯〈蒼頡篇〉》卷下）與此處文意不合。

〔九〕聞惡絶滅，蔽匿瑕疵，聞知（羣兄弟中有人）的罪惡要消除掉，隱藏其缺點過失不説。

〔一〇〕喪服五月，服五個月的喪服。《儀禮·喪服》：「小功布衰裳，澡麻帶絰五月者。叔父之下殤，適孫之下殤，昆弟之下殤。大夫庶子爲適昆弟之下殤。爲姑姊妹女子子之下殤。爲人後者，爲其昆弟從父昆弟之長殤。」此處的「昆弟」、「從父昆弟」，就是本板所説的「諸羣兄弟」。

〔一一〕必勉從險，險通儉，《易·屯·象傳》：「動乎險中。」《劉脩碑》險中作儉中。《易·否·象傳》：「君子以儉德辟難。」《集解》引虞翻曰：「儉或作險。」（《古字通假會典》第二五四頁）此句指喪事從儉。

第一六

同宗總會，羣兄弟子〔一〕，屬次流□者（緒？），及妻父母〔二〕，君喪貴臣〔三〕，俊游朋友〔四〕，緦麻三月〔五〕，溉（既）堲（葬）而止。父位執下，夫服婦道，女已出嫁，降等一紀〔六〕，喪事必勉，加厚祭祀，慎毋笑戲〔七〕，矜莊爲右。

【注释】

〔一〕同宗總會，羣兄弟子，應指同一宗族（同一高祖）的同輩兄弟之子。

〔二〕妻父母，岳父、岳母。《儀禮·喪服》：「妻之父母，傳曰：何以緦，從服也。」

〔三〕君喪貴臣，《儀禮·喪服》：「貴臣、貴妾，傳曰：何以緦也？以其貴也。」

〔四〕俊游朋友，《儀禮·喪服》又説：「朋友皆在他邦，袒免，歸則已。朋友，麻。」此板所言均與《儀禮·喪服》相合。

〔五〕緦麻三月，《儀禮·喪服》注：「緦麻，緦布衰裳而麻絰帶也。」（據《説文》緦字段注校）這是五服中最輕的喪服，服期三個月。

〔六〕降等一紀，降等，《禮記·曲禮上》：「主人就東階，客就西階。客若降等，則就主人之階。主人固辭然後客復就西階。」「降，下也。」降等，表示謙抑。本板表示降低禮制規格。一紀，通常爲十二年。歲星（木星）繞地球一周十二年，故古人以十二年爲一紀。

〔七〕慎毋笑戲，班昭《女誡》：「清静自守，無好戲笑，絜齊酒食，以供祖宗，是謂繼祭祀也。」

第一七

嫂叔無服〔一〕，不制親疏，以兄弟故，資喪自如〔二〕。義不通問，及與記書〔三〕，往來皆止，無獨同居，禁共簪差，飭篋籢盂，衣履巾蔑，粉鏡欲殊〔四〕，器臧各異，勿相茇舒〔五〕，慎毋聽視，察人妻夫。

【注释】

〔一〕嫂叔無服，《禮記·檀弓》：「嫂叔之無服也，蓋推之遠之也。」强調男女授受不親，保持距離。

〔二〕資喪自如，《逸周書·大聚解》：「資喪比服。」孫詒讓《周書斠補》卷二云：「『資喪，即《周禮·大司徒》：『四閭爲族，使之相葬。』』」（第九三頁）

〔三〕義不通問，及與記書，《禮記·曲禮上》：「嫂叔不通問。」清朱彬《禮記訓纂》云：「注：『謂相稱謝也。』朱氏軾曰：『謂不親相問答也。』江氏永曰：『有當問者，使人傳之。』」記書，應作寄書，指通信。通信也不允許。

〔四〕「禁共簪差」四句，簪差，應讀「簪釵」。簪，慧琳《集沙門不拜俗議》音義：「笄也，男子以固冠，婦人爲首飾。」籢，玄應《涅槃經音義》：「匳、盛鏡器名也，謂方底者也。」（以上皆見《重輯〈蒼頡篇〉》卷上）簪差（釵）、飭篋籢盂、衣履巾蔑、粉鏡，都是生活用品，禁止共同使用。欲殊，要分開保管。

〔五〕葭舒，似應讀投舒，漢牘《蒼頡篇》第五三板用設爲投，可爲證。投義爲贈送，《詩·大雅·抑》：「投我以桃，報之以李。」舒，展開。本板所述内容，可參看《禮記·曲禮上》：「男女不雜坐，不同椸枷，不同巾櫛，不親授。」

第一八

女生外鄉，成於它人，至其有行，□（始？）去二親〔一〕，年未十五，教以禮倫〔二〕，義所不得，親授傳言，喘（端）愨〔三〕清絜，毋窺牖門，傅母〔四〕則亡，毋獨東西，許嫁要繫，不有厥身〔五〕，廿（二十）適夫，爲服三年〔六〕。

【注释】

〔一〕至其有行，□（始？）去二親，《詩·邶風·泉水》：「女子有行，遠父母兄弟。」有行，指出嫁。

〔二〕年未十五，教以禮倫，《禮記·内則》載女子「十有五年而笄」。注：「女子許嫁，笄而字之。其未許嫁，二十則笄。」《穀梁傳·文公十二年》：「女子十五而許嫁。」《儀禮·士昏禮》：「女子許嫁，笄而禮之，稱字。」

〔三〕喘愨，即「端愨」，《荀子·修身》：「端愨順弟，則可謂善少者矣。」

〔四〕傅母，保母，《穀梁傳·襄公三十年》：「伯姬曰：『婦人之義，傅母不在，宵不下堂。』」

〔五〕許嫁要繫，不有厥身。下板「感繫女時」，都是説定終身。《禮記·曲禮上》：「女子許嫁，纓，非有大故，不入其門。」正義：「纓有二時：一是少時常佩香纓，二是許嫁時繫纓。此則爲許嫁時繫纓。何以知然者，《内則》云：『男女未冠笄紟纓』，鄭以爲佩香纓，不云纓之形制。此云『許嫁』，有從人之端也。又《昏禮》：『主人入，親説婦纓。』鄭注云：『婦人十五許嫁，笄而禮之，因著纓，明有繫也。蓋以五采爲之，其制未聞。』」説出了「要繫」即「有繫」之義。繫纓，是表示女子有繫屬之義。

〔六〕廿適夫，爲服三年，《禮記·內則》説女子「二十而嫁。有故，二十三年而嫁」。注：「故，謂父母之喪。」女子一般二十歲出嫁，此時如遇父母之喪，就要服三年之喪，推遲到二十三歲出嫁。所以説「不有厥身」。

第一九

男子八歲，學書文字，十五受經，問知奇異〔一〕，廿而冠，行成人事〔二〕，感繫女〔三〕時，在役五載，媒妁窺觀，方乃納采〔四〕，問名卜兆，但告毋徛〔五〕，三十親迎，執綏降志〔六〕，教以婦道，順從人意〔七〕。

【説明】

關於本板所記男子受教育、成人及娶妻過程，《禮記·內則》記男子「六年，教之數與方名（鄭注：方名，東西）。七年，男女不同席，不共食。八年，出入門户及即席飲食，必後長者，始教之讓。九年，教之數日（注：朔望與六甲也）。十年，出就外傅，居宿於外，學書計。衣不帛襦袴。禮帥初，朝夕學幼儀，請肄簡諒（注：肄，習也。諒，信也。請習簡，謂所書篇數也。請習信，謂應對之言也）。十有三年，學樂，誦詩，舞勺。成童，舞象，學射御（注：成童，十五以上）。二十而冠，始學禮，可以衣裘帛，舞大夏，惇行孝弟，博學不教，內而不出。三十而有室，始理男事，博學無方，孫友視志（注：室，猶妻也）」。二者所言頗有同異之處。

【注释】

〔一〕「男子八歲」四句，《漢書·食貨志》載：「八歲入小學，學六甲五方書計之事，始知室家長幼之節。十五入大學，學先聖禮樂，而知朝廷君臣之禮。」所述反映了漢代男子從小到大的學習過程，與本板所言互有詳略，大體一致。奇異，即《史篇一》第二板的「雜物奇恠（怪）」之類。

〔二〕廿而冠，行成人事，冠，冠禮，古代男子二十歲行加冠禮，表示成年。見《禮記·冠義》。

〔三〕繫女，第十八板述女子「許嫁要繫」，是同一禮俗。

〔四〕媒妁窺觀，方乃納采，媒妁，即媒人，《孟子·滕文公下》：「不待父母之命，媒妁之言。」《禮記·曲禮上》：「男女非有行媒，不相知名。」是説通過媒妁方能定婚。納采，《禮記·昏義》：「是以昏禮納采、問名、納吉、納徵、請期」，朱彬《禮記訓纂》卷四十四：「《正義》：納采者，謂采擇之禮。故《昏禮》云：『下達，納采，用雁。』《白虎通》云：『雁取其隨時南北，不失節也。』」

〔五〕問名卜兆，但告毋倚，朱彬《禮記訓纂》卷四十四：「問名者，問其女之所生母之姓名。《昏禮》云『爲誰氏』，言女之母何姓氏也。」問名卜兆，是説問名之後還要占卜看卜兆。但告毋倚，倚，《玉篇》：「倚，慽倚，儉急。又儉意也。」是説此禮不可省去。

〔六〕三十親迎，執綏降志，親迎是男方迎娶，在納采、問名、納吉、納徵、請期之後。《禮記·昏義》載：「父親醮子而命之迎，男先於女也。」又載：「子承命以迎…… 降出，御婦車，而壻授綏，御輪三周，先俟于門外。」《禮記訓纂》：「《正義》：命迎者，欲使男往迎之，女則從男而來也……壻降西階而出，親御婦車。婦升車之時，壻授之以綏，御婦車之輪三匝，然後御者代壻御之。」執綏，是指婦登車時，從壻手中接過手挽的用來登車的繩索，此繩索謂之「綏」。

〔七〕教以婦道，順從人意。婦道，爲婦之道，《禮記·昏義》：「教以婦德、婦言、婦容、婦功。」婦道尤强調的是婦德。婦道見《穀梁傳·襄公三十年》：「遂逮乎火而死，婦人以貞爲行者也，伯姬之婦道盡矣。」

第二〇

毋怨父兄，己□□□，流亡□子，婦承勑□，不艾□有〔一〕，疆巡極根（很或狠？），□□□湯，□□□□，以自乃已，肥（？）開迦（遯）（？）志〔二〕，氣長人顯，父母不弔（淑）〔三〕，□□□□，疕兮日益，昌瑞盡（此處原漏一字），人子酒肉〔四〕，□□雨露，乎受福履〔五〕。

【説明】

此章十八句應爲七十二字，只此一板。

【注释】

〔一〕不艾，《孟子·萬章上》説：「自怨自艾。」不艾，是説不要埋怨。

〔二〕遯志，即遁志，晉陸雲《榮啓期贊》：「自昔逸氏，遁志山林。」

〔三〕氣長人顯，父母不弔，氣長人顯，《淮南子·人間訓》有「氣充志驕」一詞，義似相近。父母不弔，不弔亦作「不淑」，王國維考釋「不淑」時説：「本義爲不善，古多用爲遭際不善之專名。古弔、淑同字，若之何不弔，亦即如何不淑。」（《論詩書成語》，《觀堂集林》卷二）《詩·王風·中谷有蓷》：「遇人之不淑矣。」朱熹《詩集傳》：「淑，善也。古者謂死喪饑饉皆曰不淑。蓋以吉慶爲善事，凶禍爲不善事，雖今人語猶然也。」故父母不弔，應指父母之喪。

〔四〕昌瑞盡，人子酒肉，昌瑞，《論衡·訂鬼》：「國且昌，昌瑞到矣。」指昌盛之瑞。人子酒肉，似乎指人子用酒肉祭父母。

〔五〕福履，履義猶禄，《詩·周南·樛木》：「樂只君子，福履綏之。」毛傳：「履，禄；綏，安也。」

第二一

夫婦配匹，最迷久長〔一〕，人道〔二〕泰初，序在三綱〔三〕，化之神…（缺一字），難以不臧，禁惡妒嫉，嘉尚嚴莊〔四〕，男資三年，獨可□…（缺一字），唯（誰）念悲痛，可爲傷已，慎毋從（？）斯，專營夫子，衣補貴用，務以道理〔五〕。

【注释】

〔一〕夫婦配匹，最迷久長。是説夫婦之道最應長久。《易·序卦》：「有天地，然後有萬物，有萬物然後有男女，有男女然後有夫婦。夫婦之道不可以不久也，故受之以恒，恒，久也。」

〔二〕人道，做人的道理。參見第一板。

〔三〕三綱，君爲臣綱，父爲子綱，夫爲妻綱。《白虎通·三綱六紀》：「三綱者，何謂也？謂君臣、父子、夫婦也。」董仲舒《春秋繁露·基義》謂「王道之三綱，可求於天」。「三綱」之語，漢代還見於《漢書·谷永傳》：「勤三綱之嚴。」《太玄·永》次五：「三

綱得於中極，天永厥福。」（據王應麟《困學紀聞》卷七）

〔四〕禁惡妬嫉，嘉尚嚴莊，禁惡，禁止和厭惡。嘉尚，稱贊，語見《三國志・魏志・滿寵傳》。嚴莊，嚴肅莊重，語見《管子・形勢解》。此語後多用倒文「莊嚴」。

〔五〕衣補貴用，務以道理，衣補，縫補衣被，《史記・淮南衡山列傳》：「求女無夫家者三萬人，以爲士卒衣補。」衣補貴用，是説縫補衣被貴在能用。務以道理，務必以「道」來理。

第二四

婦人初入，專制財使〔一〕，始而求深，即新如舊，將護家室，從次擅事，輕易（易）甥（舅）姑，禮節不備〔二〕，飭非〔三〕讕詨〔四〕，盜竊蔽匿，往來口舌，反覆謾欺，承夫不謹，毋子絶字〔五〕，義皆當棄，慎毋久置〔六〕。

【説明】

自「輕易舅姑」至「義皆當棄，慎毋久置」，古禮有「出妻」謂之「七出」，《儀禮・喪服》「出妻之子爲母」，疏：「七出者，無子一也，淫泆二也，不事舅姑三也，口舌四也，盜竊五也，妬忌六也，惡疾七也。」可與本板文字相參證。

【注释】

〔一〕婦人初入，專制財使。初入，指初次嫁入夫家。專制，義爲掌管。財使，財通纔，《漢書・杜欽傳》：「迺爲小冠，高廣財二寸。」師古曰：「財與纔同，古通用字。」財使，即纔使。專制財使，意即纔使掌管（家務事）。

〔二〕從次擅事，輕易舅姑，禮節不備，《禮記・内則》説：「婦事舅姑，如事父母。」又説：「子婦孝者敬者，父母舅姑之命勿逆勿怠。」又説：「凡婦不命適私室，不敢退。婦將有事，大小必請於舅姑。」當時凡做不到這些，就被視爲「輕易舅姑，禮節不備」。

〔三〕飭非，文過飾非。

〔四〕讕詸，讕，《説文》：「抵讕也。」段注：「猶今俗語云抵賴也。」詸，字書未載。古從敄聲字每與從冒聲字相通。如務與冒通，《荀子・哀公》：「古之王者有務而拘領者矣。」楊注：「務讀爲冒。《尚書大傳》曰：『古之人衣上有冒而句領者。』」楙與勖通，《書・盤庚下》：「楙建大命」，《漢石經》楙作勖（《古字通假會典》第七〇、七七一頁）可爲證。故「詸」通「媢」，嫉妒意，《説文》段注引《論衡》云：「妬夫媢婦生則忿怒鬬訟。」

〔五〕毋子絶字，即無子，不能生育。字，生育。

第二八

居務清靜（静），閉門脩己〔一〕，無相從隨，游湯〔二〕鄰（里）……（缺四字）戲人兒婦，蹲夷〔三〕□□，毋所□⿺辶□，角执（埶）語矜〔四〕……（缺四字），聚衆女毀，幾議⿰扌□子，衆愚〔五〕雜會，不知相止，人之……（缺六字）

【注释】

〔一〕閉門脩己，脩己，《論語・憲問》：「脩己以敬。」《潛夫論・巫列》：「不若修己，小心畏慎。」全句説關起門來自己修爲。

〔二〕游湯，即游蕩，閒游放蕩。《後漢書・西南夷傳・邛都》：「俗多游蕩，而喜謳歌，略與牂柯相類。」

〔三〕蹲夷，指踞坐，亦即箕踞。賈誼《新書・等齊》：「諸侯王所在之宮衛，織履蹲夷，以皇帝所在宮法論之。」這種坐姿來自夷人，被視爲無禮。

〔四〕角執語矜，角執，即角勢，較量勢力的强弱。《論衡・齊世》：「及至秦漢，兵革雲擾，戰力角勢，秦以得天下。」執字的這一寫法，參看《漢語大字典》第四五五頁。語矜，矜同矜，自誇。

〔五〕衆愚，對民衆的輕蔑之稱。猶「羣愚」，《費鳳別碑》：「非羣愚之所頌。」（《隸釋》卷九）

第三〇

君國臨衆〔一〕，民之父母〔二〕，務崇仁愛〔三〕，若保赤子〔四〕，躬先自…（缺一字），勑政〔五〕於己，拓選其匿，尊録賢士，御臣以德，謹□所□，勿止舉錯〔六〕，必慎作始，賞誠罪必〔七〕，□議逆使，循名積（責）實〔八〕，不失剛紀。

【注释】

〔一〕君國臨衆，君國，《國語・晉語四》：「君國可以濟百姓。」臨衆，《漢書・東方朔傳》：「臨衆處官，不能治民。」

〔二〕民之父母，《孟子・梁惠王上》：「爲民父母，行政，不免於率獸而食人，惡在其爲民父母也？」

〔三〕務崇仁愛，《説苑・君道》：「晉平公問於師曠曰：『人君之道如何？』師曠曰：『人君之道，清静無爲，務在博愛，趣在任賢（以下從略）。』」

〔四〕若保赤子，《書・康誥》：「若保赤子。」《荀子・王霸》：「上之於下，如保赤子。」

〔五〕勑政，勑通敕、飭，即敕正或飭正，通過整飭自身而端正，《漢書・翟方進傳》：「方進，國之司直，不自敕正以先羣下。」

〔六〕舉錯，錯通措，《論語・顔淵》：「子曰：舉直措諸枉，能使枉者直。」舉是提拔，措是放置（參看楊伯峻《論語譯注》第二〇頁）。《史記・秦始皇本紀》載瑯琊石刻：「舉錯必當，莫不如畫。」

〔七〕賞誠罪必，《管子・九守》曰：「用賞者貴誠，用刑者貴必。」（參看王念孫《讀書雜志》十四，《淮南内篇》第十五「誠必」條）類似説法有「賞信罰必」。《六韜・賞罰》：「太公曰：『凡用賞者貴信，用罰者貴必。賞信罰必，於耳目之所見聞，則所不見聞者莫不陰化矣。』」

〔八〕循名責實，是要求名實相副，《韓非子・定法》：「因任而授官，循名而責實。」《淮南子・主術訓》：「循名責實，使有司任而弗詔，責而弗教。」更早的著作《鄧析書》云：「爲君者滅形匿影，群下無私，掩目塞耳，萬民恐震，循名責實，案法立成，是謂明主。」（《太平御覽》卷六二〇引）

第三一

朝廷論議〔一〕，愛民爲務，忠恕〔二〕毋私，以義度可〔三〕，訟求道圻（行），禁於原佷〔四〕，非者從是〔五〕，勿獨專典〔六〕，惡於擅辯〔七〕，盛色往忿〔八〕，衆□復言，事不洋（詳）盡，疑問大人〔九〕，毋妄意隱，懷詐亂□，咮（殊）不可忍。

【注釋】

〔一〕朝廷論議，賈山《至言》：「與大臣方正朝廷論議。」

〔二〕忠恕，《論語·里仁》：「曾子曰：『夫子之道，忠恕而已矣。』」所謂忠恕，楊伯峻説：「恕，孔子自己下了定義：『己所不欲，勿施於人。』『忠』則是『恕』的積極一面，用孔子自己的話，便應該是：『己欲立而立人，己欲達而達人。』」（《論語譯注》第三九頁）

〔三〕以義度可，用「義」來衡量（或把握）什麽事情可以做。

〔四〕訟求道行，禁於原佷，道行，《論語·公冶長》：「道不行，乘桴浮于海。」原佷，《國語·晉語九》：「心佷敗國，面佷不害。」《玉篇·人部》：「佷，戾也。本作很。」佷有凶狠和剛愎、違逆二義，從上下文判斷，似指違逆義。

〔五〕非者從是，錯的要服從對的。

〔六〕專典，似指壟斷對「典」（法令）的解釋權。

〔七〕惡於擅辯，惡是厭惡，這裏是討厭能言擅辯。

〔八〕盛色，謂言辭、神色嚴厲，《鹽鐵論·箴石》：「若夫劍客論，博弈辯，盛色而相蘇。」忿，與悤同。《三國志·吴志·孫和傳》：「無事忿忿。」

〔九〕大人，《孟子·盡心下》：「説大人，則藐之。」「大人」是指尊貴者。本板當指長官。故「疑問大人」，是説事有疑問輒問長官。

第三四

□民之義，各安厥土，樂其産業〔一〕，守視先祖，奉給公上，春秋祠社〔二〕，案比筭護，家長應户〔三〕，自實仺（倉）數〔四〕，毋脱比伍〔五〕，勿擅削滅，增減券薄〔六〕，畏吏從令，敬正門者〔七〕，更賦以時，起居隨鼓〔八〕。

【注释】

〔一〕産業，指私人財産，語見《韓非子·解老》。包括田宅、奴婢、牛馬等在内。

〔二〕春秋祠社，漢代春秋兩季祭社神。

〔三〕案比筭護，家長應户，案比，漢代每年都要由縣、道官吏登記驗查户口，稱爲「案户比民」，簡稱「案比」。《後漢書·安帝紀》：「方今案比之時，郡縣多不奉行。」筭護，即算護，算，計算；護，《蒼頡篇》：「辨也。」分辨。漢代農民須繳口賦、算賦、服徭役，凡此需要計算、分辨。家長應户，由家長出面應對。

〔四〕自實仺數，仺即倉字，《説文》倉字下載奇字倉作仺，爲其所出。是説向政府申報自己占有土地所生産的糧食的倉數。古書中「自實……」的説法，如《史記·秦始皇本紀》：「三十一年」，集解引徐廣曰：「使黔首自實田也。」

〔五〕毋脱比伍，比伍是古代居民基層編制，《周禮·地官·族師》：「五家爲比，十家爲聯。五人爲伍，十人爲聯。四閭爲族，八閭爲聯。」因稱「比伍」。漢代實際情況，《漢書·食貨志》載：「五家爲鄰，五鄰爲里，四里爲族，五族爲黨，五黨爲州，五州爲鄉。鄉，萬二千五百户也。」《張家山漢墓竹簡·二年律令·户律》：「自五大夫以下，比地爲伍，以辨□爲信，居處相察，出入相司。」本句自實倉數，是説不要脱離當時的居民基層編制。

〔六〕券薄，猶券書，指契約、文書。《張家山漢墓竹簡·二年律令·户律》：「民宅園户籍、年細籍、田比地籍、田命籍、田租籍，謹副上縣廷，皆以篋若匣匱盛，緘閉，以令若丞、官嗇夫印封，獨別爲府，封府户……其或爲詐（詐）僞，有增減也，而弗能得，贖耐。」

〔七〕門者，守門人，見《後漢書·孔融傳》。《二年律令·户律》：「田典更挾里門籥（鑰），以時開。」是漢初規定各地有專人掌里門鑰匙。

〔八〕更賦以時，起居隨鼓。更賦，秦漢時期以錢代役的賦稅。以時，按時，指徵發更役時。起居隨鼓，起居要聽鼓聲。《説文》：「鼜，夜戒守鼓也。禮：昏鼓四通爲大鼓，夜半三通爲戒晨，旦五通爲發明。」

第三六

臣務懷忠，爲君羽翼〔一〕，尊命敬上，固執正禮（？），有…（缺三字），惡者已服，拾遺補過〔二〕，事諫建福，燕進陳道，退…（缺三字），免至…（缺一字）志，效誠守職，過公門下，爲路馬式〔三〕，戠事居…（缺五字）。

【注释】

〔一〕爲君羽翼，桓譚《桓子新論·求輔》：「王公大人，則嘉得良師明輔；品庶凡民，則樂畜仁賢哲士，皆國之柱棟，而人之羽翼。」（《全上古三代秦漢三國六朝文·全後漢文》卷十三）

〔二〕拾遺補過，或作「拾遺補闕」。司馬遷《報任安書》：「次之，又不能拾遺補闕。」

〔三〕過公門下，爲路馬式。公門，指國君之外門。路馬，指爲君主駕車之馬。《禮記·曲禮下》：「大夫士下公門，式路馬，乘路馬，必朝服。」《漢書·薛宣傳》載御史中丞衆等奏言，「敬近臣，爲其近主也，禮下公門，式路馬，君畜産且猶敬之。」此處「下公門、式路馬」是爲了表示對君主的尊敬。

第三七

臣務執節〔一〕，不邮厥躬〔二〕，殺身輔君〔三〕，致于盛隆〔四〕。先事後食〔五〕，冀國寧豐〔六〕，倍（背）私趨公，永執大中〔七〕，奉行法度，動給於衆，□民歸（歸）皇〔八〕，城郭寬充，家給人足〔九〕，□□□□，□□□□，□流混[匚五]（？）。

【注释】

〔一〕執節，見《周禮・秋官・脩閭氏》。

〔二〕不邮厥躬，意即不顧其身。

〔三〕殺身輔君，《禮記・文王世子》記仲尼曰：「聞之曰：『爲人臣者，殺其身有益於君則爲之。』」

〔四〕盛隆，昌盛興隆，《論衡・正説》：「唐、虞、夏、殷、周者，功德之名，盛隆之意也。」

〔五〕先事後食，先忙政事而後進食。《論語・衛靈公》：「子曰：『事君敬其事而後其食。』」《孔叢子・記義》：「孔子讀《詩》及《小雅》，喟然而嘆曰：『吾於《伐檀》見賢者之先事後食也。』」類似説法有「先事而後禄」。《禮記・坊記》：「禮之先幣帛也，欲民之先事而後禄也。」

〔六〕冀國寧豐，冀，希望。寧豐，安定富裕。

〔七〕大中，《易・大有》：「彖曰：大有柔得尊位大中，而上下應之，曰大有。」王弼注曰：「處尊以柔，居中以大。」

〔八〕□民歸皇，即欲民歸往，皇、往古音同可通。《穀梁傳・莊公三年》：「王者，民之所歸往也。」

〔九〕家給人足，見《史記・商君列傳》。

第四一甲

明君取士，必以檢術〔一〕，考其舉錯，是非得失，合經者〔進〕，不則退絀〔二〕，無苟快意，專任刀筆〔三〕，嘉尚材能，量效中□，勿難於稚，舉務詭譎〔四〕，英駿勸（勸）進，樂爲輔拂（弼）〔五〕，類自⿹卂口吁，□□□□。

【注释】

〔一〕檢術，考察之術。以下説「檢術」的具體做法。

〔二〕考其舉錯四句，言行以經學爲考覈標準，是漢代尊儒所采取的用人措施。

〔三〕刀筆，指刀筆吏，《戰國策·秦策五》司馬空曰：「臣少爲秦刀筆，以官長而守小官，未嘗爲兵首。」

〔四〕舉務詭譎，詭譎是變幻義，意思是讓人猜不透。

〔五〕輔拂，《廣雅·釋詁》：「拂，輔也。」王念孫《廣雅疏證》：「拂讀爲弼……《管子·四稱篇》云：『近君爲拂，遠君爲輔。』拂與弼同。」

第四一乙

應知過失，墨（默）自省觀，勿迎所（？）⿰足口，詰詘怒鶾〔一〕，無衆諫人，至作傷顔〔二〕，微風諭〔三〕之，乃類相見，説必見用，彼有喜〔驩〕〔四〕，非親致密〔五〕，不宜直干〔六〕，有所改之，毋復道言〔七〕，毀人自功〔八〕，最取始□。

【注释】

〔一〕詰詘，亦作詰誳。義爲屈曲、曲折。《説文·言部》：「詘，詰詘也。一曰屈襞。从言、出聲。誳，詘或从屈。」怒鶾，即怒歎，憤怒歎息。

〔二〕無衆諫人，至作傷顔，不要當衆給人提意見，以致有傷臉面。

〔三〕風諭，即諷諭，班固《兩都賦·序》：「或以抒下情而通諷諭。」

〔四〕喜驩，驩常寫作驩，即歡，玄應《摩得勒律音義》引《三蒼》：「驩，古歡字。」

〔五〕非親致密，如果不是親戚或彼此關係特别密切者。

〔六〕不宜直干，直干，即直幹，庾信《周隴右總管長史贈少保豆盧公神道碑》：「直幹百尋，澄波千頃。」直幹本是説挺直的樹幹，本板喻直爽、直言無隱。

〔七〕有所改之，毋復道言，意即别人的缺點錯誤已經有所改正，就不要再説。有所改之，不同於「有則改之」（語見《論語·學而》：「曾子曰：『吾日三省吾身』」朱熹注）。

〔八〕毀人自功，詆毀别人而將功勞歸於自己。

第四二

巖（巖）穴隱士〔一〕，姚（遥）〔二〕望上指（旨），觀□（其）□（所）養，察厥聽視，能用賢人，即福奏至，敢越職進，材必殀（軼）北〔三〕，君務升擢，毋以階次〔四〕。執雉茚者〔五〕，易退難致，慎施爵禄，謹所尊利，毋令闒茸〔六〕，素飡得尸〔七〕。

【注释】

〔一〕巖穴隱士，即「巖穴之士」，指隱居荒野之人。《史記·商君列傳》：「勸秦王顯巖穴之士。」

〔二〕姚，讀遥，《睡虎地秦墓竹簡·爲吏之道》：「不時怒，民將姚去」，注釋：「姚，《荀子·榮辱》注：『與遥同。』」《荀子·榮辱》：「其功盛姚遠矣。」楊注：「姚與遥同。」

〔三〕材必殀北，殀讀軼，見本書《蒼頡篇》第一板：「超等軼羣。」北，古代君王面南坐，臣下北面朝見，故此處「北」指臣下而言。《韓非子·有度》：「賢者之爲人臣，北面委質，無有二心。」本句是説才能超過一般臣子。

〔四〕君務升擢，毋以階次，意即君王不次用人，不考慮原來職官大小。《荀子·王制》：「賢能不待次而舉，罷不能不待須而廢」。

〔五〕執雉茚者，指士而言，古代士朝見天子時執雉爲贄。

〔六〕闒茸，有卑賤、才能低下等意，《史記·屈原賈生列傳》：「闒茸尊顯兮，讒諛得志。」

〔七〕素飡得尸，猶尸位素飡（餐）。《漢書·貢禹傳》：「所謂素餐尸禄洿朝之臣也。」本板説選拔人材的事，不乏經驗之談。

第四四

處上〔一〕設下，文武必備，執要〔二〕應傳，發號奇異，虛實難則（測），道則自富，務崇謫略〔三〕，審於計謀，慰厲諫上，嘉察條記〔四〕，因衆視覽，觀百姓意，禁多章章〔五〕，使民相司〔六〕，依仇起怨，厥後毋遷〔七〕。

【注释】

〔一〕處上，《尹文子·大道》：「則處上者何事哉！」

〔二〕執要，掌握要害，《韓非子·楊權》：「聖人執要，四方來效。」

〔三〕譎略，即商略。《晉書·阮籍傳》：「與商略終古及栖神導氣之術。」譎，同商。《荀子·儒效》：「若夫譎德而定次，量能而授官。」楊倞注：「譎與商同。古字。商度其德而定位次。」

〔四〕慰厲諫上，嘉察條記，慰厲，即慰勵，安慰勉勵，《三國志·魏志·趙儼傳》：「慰勵懇切。」條記，逐條記録。

〔五〕禁多章章，章章應讀彰彰，明顯義。《吴越春秋·越王無餘外傳》：「其德彰彰若斯，豈可忘乎？」

〔六〕使民相司，《鹽鐵論·周秦》：「故自今關内侯以下，比地於伍，居家相察，出入相司。」《張家山漢墓竹簡·户律》：「自五大夫以下，比地爲伍，以辨□爲信，居處相察，出入相司。」司通覗，王念孫《廣雅疏證》卷一下：「覗者，《方言》：『覗，視也。自江而北或謂之覗。』字或作伺，通作司。」

〔七〕厥後毋還，因爲發生因仇起怨的事，其後不予升遷。

第四五

臨朝聽事，必慎然諾〔一〕，陳説大統〔二〕，與義相薄，孅界細微，難盡溉略〔三〕，槩其綱紀，使自求索〔四〕，因循察職，勿爲造作〔五〕，□才茂過陜〔六〕，使得□博，舉豪乇善〔七〕，貶幾小惡〔八〕，士咸勸進，□□（上？）□□。

【注释】

〔一〕然諾，即許諾。《文選·宋玉〈神女賦〉》：「含然諾其不分兮，喟揚音而哀歎。」

〔二〕大統，常指帝業。《後漢書·光武帝紀下》：「東海王陽，皇后之子，宜承大統。」

〔三〕孅界細微，難盡溉略，孅界，即孅介，或纖介，義爲細微。《漢書·楚孝王劉囂傳》：「楚王囂素行孝順仁慈，之國以來二十餘年，孅介之過未嘗聞，朕甚嘉之。」溉略，即概略。這兩句是説細微之事不易瞭解。

〔四〕槩其綱紀，使自求索，謂開導羣臣從朝廷綱紀方面，自己進行求索。

〔五〕因循察職，勿爲造作，《漢書·外戚傳》：「君子之道，樂因循而重改作。」「因循」謂沿襲不改，「察職」指考察任職情况，「勿爲造作」是説不要自己有什麽創造。

〔六〕過陝，陝是狹的正字，狹窄、狹小義。

〔七〕舉豪乇善，舉、乇義近，都是推舉之義，乇當讀托。豪，指傑出的人物，《鶡冠子·博選》：「德千人者謂之豪。」善，善人。《漢書·高帝紀》：「舉民年五十以上，有修行，能帥衆爲善，置以爲三老，鄉一人。」

〔八〕小惡，《易·繫辭下》：「小人以小善爲無益而弗爲也，以小惡爲無傷而弗去也。」本板指有小惡的人。

第四六甲

致思勑行〔一〕，宿（夙）興夜未（寐）〔二〕，君子所賤，在於斯二：掩蔽人美，揚人過失。見賢思齊〔三〕，慎毋妬姝〔四〕，懷賊好毀，身必放棄，高以滅姓，下則劓鼻〔五〕，隨所不若，最義所貴，於戲〔六〕至誠，斯之所謂。

【注释】

〔一〕勑行，勑同敕。《廣雅·釋詁一》：「勑，順也。」王念孫疏證：「卷二云：『敕，理也。』理亦順也。勑與敕通。」

〔二〕宿（夙）興夜未（寐），《詩·衛風·氓》：「夙興夜寐，靡有朝矣。」《鄭箋》：「常早起夜卧，非一朝然。」李斯《泰山刻石》：「夙興夜寐，建設長利。」（見嚴可均校輯《全上古三代秦漢三國六朝文》之《全秦文》卷一）

〔三〕見賢思齊，《論語·里仁》：「子曰：『見賢思齊焉，見不賢而内自省也。』」

〔四〕妬姝，應讀妒嫉，語見《荀子·不苟》。

〔五〕劓鼻，程樹德《九朝律考》於《漢律考二》下説：「劓，文帝時廢當劓鼻者笞三百，景帝元年減爲二百，中六年又減一百。」是漢文帝時已廢劓刑（該書第四四頁）。

〔六〕於戲，見《禮記·大學》引《詩》：「於戲（今《毛詩》作「於乎」）！前王不忘。」用爲感歎詞，同「嗚乎」。

第四六乙

安集衆者，咸以爲君，下之屈竭，上與毋因，有司迷惑〔一〕，不昭道真（真）〔二〕，欲稱厥職，反務刻民〔三〕，賦斂深重，過出程員〔四〕，空虗（虛）百姓〔五〕，充實倉囷，吏之若斯，皆斗稍人〔六〕，後進佡者〔七〕，慎勿踵尊。

【注释】

〔一〕有司迷惑，有司，負責的官員。迷惑，見本書《蒼頡篇》第三板：「桀紂迷惑。」

〔二〕不昭道真，昭，義爲明。道真，《漢書·劉歆傳》：「黨同門，妬道真。」顔注：「妬道藝之真也。」

〔三〕刻民，《晏子春秋·内篇問下》：「意莫下于刻民，行莫賤于害身也。」刻民，刻薄民衆。其具體表現即下文的「賦斂深重，過出程員，空虛百姓，充實倉囷」。

〔四〕程員，古書作員程，或作員呈。《睡虎地秦墓竹簡·爲吏之道》：「作務員程。」《淮南子·説山訓》：「春至旦，不中員呈，猶謫之。」《漢書·尹翁歸傳》：「有論罪，輸掌畜官，使斫莝，責以員程，不得取代。」顔師古注：「員，數也。計其人及日數爲功程。」

〔五〕空虛百姓，楊震《諫爲王聖修第疏》：「百姓空虛，不能自贍。」（《全上古三代秦漢三國六朝文·全後漢文》）

〔六〕斗稍人，喻才識器量小的人。《論語·子路》：「斗筲之人，何足算也。」

〔七〕後進佡者，「後進」一詞見《論語·先進》。此處指仕宦的後來者。佡，非《集韻》「黜」又作「佡」，此應讀「出」。《易·繫辭上》：「君子之道，或出或處。」出就是出仕做官，故「佡者」指出仕做官的人。

第五〇

囚徒牢監，循行燥〔濕〕〔一〕，械必著褔〔二〕，毋但木執，致鉗傳鈦〔三〕，毋令甚急〔四〕，百箠去節〔五〕，搒勿縣立〔六〕，禁止吏卒，與通會集〔七〕，有私餽向，轍（輒）使得人〔八〕，將護〔九〕伏作，如程〔一〇〕取及，數録閲問，解與爵（爵）邑〔一一〕。

【注释】

〔一〕囚徒牢監，循行燥〔濕〕，循行，即巡視。《吕氏春秋·季春紀》：「循行國邑，周視原野。」《居延新簡》中「破城子探方五七（E.P.T五七：一—一三五）一〇八A：「侯史廣德坐不循行部涂亭，趣具諸當所具者（以下從略）。」本板這兩句是説巡視囚徒牢監的乾濕（這是管事官吏的職責）。

〔二〕械必著褔，褔，《説文》：「編枲衣，從衣、區聲。一曰頭褔，一曰次裹衣。」桂馥《説文義證》：「編枲衣者，顔注《漢書》同，趙注《孟子》：『褐枲衣也。』」本句是説刑具必須用編枲衣裹住。

〔三〕致鉗傳鈦，《後漢書·光武帝紀》李賢注：「《蒼頡篇》曰：『鉗，鈦也。』」此指要戴鉗（鐵圈束頸）和鈦（脚鉗）。

〔四〕毋令甚急，意即不許太急（以致粗暴）。

〔五〕百箠去節，箠，指刑杖，據《漢書·刑法志》箠是用竹做的。去節，避免因此傷人。《刑法志》説「皆平節」。

〔六〕搒勿縣立，搒是拷打，縣同懸。是説不要把人懸弔拷打。以上數句多少帶有文明執法的意思。

〔七〕禁止吏卒，與通會集，禁止牢監裏的吏卒與犯人相通消息和在一起聚集。

〔八〕有私餽向，輒使得人，餽向，即餽餉，饋贈財物。《三國志·吴志·劉基傳》：「故吏餽餉，皆無所受。」故本板這兩句説有私自饋贈財物的，要查明是何人饋贈財物和接受財物。

〔九〕將護，在此爲衛護義，見《後漢書·王昌傳》。

〔一〇〕如程，程，法式，《漢書·高帝紀下》：「今獻未有程。」顔注：「程，法式也。」如程，即按照法式。

〔一一〕數録閲問，解與爵邑，録，應指省察、甄别，揚雄《太玄·窮》：「正其足，蹄于狴獄，三歲見録。」閲問，逐一詢問，見《後漢書·皇后紀上·和熹鄧皇后》。爵邑，爵位和封邑，見《史記·樊酈滕灌列傳》。

第五二

《凡將》〔一〕竟訖，《孝經》〔二〕道術〔三〕。習躬端愨（愨），事師毋忽，辭親學書，萬章當畢，辟⿰亻口（儒？）促之，勿敢詐疾，學事如此，終不潛⿺辶立〔四〕。禮儀嚴莊，設身自悉，恭敬揖讓，惡言不出，賢聖並進〔五〕，紫緺至屵〔六〕。

【注释】

〔一〕《凡將》，字書名，《漢書·藝文志》載，漢武帝時司馬相如著《凡將篇》。此書後來亡佚，今僅知爲七言一句。《説文·敘》段注：「《凡將》七言，如《蜀都賦》注引『黄潤纖美宜製襌』，《藝文類聚》引『鐘磬竽笙筑坎侯』，是也。」還有《説文》二上引「淮南宋蔡舞嗙喻」。

〔二〕《孝經》，設爲孔子與曾子問答，闡發孝道、孝治之書。原有古文、今文兩種本子，後來唐玄宗用今文作注，該本廣爲流傳。

〔三〕道術，賈誼《新書·道術》：「『請問道者何謂也？』對曰：『道者所從接物也，其本者謂之虚，其末者謂之術（下略）。』」《凡將》竟訖，《孝經》道術，表明《凡將》《孝經》都曾被書師作爲教材。《急就篇》：「宦學諷《詩》《孝經》《論》。」顏注：「言欲仕學者，必當先諷讀《詩》及《孝經》《論語》也。」

〔四〕潛⿺辶立，⿺辶立字不識，然從本板前幾句畢、疾押質韻分析，此應讀「移」，潛移指暗中發生變化。

〔五〕賢聖並進，此語見《急就篇》卷四：「賢聖並進，博士先生。」顏注：「野無隱逸，皆升朝也。」

〔六〕紫緺至屵，即紫緺至焉。《説文》：「緺，紫青色綬也。」（《太平御覽》卷六八二引）《漢舊儀》：「丞相、列侯、將軍，金印紫緺綬。」《文選·揚雄〈解嘲〉》：「紆青拖紫」，李善注：「《東觀漢記》：『印綬。漢制：公侯紫綬，九卿青綬。』」故紫緺至屵（焉），意即做到佩紫緺綬的高官。

失序號第一

娶嫁之義，不於同姓〔一〕。世有惡疾〔二〕，刑人〔三〕逆令，敗亂之家〔四〕，勃（悖）倫不敬，男女毋別，淫辟不正〔五〕，喪婦長子，無所受命〔六〕，俗習□酒，醉䣁（酗）〔七〕沈湎，必問卑賤，知其動靜。非此七者，乃可結媾。

【注释】

〔一〕娶嫁之義，不於同姓，此義古人早就知道，《左傳·僖公二十三年》：「男女同姓，其生不蕃。」《國語·晉語四》：「同姓不婚，懼不殖也。」《禮記·曲禮上》：「娶妻不娶同姓，故買妾不知其姓則卜之。」以下本板從「世有惡疾」至「無所受命」，則可與孔子說的「女有五不取」相參證。《孔子家語·本命解》：「孔子遂言曰：『女有五不取：逆家子者，亂家子者，世有刑人子者，有惡疾子者，喪父長子者。』（下從略）」二者基本相合。本板「惡疾」，即「惡疾子」。

〔二〕惡疾，指損毀身體造成殘疾的疾病。《漢書·楚孝王劉囂傳》：「今乃遭命，離於惡疾。」《說文》：「癘，惡疾也。」

〔三〕刑人，指受過刑的人，所謂「刑餘之人」。《公羊傳·襄公二十九年》：「閽者何，門人也，刑人也。」

〔四〕敗亂之家，可能相當於《孔子家語·本命解》的「逆家」。

〔五〕勃（悖）倫不敬，男女毋別，淫辟不正，都是對「敗亂之家」的描述。勃倫，即悖倫，勃通悖，違背倫理道德。

〔六〕喪婦長子，無所受命，喪婦，《孔子家語·本命解》作「喪父」。「婦」有可能是「父」的錯訛字，也可能是異文。喪婦，指剛失去丈夫的寡婦，從配偶的角度言，亦通。儒家對居喪之家在一定時間内的嫁娶有要求，居喪期，在「五不取」之列。

〔七〕醉䣁，即醉酗，見《漢書·趙充國傳》，《論衡·語增》：「賜尊者之前，三觴而退，過於三觴，醉酗生亂。」《易林·比之鼎》：「飲酒醉酗，跳躍争鬥，伯傷叔殭，東家治喪。」對經常酗酒的人，也不與之通婚。與本板娶嫁七不娶相關的是，古書記載娶嫁之後，婦人還有「七去」或「七棄」。《孔子家語·本命解》：「婦有七出，三不去。七出者：不順父母出者，無子者，淫僻者，嫉妒者，惡疾者，多口舌者，竊盜者。」又，《公羊傳·莊公二十七年》何休注：「婦人有七棄三不去，無子棄，絶世也；淫泆棄，亂類也；不事舅姑棄，悖德也；口舌棄，離親也；盜竊棄，反義也；嫉妒棄，亂家也；惡疾棄，不可奉宗廟也。」《大戴禮記·本命》：「婦有七去：不順父母去，無子去，淫去，妬去，有惡疾去，多言去，竊盜去。」

失序號第二

侍坐長者〔一〕，及諸衆〔二〕居，時然而言，戲笑安徐〔三〕，報（抱）唾〔四〕卑（俾）□（欬），懷有若無〔五〕，知□滯□（此字失痕），盛德如虛〔六〕，賢臣不耐，族旑（旖）將失〔七〕，無獨專己〔八〕，而謂人愚，慎勿誇善，高自稱譽，擅坐積衆，君子疾諸。

【注釋】

〔一〕侍坐長者，《禮記・曲禮上》有這方面記述，但内容不同。長者，常指先生，在此或指地位高、輩分高的人。

〔二〕諸衆，許多人，《吕氏春秋・謹聽》：「諸衆齊民，不待知而使，不待禮而令。」

〔三〕戲笑安徐，戲笑，《管子・輕重丁》：「男女當壯，扶輦推輿，相睹樹下，戲笑超距，終日不歸。」安徐，《説文》：「徐，安行也。」安徐爲從容遲緩義。《管子・勢》：「故賢者安徐正静，柔節先定。」

〔四〕報（抱）唾，唾指唾壺，用於吐痰的器皿。

〔五〕懷有若無，《大戴禮記・曾子制言》：「君子有盛教如無。」含有此義。

〔六〕盛德如虛，類似的話如《史記・老子韓非列傳》：「良賈深藏若虛，君子盛德，容貌若愚。」

〔七〕賢臣不耐，族旖將失。耐，忍耐。旑通旖，讀爲倚靠之倚。《詩・商頌・長發》：「實維阿衡」，《隸釋》高彪碑阿衡作猗衡，洪适釋：「借猗作阿。」《史記・魯仲連鄒陽列傳》：「繫阿偏之辭哉。」《漢書・鄒陽傳》阿作奇。《大戴禮記・保傅》：「則太宰倚升而言。」《賈子新書・胎教》倚作荷。《老子》五十七章：「奇物滋起。」漢帛書甲本奇作何（以上見《古字通假會典》第六六五、六六六頁）。可證旑通旖，可讀倚。賢臣不耐，族旖（倚）將失，應是漢代流行的一句俗語。

〔八〕專己，即顓己，自以爲是。《漢書・地理志》：「沛楚之失，急疾顓己。」《後漢書・申屠剛傳》：「專己者孤，拒諫者塞。」《鹽鐵論・刺議》：「距諫者塞，專己者孤。」

失序號第三

以義幸□（執）仇〔一〕，〔人〕〔之〕所⻊□（？），其素□民，謹視以理，其貪綦使，若盜惡子〔二〕，□…（中間五字失痕）畏忌，凌奪（奪）〔三〕百姓，爲害不已，倍親不分，爭財安恥〔四〕，賤義輕教〔五〕，凡弗能止，人□…（共缺六字）

【注释】

〔一〕執仇，逮捕仇人。

〔二〕其貪綦使，若盜惡子，綦，《荀子·王霸》：「目欲綦色，耳欲綦聲。」楊倞注：「綦，極也。」若盜惡子，意即如同强盜、惡少一樣。惡子，見《潛夫論·述赦》，指惡少。

〔三〕凌奪，見《北史·周紀下論》，義爲侵奪。

〔四〕倍親不分，爭財安恥，倍通背，背棄父母不分予財物。安恥，安於恥辱。

〔五〕賤義輕教，本板從「其貪綦使」到「爭財安恥」，均屬這種行爲。

失序號第四

家理行脩〔一〕，秀材絶異，明上徵召，調除爲吏，冠就部署，領縣官〔二〕事，務廉忠正，竭力盡思，宣布法律，曉民其意，原請定罪〔三〕，毋拘文字，素驕桀黠，纖介毋置〔四〕，扶閔元元〔五〕，抑折豪富。

【注释】

〔一〕家理行脩，儒家强調修身、齊家、治國、平天下（《禮記·大學》），所以有如此説法。

〔二〕縣官，指皇帝。《急就篇》卷三：「稟食縣官帶金銀。」（稟，一作廩）顏師古注：「稟食縣官，官給其食也。帶金銀者，或得封侯，或受職任，皆佩印也。」王應麟補注：「《漢書》：『縣官，謂天子也。』《史〔記〕·平準書》：『衣食仰給縣官』，《索隱》云：『夏家王畿内名縣内，即國都也。王者官天下，故曰縣官。』」

〔三〕原請定罪，即原情定罪，類似説法有「原情定過」，《後漢書·霍諝傳》：「諝聞《春秋》之義，原情定過，赦事誅意。」更早有「原心定罪」的説法，《漢書·薛宣傳》：「《春秋》之義，原心定罪。」或説「論心定罪」，《鹽鐵論·刑德》：「《春秋》之治獄，論心定罪。」又《詔聖》：「《春秋》原罪，《甫刑》制獄。」

〔四〕素驕桀黠，纖介毋置，纖介，即《史篇》二第四五板的孅界，典籍作孅界，細微之義。這兩句是説對平素驕横桀黠之人，細微罪過也不放過。

〔五〕元元，指百姓。《漢書·鮑宣傳》：「爲天牧養元元。」

失序號第五

嬰母能言，生生〔一〕知語，雌雄雜會，不别子父，羣居混散，椋棲穴處〔二〕。人所别斯，以有禮序〔三〕，勉務進學〔四〕，援率黨旅〔五〕，脩善感德，無隱不舉，思勑志行，勿相敗沮，能言無義，何異蜚鳥〔六〕。

【注释】

〔一〕生生，讀爲猩猩。《禮記·曲禮上》：「鸚鵡能言，不離飛鳥；猩猩能言，不離禽獸。」《文選·蜀都賦》：「白雉朝雊，猩猩夜啼。」

〔二〕椋棲穴處，椋應指樹木的縫隙，字應通隙。《韓非子·用人》有「隙穴」一詞。

〔三〕禮序，語本《禮記·禮運》：「故聖人參於天地，並於鬼神，以治政也；處其所存，禮之序也。」禮序指禮儀的次序。

〔四〕進學，使學業進步，語出《禮記·學記》：「此皆進學之道也。」

〔五〕黨旅，指同類的許多人。《楚辭·九歎·離世》中的「讒夫黨旅」，王逸注謂「讒夫朋黨衆多」，帶有貶義，與此不相同。

〔六〕能言無義，何異蜚鳥，此蜚（飛）鳥指嬰母（鸚鵡）而言。揚雄《法言·學行》云：「人而不學，雖無憂，如禽何？」李軌注：「是以聖人作經，禮以教人，使人以有禮，知自別於禽。」所言與本章之旨相類似。《禮記·曲禮上》：「夫唯禽獸無禮，故父子聚麀，是故聖人作，爲禮以教人，使人以有禮，知自別於禽獸。」《文子·下德》：「男女羣居，雜而無別，是以貴禮。」《太玄經·交·次五》：「交于鷽猩，不獲其榮。」所言合本章之旨，可相參證。

失序號第六

爲政大要，先誅佞人〔一〕，排絶豪奢，使遏賊臣〔二〕，高…（缺三字），明德道民〔三〕，政齊以禮〔四〕，率能以身〔五〕，章顯有行〔六〕，□□賢仁，存恤耆老，幼孤困貧〔七〕，賞罰澤施，務依平均，無刻（？）仇…（缺五字）

【注释】

〔一〕佞人，《論語·衛靈公》：「放鄭聲，遠佞人。」《白虎通·誅伐》：「佞人當誅何？爲其亂善行，傾覆國政。」

〔二〕排絶豪奢，使遏賊臣。排絶，排除盡。豪奢，豪華奢侈。遏，遏止。

〔三〕明德道民，《禮記·大學》：「大學之道，在明明德，在親民，在止於至善。」

〔四〕政齊以禮，《論語·爲政》：「道之以德，齊之以禮，有恥且格。」

〔五〕率能以身，即皆能以身（作則）。

〔六〕章顯有行，章顯亦作彰顯，在此有表彰義。有行，有德行的人。

〔七〕存恤耆老，幼孤困貧，存恤，撫慰。《曹全碑》：「存恤高年。」耆老，年長的人。撫慰的對象包括耆老和幼孤困窮（即年幼孤兒及窮困潦倒的人）。

失序號第七

人臣之禮，志壹德固，進賢達耐〔一〕，勿相蔽妬，匡道正主，毋韋（違）呿（法）度，非諫不用，自罪而去，棄駕𩢲馬〔二〕，曲轍後顧。且與君絶，幸覺來呼，待叺（以）三年，居于郊塗，賜（賜）環則還，得玦趨步〔三〕。

【注释】

〔一〕進賢達耐，「耐」通「能」，即「進賢達能」，漢劉向《説苑·修文》：「進賢達能謂之大夫，敬上愛下謂之諸侯。」又作「舉賢達能」，《漢書·張安世傳》：「安世大恨，以爲舉賢達能，豈有私謝邪？」

〔二〕棄駕𩢲馬，𩢲似當讀撥或廢，王念孫《廣雅疏證》卷一：「撥者，《史記·太史公自序》：『秦撥去古文，焚滅詩書』，撥猶棄也。《衆經音義》卷十四、十五、十七並引《廣雅》『撥棄也』，今本脱撥字。」廢亦有棄義。古犮、發聲相通。

〔三〕賜環則還，得玦趨步，《荀子·大略》：「聘人以珪，問士以璧，召人以瑗，絶人以玦，反絶以環。」楊倞注：「古者臣有罪待放於境，三年不敢去，與之環則還，與之玦則絶，皆所以見意也。」

失序號第八

受命奉使，必明度數〔一〕，進退以儀，動作有具，當諦□□，博於辟論，遭變造權〔二〕，尊君爲務，大能裒（褒）德〔三〕，揚上恩厚，雖疑于凶，固執毋𢗂，通誨達教〔四〕，毋私卑屢〔五〕，公事禮畢，乃彊（？）納之（？）。

【注释】

〔一〕度數，指禮數，即「進退以儀，動作有具」。「度數」一詞，見於《周禮·天官·小宰》《春官·墓大夫》《商君書·錯法》《韓非子·難一》等，含義均與此不相合。

〔二〕遭變造權，遭變，遭遇變故，《文選·干寶〈晉紀總論〉》：「及周公遭變。」造權，猶言用權。桓譚《新論·言體》：「夫言是而計當，遭變而用權。」權，指權宜之計。

〔三〕褒德，水泉子漢簡七言本《蒼頡篇》（按，此引疑屬《史篇》）：「☐☐困亡，雅州葆德富且强，廣大四」，「葆德」即「褒德」。褒揚德行之謂。

〔四〕通誨達教，通達於教誨。「達教」一詞，又見晉陸雲《九愍·悲郢》「聞先黎之達教，固積善於餘慶」。則指明哲的教誨，與此含義不同。

〔五〕毋私卑屢，卑是自卑；屢通僂，彎腰，表示恭敬的樣子。《後漢書·和熹鄧皇后紀》：「若並時進見，則不敢正坐離立，行則僂身自卑。」卑屢，就是僂身自卑。毋私卑屢，是説不要私下相見時自卑僂身。

失序號第九

維悰（？）只截，八☐賦（？）汜，☐☐別離，本司氣血，密比☐（無？）間，鷵連若結〔一〕，深念壽命，終始崩没，憯怛恐懼，痛傷肌骨〔二〕，☐☐慈愛，及時盡節〔三〕，和☐顔（？）意，謹敬戰栗，絶止甘美，罷者（諸）珍物〔四〕。

【注释】

〔一〕鷵連若結，鷵，應讀爲鴞。《廣雅·釋鳥》：「鵩鳥，鴞也。」王念孫《廣雅疏證》：「《陳風·墓門》傳云：『鴞，惡聲之鳥也。』義疏云：『鴞，大如班鳩，緑色惡聲之鳥也。入人家則凶。賈誼所賦鵩鳥是也。（下略）』」而賈誼《鵩鳥賦》中有「發書占之兮讖言其度，曰野鳥入室兮主人將去」。本文「鷵（鴞）連若結」，接著説「深念壽命，終始崩没」，意思與之相合。

〔二〕憯怛恐懼，痛傷肌骨，憯怛，即慘怛，《漢書·翼奉傳》：「朕甚閔焉，憯怛於心。」恐懼，本書《蒼頡篇》第十二板：「恐懼懷歸。」痛傷肌骨，極言哀痛之深。

〔三〕盡節，盡心竭力保全節操，《鹽鐵論·非鞅》：「人臣盡節以徇名，遭世主之不用。」

〔四〕珍物，《白虎通·朝聘》：「又當奉土地所生珍物以助祭。」

失序號第一〇

□仰揖□，必先仁義，長老尊教，幼少勿務（侮）〔一〕，絶□□□，□膝至地，過人斂手〔二〕，慎勿杓辟（臂）〔三〕，從容止和，□□毋□，顏色温門（閏）〔四〕，儼莊□□，□有閒容，言語必審，諦日日絜，親勉之解。

【注釋】

〔一〕長老尊教，幼少勿務（侮），含有尊老愛幼的意思。

〔二〕斂手，即縮手。《後漢書·鮑永傳》：「貴戚且宜斂手，以避二鮑。」斂手表示規矩、退讓。

〔三〕杓臂，「杓」有拉開之意。《淮南子·道應訓》：「孔子勁杓國門之關，而不肯以力聞。」「杓臂」與「斂手」意思相反。

〔四〕温閏，應讀温潤。《禮記·聘義》：「夫昔者君子比德於玉焉，温潤而澤仁也。」

失序號第一一

…方在問握□叮分□宮□…□超（？）封（執）因宮成□才（？）□壽□□□…宮大夫〔一〕立□□□□□教辜〔二〕仰仰然仰□。

【注釋】

〔一〕大夫，秦漢時期對有官位者尊稱爲「大夫」。

〔二〕 𦎫，即㲉字，本書《蒼頡篇》第二十六板作𦎫。

失序號第一二

……□詈□誾誾（？）〔一〕□□……□……□□密茅（？）身廹勿……

【注釋】

〔一〕 詈□誾誾，詈，義爲罵。誾誾，似指罵聲。

漢《風雨詩》釋文

日不燿目〔一〕兮黑雲多，月不可視兮風蜚（飛）沙〔二〕，從次蒙水兮成江河，衆流灌注兮轉揚波〔三〕，底（砥）柱〔四〕顛到（倒）兮妄相加，天門陔小兮路被他〔五〕。無因而上兮如之何？興章教戒〔六〕兮誠難過。

【説明】

此詩敦煌漢簡有之，董珊《敦煌漢簡〈風雨詩〉新探》曾有簡明的介紹，該文説：「一九一三年至一九一五年，斯坦因第三次中亞考察時，在甘肅敦煌哈拉湖南岸漢烽燧遺址獲得一批木簡，其中的一板木簡上寫有一首詩，在民國時張鳳著《漢晉西陲木簡彙編》中命名爲『風雨詩木簡』。」關於風雨詩的著録與研究情況，董珊《敦煌漢簡〈風雨詩〉新探》、許雲和《敦煌漢簡〈風雨詩〉試論》都有較爲詳盡的介紹，在此不拟重複。該木簡詩全文爲：

日不顯目兮黑雲多，月不可視兮風非（飛）沙。
從（縱）恣蒙水誠（成）江河，州（周）流灌注兮轉揚波。
辟柱槓（顛）到（倒）忘（妄）相加，天門俫（俠—狹）小路彭（滂）池（沲）。
無因以上如之何，興章教海（誨）兮誠難過。

敦煌本應是東漢抄本，漢牘本是西漢抄本，前者不如後者年代早。漢牘本八句每句中間都有「兮」字，而敦煌本保留「兮」字的僅三句。上舉許雲和文「認爲《風雨詩》是八言八句騷體詩，其中所缺『兮』字爲抄者所省」。可謂有見。比較此詩異文，可知漢牘本勝義較多，尚存原貌，敦煌本有傳抄之訛，詳見注釋。關於此詩的内容，由於對詩中地名解讀各異，董珊認爲「此詩描寫的是登泰山的種種艱難險阻」。許雲和則説：「寫的是一場大風雨給隴西、天水、安定三郡地區人民帶來的洪水災難。」並認爲作者應是漢隴西、天水或安定郡的郡守。本人基本上同意許氏地名考釋，唯不能同意他對此詩内容的概括和作者的考證。我認爲此詩以寫實爲主，描述由蒙水出行到中原，路途艱險難行，喻仕途無門，抒發自己心情的苦悶。而且，從末一句「興章教戒兮誠難過」看，作者與其説是郡守，不如説是書師。

西漢時期的詩歌，有些在形式上是模仿《楚辭》的作品，如漢高祖劉邦的《大風歌》：「大風起兮雲飛揚，威加海内兮歸故鄉，安得猛士兮守四方！」除第一句七字，其餘兩句均八字，中間「兮」爲語氣詞。又如淮南小山的《招隱士》，開頭六句八字一句，每句第五字爲語氣詞「兮」，與此相同。而劉細君的《悲愁歌》：「吾家嫁我兮天一方，遠託異國兮烏孫王。穹廬爲室兮旃爲牆，以肉爲食兮酪爲漿。居常土思兮心内傷，願爲黄鵠兮歸故鄉。」（《漢書·西域傳》載）也是八言詩，唯本板八句，該詩六句之别，可知這首佚詩也還是模仿《楚辭》的作品。

【注释】

〔一〕燿目，燿，敦煌木簡本作顯。《廣雅·釋詁三》：「燿，照也。」以作「燿」爲長。

〔二〕風蜚（飛）沙，猶風揚沙。敦煌本蜚作非，可通假。《周禮疏》引《春秋緯》云：「月離於箕，風揚沙。」（據王應麟《困學紀聞》卷三引）

〔三〕從次蒙水兮成江河，衆流灌注兮轉揚波，敦煌本「從次」作「從恣」。蒙水，許雲和説：「出崦嵫山，王逸《楚辭章句》：『崦嵫，日所入山也，下有蒙水，水中有虞淵。』崦嵫山在天水郡，《水經注》卷十七：『北有蒙水注焉，水出縣西北邽山，翼帶衆流，積以成溪，東流南逕上邽縣故城西側，城南出上邽……蒙水又南注藉水。』《山海經》曰：『邽山，蒙水出焉，而南流注于洋，謂是水也。」其説大致可從。詩中説「衆流灌注」，上引《水經注》説「翼帶衆流」，均指蒙水，方位相合，可知此詩寫實成分多。《楚辭·天問》：「出自湯谷，次於蒙汜。自明及晦，所行幾里？」王逸注：「次，舍也。汜，水涯也。《書》云：『宅嵎夷，曰暘谷。』即湯谷也。《爾雅》云：『西至日所入，爲太蒙。』即蒙汜也。」據朱熹《楚辭集注》「太蒙」其地有水。

〔四〕底柱，即砥柱，山名，在今河南省三門峽東，立於黄河急流中。《晏子春秋·内篇諫下》：「以入砥柱之中流。」

〔五〕天門陔小兮路被他，敦煌本「陔小」作「俫小」，「被他」作「彭池」。均以本板於義爲長。天門，許雲和説：「其地有兩天門，一在天水郡冀縣，一在武都郡故道縣。」關於前者，許引《元和郡縣志》卷三十九，《禹貢錐指》卷十一和《甘肅通志》卷五釋之。按，許引《元和郡縣志》已言伏羌縣，秦置冀縣，漢冀縣屬天水郡。《甘肅通志》説伏羌縣「又天門水出天門山，東流入渭」。許氏説：「就渭水水道觀之，此天門當指天水郡冀縣天門山。」此説可信。不過，天門，亦指天庭之門。《漢書·禮樂志》：「天門開，詄蕩蕩。」（郊祀歌之十一），如淳曰：「詄蕩蕩，天體堅清之狀也。」此詩似亦暗指天庭之門，其中語意雙關。陔小，陔有層次、重次義。《漢書·郊祀志》：「三陔。」顔注：「陔，重也。三陔，三重壇也。」陔小，指山路有階次又狹小。被他，陂陀，又作陂陁，司馬相如《哀秦二世賦》：「登陂陁之長阪兮，坌入曾宫之嵯峨。」

〔六〕興章教戒，漢牘《史篇》二第一板：「興章造寫，教敕僮子。」本書《蒼頡篇》第一板：「幼子承詔，謹慎敬〔戒〕。」興，義爲起，「興章」指從頭開始寫文章或書，「教戒」指教育學童。本句是説以編書教學童爲業。

引用書目

張鳳《漢晉西陲木簡彙編》（五一、一九爲風雨詩木簡），上海有正書局，一九三一年。
李零《簡帛古書與學術源流》（第三〇八頁），三聯書店，二〇〇四年。
董珊《敦煌漢簡〈風雨詩〉新探》，復旦大學出土文獻與古文字研究網，二〇〇九年九月六日。
許雲和《敦煌漢簡〈風雨詩〉試論》，《首都師範大學學報》（社會科學版），二〇一一年第二期。

三、研究論文

漢牘《蒼頡篇》的初步研究

《蒼頡篇》是繼《史籀篇》之後，我國秦漢時期的一部重要的字書和識字課本。《漢書·藝文志》記載：

> 《蒼頡》七章者，秦丞相李斯所作也；《爰歷》六章者，車府令趙高所作也；《博學》七章者，太史令胡母敬所作也，文字多取《史籀篇》，而篆體復頗異，所謂「秦篆」者也。

又載：

> 漢興，閭里書師合《蒼頡》《爰歷》《博學》三篇，斷六十字以爲一章，凡五十五章，并爲《蒼頡篇》；武帝時，司馬相如作《凡將篇》，無復字。元帝時，黄門令史游作《急就篇》，成帝時，將作大匠李長作《元尚篇》，皆《蒼頡》中正字也；《凡將》則頗有出矣。至元始中，徵天下通小學者以百數，各令記字於庭中。揚雄取其有用者以作《訓纂篇》，順續《蒼頡》，又易《蒼頡》中重複之字，凡八十九章。臣復續揚雄作十三章，凡一百二章，無複字，六藝羣書，所載略備矣。《蒼頡》多古字，俗師失其讀；宣帝時，徵齊人能正讀者，張敞從受之，傳至外孫之子杜林爲作《訓故》，并列焉。

又載當時的著述，有：

> 《訓纂》一篇。揚雄作。《蒼頡傳》一篇。揚雄《蒼頡訓纂》一篇。杜林《蒼頡訓纂》一篇。杜林《蒼頡故》一篇。

東漢許慎《説文解字·敘》載：

> 秦始皇帝初兼天下，丞相李斯乃奏同之，罷其不與秦文合者。斯作《倉頡篇》，中車府令趙高作《爰歷篇》，太史令胡毋敬作《博

學篇》。皆取史籀大篆，或頗省改，所謂小篆者也……孝宣皇時，召通《倉頡》讀者，張敞從受之，涼州刺史杜業、沛人爰禮、講學大夫秦近亦能言之。孝平時，徵禮等百餘人，令説文字未央廷中，吕禮爲小學元士，黄門侍郎揚雄采吕作《訓纂篇》，凡《倉頡》已下十四篇，凡五千三百四十字，羣書所載，略存之矣。

《隋書·經籍志》載：

《三蒼》三卷，郭璞注。秦相李斯作《蒼頡篇》，漢揚雄作《訓纂篇》，後漢郎中賈魴作《滂喜篇》，故曰《三蒼》。梁有《蒼頡》二卷，後漢司空杜林注，亡。

《法書要録》引梁庾元威《論書》云：

《倉頡》五十五章爲上卷，揚雄作《訓纂記》《滂喜》爲中卷，賈昇郎更續記《彦（音盤）均》爲下卷，人偁《三倉》。

唐張懷瓘《書斷》上：

至和帝時，賈魴撰《滂喜篇》，以《倉頡》爲上篇，《訓纂》爲中篇，《滂喜》爲下篇，所謂《三倉》也。

唐代，《舊唐書·經籍志》和《新唐書·藝文志》都載有李斯等撰《三蒼》三卷（郭璞解）、杜林《蒼頡訓詁》二卷、張揖《三蒼訓詁》二卷（一作三卷）。北宋時，成書於九八四年的《太平御覽·經史圖書綱目》中尚有郭璞《三蒼解詁》（桓按，即《三蒼》郭璞解）、《蒼頡解詁》。上述著作此後到南宋便不見記載，從此失傳。

到了清代，段玉裁在《説文解字注》對《説文敘》的注釋中，從《蒼頡篇》到《三蒼》，諸多字書均有詳細考述。其中，他考證《三蒼》中《滂喜》《彦均》是同一種書，就很重要。

王國維在《重輯〈蒼頡篇〉》一書的《〈蒼頡篇〉敘録》中論曰：

秦《蒼頡》《爰歷》《博學》三篇，凡二十章，不知字數。漢興，閭里書師斷六十字以爲一章，凡五十五章，并爲《蒼頡篇》，一章六十字，五十五章得三千三百字，此漢《蒼頡》之字數也。揚雄作《訓纂》，順續《蒼頡》，又易《蒼頡》重複之字，凡八十九章，得五千三百四十字，此并《蒼頡》三千三百字計之，故許叔重謂《蒼頡》以下五千三百四十字，於五千三百四十字中減三千三百字，得二千四十字，此《訓纂》之字數也。賈魴所續亦三十四章，與《訓纂》同。韋昭注《漢志》謂班固十三章，當在《蒼頡》下篇三十四章之内。張懷瓘亦云合賈、廣、班三十四章，三十四章亦二千四十字，此《滂喜》之字數也。三者相加得百二十三章，七千三百八十字，此《三蒼》之字數也。合《三蒼》之字，幾與《説文》相埒，而其通行較《説文》爲廣。蓋《説文》爲一家之學，起於後世，而此則秦漢以來相承誦習，便於通俗故也。然其書亦幾經改定。李、趙、胡母原書，一改於漢初閭里書師，而三篇合爲一篇，二十章分爲五十五章；二改於揚子雲，而五十五章中重複之字，均易以新字；後漢以後，揚本孤行，又與揚、賈所續之書合爲《三蒼》。張稚讓、郭景純皆合《三蒼》注之，所用者亦揚本也。杜林《蒼頡訓纂》《蒼頡故》二書，當用漢閭里書師舊本，《訓纂》先亡，至隋而《蒼頡故》亦亡。張、郭之書，至唐末而亦亡。其用《蒼頡》字者，《急就》《元尚》，而《元尚》亦亡。惟許叔重作《説文解字》用《蒼頡訓纂》二篇字，張稚讓《廣雅》中當有《滂喜》字，然已無可識别矣。

王氏對於《蒼頡篇》及其後《三蒼》的形成，各書章數、字數及本子分合的考證，堪稱詳實，這也成爲我們進一步研究的憑藉。只是王氏説杜林，張揖、郭璞幾種書的亡佚時間尚需修正，這些書除杜林書先亡外，餘者實亡於宋，而非亡於唐。

一、漢牘《蒼頡篇》的概觀及相關問題

漢牘《蒼頡篇》整板及大半板共四十三板，其中序號尚可辨認及可考的四十二板，序號文字模糊難以辨認的一板。此外，還有殘牘十四板及一些碎片，都已失去或看不出序號。

《蒼頡篇》在東漢末、晉代曾被編到《三蒼》中，不過後來無論是《蒼頡篇》還是《三蒼》都没有流傳下來。學者認爲《蒼頡篇》應亡佚於兩宋之交，應屬可信。據王國維説，清代學者對《蒼（倉）頡篇》的輯佚自孫星衍始，多達七個輯本。

沈兼士《文字形義學》（載《沈兼士學術論文集》）中，將清代搜集《倉頡篇》佚文的學者，就其體裁分爲四派：

（一）孫星衍輯《倉頡篇》（岱南閣叢書本）、陳鱣校補孫輯《倉頡篇》、梁章鉅《〈倉頡篇〉校證》及補遺、陶方琦《〈倉頡篇〉補本》（諸可寶編刻）、陳其榮增訂《倉頡篇》（觀自得齋叢書本）、王仁俊《〈倉頡篇〉輯補斠證》、曹元忠《〈倉頡篇〉補本續》

（二）任大椿輯《倉頡篇》（《小學鈎沈》中第一種）、黄奭《漢學堂經解〈倉頡篇〉》、顧震福《小學鈎沈續編〈倉頡篇〉》

（三）馬國翰《玉函山房輯佚書〈蒼頡篇〉》

（四）姬覺彌（實爲王國維代作）《重輯〈倉頡篇〉》

沈兼士列舉這類作品，不算王國維書，多至十一種。凡此大多是零散單字，看不出原書的面貌。直到上個世紀，在古敦煌、居延等地曾發現有《蒼頡篇》漢簡殘文出土，王國維輯有《重輯〈蒼頡篇〉》一書，《蒼頡篇》纔再度受到重視。二十世紀七十年代一次較大的發現是安徽阜陽雙古堆出土漢簡《蒼頡篇》，載有大致完整的字五百四十一個。比這字數更多的是近年北京大學收藏的一批西漢竹書（含多種古書），其中《蒼頡篇》保存一千三百二十五個完整的字。以上這兩批材料字數都很多，但都不及漢牘《蒼頡篇》，後者完整的字已達二千一百六十字，約占《蒼頡篇》總字數的百分之六十，在古文獻學、文字學的研究上，無疑具有極其重要的價值。

漢代《蒼頡篇》諸本中，漢牘本不單是保存字數最多的一個本子，其可貴處還在於木牘上原寫有序號，儘管有的墨迹已漫漶或者殘缺不全，但序號清晰及尚可辨識的仍爲數不少。得此依據，這就給《蒼頡篇》全書的整理工作帶來了便利。以前公佈的阜陽漢簡《蒼頡篇》因爲缺少序號，已大多失去了前後順序，整理起來就十分困難，竹簡排列的淩亂幾乎難以避免。北京大學收藏的西漢竹書《蒼頡篇》，長處是尚存若干篇名，可以據此解決一些整理上的困難，但無篇名的部分，整理起來同樣困難。即便有篇名，並且在簡背後也標示有前後順序，畢竟不如序號明確。借助於阜陽漢簡《蒼頡篇》和北京大學西漢竹書《蒼頡篇》已公佈的資料，再參考甘肅永昌縣水泉子漢簡七言本《蒼頡篇》及《居延漢簡》中所見的《蒼頡篇》，以漢牘《蒼頡篇》做對照，我們現在就可以進一步整理阜陽漢簡《蒼頡篇》，對書中大部分竹簡的前後順序理出一個頭緒，進而可以研究其本子的情況。

經過仔細作比較，根據漢牘《蒼頡篇》，可知阜陽漢簡《蒼頡篇》C〇〇七「瘛瘁癰痤」在第三板（章）末句，「疢痛遬欬」在第四板（章）首句；C〇〇二「飭端修瀀」在第五板（章）末句；C〇〇二「變亻□（此字隸定待考）」應即第六板（章）首句「變大制裁」的「變大」。C〇一五「蛟龍龜虵（蛇）」在第八板（章）倒數第三句；C〇三六「氐羌」在第十板是首句的後兩字；C〇一〇「繼續前圖」在第十板的末句；C〇一〇「輔廑顆咀」在第十一板（章）甲的首句；C〇三二「□展賁達」在第十一板（章）乙的末句；C〇三二「游敖（敖）章」應在第十二板（章）首句，漢牘作「游敖周章」；C〇二〇「圂廬無」在第十三板（章）末句，漢牘「無」作「廡」；C〇五八「庫㡯（府）」，在第十四板（章）次句；C〇八六「□鶩釒□」在第十八板（章）甲第三句；C〇九八「尉駁□」在第十九板末句；C〇一一「猝遇弗虞」，在第二十七板（章）首句；C〇一六「瘕痹癰目□」應在第三十板（章）末句，漢牘作「瘕疕癰□」；C〇四二「敆散」在第三十五板（章）末句，「賴犺播□」在第三十六板（章）首句；C〇四四「賣購件」在第三十九板（章）末句；C〇四四「如和□和□和□柴箸」在第四十板（章）首兩句；C一〇二「□者尋尺扌□□」在第四十二板（章）前兩句；C〇六二「如□蒙期末旬」爲第四十七板（章）前兩句，C〇六五「舉厭」，「舉」

爲四十七板（章）最後一字；「厭」爲四十八板（章）開首一字；C〇八八「旁擾□」在第四十九板（章）末兩句；C一〇三「□叽□噃□吡□」在第五十二板。凡此對於阜陽漢簡《蒼頡篇》的排列順序及文字分佈情況，都提供了可資對照的新資料，將有助於進行本子比較，從而探討以前無法解決的版本方面的問題。附帶説一下，以上的比較，並不是説阜陽本、漢牘本文字順序完全相同，但不妨假設阜陽本順序大多數與漢牘本相合。唯C〇一三「陷阱釦釣」，參考北大本知爲漢牘第八板（章）末句，説明這兩個本子排列有不同處。但C〇一三接下來一句「箈笥詈置」，却是漢牘第二十六板首句，C〇一一「□引汲斢」在第二十六板（章）末句。

有了漢牘《蒼頡篇》，還可以通過比較漢牘和阜陽漢簡這兩個《蒼頡篇》本子的文字異同，研究此書不同本子的演變情況，進而對漢代《蒼頡篇》的原貌有更多的瞭解。

從漢牘《蒼頡篇》各板文字來看，漢代書師的分章，在大的方面並没有將原來的《蒼頡》《爰歷》《博學》的先後次序打亂，但由於這三部分在流傳中幾經修改增益，按六十字一章來説，結果就出現漢牘本在有些板正好是一章，如第一板、第三板、第五板、第七板等；而有的板則不正好是一章，其中最明顯的是第十板最末兩句正是《爰歷》首章開始，則此板前五十二字已不够六十字一章；又如第三十三板從第二十五字開始的「博學深惟，惷愚」，實爲胡毋敬《博學》起始兩句，足見板與章不相值的情況。

從所占篇幅來看，漢牘《蒼頡篇》中李斯《蒼頡》爲十章差兩句；趙高《爰歷》始於第十章之末尾兩句，終於第三十三章第二十四字；胡毋敬的《博學》始於第三十三章第二十五字，應到五十五章結束。看來漢代閭里書師對李斯的《蒼頡》只由原來的七章增益至十章，遠不如對趙高《爰歷》由六章增益至二十三章，對胡毋敬《博學》由七章增益至二十二章爲多。

以上是説《蒼頡》《爰歷》和《博學》三部分的開頭和章數，下面談談這三個部分的結尾。

胡平生、韓自强曾談到「阜陽漢簡《蒼頡篇》正好有三個篇尾，即C〇六一、C〇五六、C〇三八」。提出「C〇三八爲『業未央』。『央』是陽部字，與《博學》韻同，文義很像是一篇之末，恰可作爲旁證」。又説「這個問題還不能下結論」云云。

這三個篇尾情況如下：

C〇三八　業未央△　按，「央」下爲白簡。

C〇五六　歲庚駉　按，「駉」下爲白簡。

C〇六一　□仁笝欒和　按：「和」下爲白簡。

漢牘本已清楚地顯示「緒業未央」之句，適在李斯《蒼頡》之末，這個問題因爲這一新資料的發現已獲解决。C〇五六「歲庚駉」，究竟是趙高《爰歷》之末，還是胡毋敬《博學》之末，可以通過與漢牘第三十三板「博學深惟」（《博學》首句）前面屬於《爰歷》的文字作一比較，《爰歷》最末四字是「葰□□□」。C〇五六最後一字「馹」，似可與該板《爰歷》有許多「馬」字旁的字有關。若然，C〇五六三個字，應是《爰歷》之末。而C〇六一推測應是《博學》之末。近時李亦安《阜陽漢簡〈蒼頡篇〉編排札記》將北大簡三七：「羽扇聶譽。㮙梗移棘，條箠欒椁。百一十二。」與C〇六一相對照，正好相合。而北大簡三七等於漢牘本第三十一板章的文字。這表明阜陽本順序與漢牘本不完全一致。姑且假設此章阜陽本漢牘本順序一致，則無論如何，阜陽本也有三十章之多。

漢牘《蒼頡篇》隸書寬扁有波勢，明顯屬於漢武帝晚期或以後的鈔本。從時代上說，可能稍晚於北京大學藏的有古篆成分的西漢竹書《蒼頡篇》，更晚於篆書成份更多的阜陽漢簡《蒼頡篇》。

二、關於漢牘《蒼頡篇》本子的一些問題

藉助於阜陽漢簡《蒼頡篇》、北大漢簡《蒼頡篇》和甘肅永昌水泉子漢簡七言本《蒼頡篇》這三個本子，以及《英斯》一書的《蒼頡篇》殘簡，來與漢牘《蒼頡篇》的本子作一些比較，可初步對漢牘本的時代及相關問題有所認識，甚或可以改變過去我們對阜陽本和北大本的一些看法。

在上述本子中，以阜陽漢簡《蒼頡篇》的年代最早，北大漢簡本次之，水泉子漢簡七言本又次之。後者的形成年代應該在漢牘本之後。先說《蒼頡篇》第五章。阜陽漢簡《蒼頡篇》以下兩簡屬於第五章：

C〇〇一　己起臣僕
發傳約載△
趣遽觀望
行步駕服△
逋逃隱匿

C〇〇二　□兼天下
海內并厠△
飭端脩灋

整理者胡平生、韓自强指出：

《居延漢簡（甲乙編）》九·一A+C+B，此C〇〇一可與C〇〇二相連（中缺四字），爲《蒼頡篇》的第五章。「居延簡文作：『第五　琖（箋）表書插，顛顚重該，已起臣僕，發傳約載，趣遽觀望，行步駕服，逋逃隱匿，往來□□，漢兼天下，海内并厠，□□□類，菹盇離異，戎翟給賨，但致貢諾，□□□□。』」

漢牘《蒼頡篇》第五章作：

戲叢奢掩，〔顛〕顉（顚）重該，悉起臣僕，發傳約載，趣遽觀望，行步駕服，逋逃隱匿，往來盱睞，漢兼天下，海内屏厠，胡無噍類，菹醢離異，戎擢（翟）給賨，佰越貢織。⿰口方（飭）⿰口耑（端）⿰口脩（脩）〔灋〕。

北大漢簡《蒼頡篇》簡八、簡九：

漢兼天下，海内并厠，胡無噍類，菹醢離異，戎翟給賨，百越貢織，飭端修灋（法），變大制裁。男女蕃殖，六畜逐字。

阜陽漢簡本「□兼天下，海内并厠」這兩句之後，居延簡本、漢牘本和北大本都增加了四句話，文字基本相同。這四句是：

胡無噍類，菹醢離異。
戎翟給賨，百越貢織。（依北大本）

在這之後的一句，以漢牘本與北大本相互參校，可知都是「飭端脩灋」四字。居延本作「□□□□」，推測可能也是這四字。胡平生、韓自强根據阜陽本「飭端脩灋」四字，以爲是秦本所獨有，進而據此以爲阜陽本抄自秦本，這個結論顯然存在問題。不過他們認爲阜陽本年代較早則不誤，該本「□兼天下，海内并厠」之後，還没有出現漢閭里書師所加的「胡無噍類」這四句，就是明證。

我們還是繼續用阜陽本與漢牘本《蒼頡篇》作比較，來分析二者年代的早晚。另一處顯示兩個本子不同的是第十一章。漢牘《蒼頡篇》有兩個第十一板，實爲比較少見的情況。阜陽漢簡《蒼頡篇》每章字數不清楚，但《漢書·藝文志》説五十五章本是每章六十字，五十五章本原來相聯屬的文字，到了漢牘《蒼頡篇》擴充文字，字數失控，就出現一章一百二十字的情況。顯然在修改增益中，漢代閭里書師的五十五章本原只有一個第十一章，漢牘本是在此基礎上補充文字形成兩個第十一板（章）。即：

> 輔廑顆頭，軙儋闟屠，㪨頌緊均，侈憲竰夸（夸），
> □□撟蹻，頓骸醜夫，顫盜重最，鉗齔董豬（豬），
> 拑荊龐顔，□□□□，夤豪黜鼷，黔鼠即且，
> 購項猗積，虔遽贅拏，煩膚…（缺兩字）（十一甲）
> 顓項祝融，柖禬奮（奮）光，䫇豫録恢，均隋（隋）愷鑲，
> 鄢鄧□□，宛鄂鄂鄘，閔通竈遲，騰先登慶，
> 陳蔡宋〔衛〕，吴邗許莊，建武牴觸，軍役嘉臧，
> 貿易賣（音yù）販，市旅賈商，䚗展賁〔達〕。（十一乙）

阜陽漢簡《蒼頡篇》中的C〇一〇作：

> 爰歷次貤
> 繼續前圖
> 輔廑顆咀
> 軙儋闟屠
> 㗛□

其中「爰歷次貤，繼續前圖」兩句，漢牘本屬第十板最後兩句；而「輔廑顆咀（漢牘本作頭），軙儋闟（漢牘本作『闟』）屠」，漢牘本屬第

十一板開首兩句，實爲明確無誤。

皁陽本C○三二作：

□展賁達

游敖戠章

其中上句漢牘本作「䰯展賁（達）」，屬第十一板末句；而「游敖戠章」，漢牘本作「游敖周章」，屬第十二板首句。從而可以判定漢牘本確實存在兩個第十一板。

仔細辨認漢牘《蒼頡篇》序號，還發現兩個五十三板，即：

> 緇纔紅綃，絿縷素繆，氂鑠膢釒□，帷募（幕）虛歿，弦（弦）韇鞄甇，皮韋革鞣，屬廄剡課，縱聒旋保，轂轑齗犽，撟扶秊陶，令次睢偏，盡得所求，延年益壽，上下敖游。兼呑天下，（第五三甲）
>
> 竊鮒解陊（隋）。䲔鮪鯉鰌，犙牬（牬）羭羯，羒羝羖羔，宪謈（暑）暖□，坐遷譿求，蒙閤堪況，燎灼煎炮，快狡息寐，亭痦□□，訽詅辱耽，亶擅隱㑩，鮐□淫回，霤簾難條。惡蘭□取□，（第五三乙）

漢牘本《蒼頡篇》出現兩個第十一板、兩個第五十三板，知第十一章、第五十三章都是一百二十字，而《漢書·藝文志》所載漢閭里書師的五十五章本，每章爲六十個字，漢牘本顯然略晚於此本，可稱爲五十五章增補本。通過書中「犾」字寫法分析，可知漢牘本不是杜林本，應是揚雄本。王國維説：「後漢以後，揚本孤行。」此則在前漢漢武帝以後，似已如此。

從漢牘本《蒼頡篇》與皁陽本《蒼頡篇》的一些文字差異來説，可以看出以下四點：

第一，漢牘本《蒼頡篇》以通假字代替原字，或許是刻意避免書寫繁難的古字，也許是當時書寫習慣使然。例如：第十四板：「桶㯳參斗」，皁陽漢簡《蒼頡篇》C○三五作「秉𪏆參斗」，兩相比較，知「㯳」是「𪏆」的通假字。第五十板：「䑵屨鞶袍」，皁陽漢簡《蒼頡篇》C○三九作「獃屨□殳袍」，「䑵」應是「獃」的通假字。「獃」應即「鬌」字。

第二，閭里書師修改了原來的文字，既已改動，所用字詞自不相同，故漢牘本《蒼頡篇》無法與西漢早期本子皁陽漢簡《蒼頡篇》相合，也不必與之相合，例如：第三十一板：「雙輢輩蕩」，皁陽漢簡《蒼頡篇》本作「雙舲（似應即『輢』）簞□」。知「簞」字後來改作「輩」。

第四板：「印按開久」，阜陽漢簡《蒼頡篇》本作「抑按⿰启刂久」，是「⿰启刂」被改作「開」。這可能與避漢景帝劉啓的諱有關。古書「夏后啓」被改成「夏后開」，是同樣的原因。

第三，尚不知是何種原因，鈔寫漢牘《蒼頡篇》時寫了錯別字。例如第十九板：「星晨紀剛」，顯然應作「星晨（或「辰」）紀綱」。又如：第三十二板：「渭巨讒詈」，核之文意，應作「畏懼讒詈」。這些都不能用通假字來解釋，明明是寫了白字。第六板的「骫失」，則顯然是「骫臾」之誤寫。

第四，由於此書經過閭里書師的一再修改，文字由篆轉隸，隸書中的俗字也被寫進書中。最爲明顯的例子是，冰，本不從水字旁，但漢牘本第三十八板却寫作⿰氵水，這顯然是個俗字。又如歸字寫作⿺辶帚（第十二板），蒜字寫成⿱艹⿰耒耒（失序號第十）。有不少字都是漢代流行的寫法。

以上這些現象業已表明，漢牘本《蒼頡篇》經閭里書師修改的痕迹很多，從文字方面説明此本屬於五十五章本並不缺乏證據。

本書所載漢牘《史篇》一的第一板開宗明義地説：「寧來學書，告子之方，《蒼頡》之寫，五十五章。」表明當時已使用《蒼頡篇》五十五章本教授學童，漢牘《蒼頡篇》最大序號五十四，可資佐證。全書文字又在五十五章基礎上有所增益，故此本即五十五章增補本無疑。

漢牘本《蒼頡篇》爲五十五章增補本既然明確，就可以談談阜陽漢簡《蒼頡篇》本子的年代問題。

前面我們在依據漢牘本《蒼頡篇》整理出的第五章、第十一章中，都可以看到阜陽漢簡《蒼頡篇》有未經漢代閭里書師增益的文字，可判知該本確有保存秦本原貌之處，這是判斷其年代較早的一個依據。

阜陽漢簡《蒼頡篇》所依據的是哪個朝代的本子？整理者胡平生、韓自强認爲是秦朝本子，其具體理由是：

> 「飭端脩法」一句，具有鮮明的秦代特徵。首先，「飭端」之「端」，是爲避秦始皇名諱而改。《史記·秦楚之際月表》索隱云：「秦諱正，故云端月。」在秦始皇刻石、《吕氏春秋》以及雲夢秦簡中，皆有以端代正之例。所以，飭端，就是「飭政」。《史記·李斯列傳》寫到李斯自獄中上書二世，述説自己爲丞相二十餘年的功績，其一即「脩甲兵，飾政教，官鬥士，尊功臣」，可以作爲旁證。其次，與「飭端脩法」相似的提法，在秦人的文字中屢見不鮮。如《吕氏春秋·音律》：「脩法飭刑。」《泰山刻石》：「皇帝臨位，作制明法，臣下脩飭。」
>
> 根據上述理由，我們推斷阜陽漢簡《蒼頡篇》所據之本爲秦本。

現在看來，由於北大漢簡本和漢牘本這兩個《蒼頡篇》本子的出現，以「飭端脩法」爲論據推斷阜陽漢簡《蒼頡篇》所據之本爲秦本，已經不合適了。理由很簡單，「飭端脩法」之語分別見於這兩個漢本。漢牘本即漢閭里書師修改完的一種五十五章增補本。五十五章的漢本有「飭端脩法」之語，説明此語很可能秦本、漢本均有，這就失去了秦本獨有的依據，則阜陽漢簡所依據的是否爲秦本就必須重新考慮了。

我們發現漢牘《蒼頡篇》與阜陽漢簡《蒼頡篇》，儘管本子有早晚不同，二者却是既有不少相同之處，也有一些相異之處，可概括爲同多異少。漢牘《蒼頡篇》中的多板與阜陽漢簡《蒼頡篇》有大致相同或小有差異的字句，如漢牘第三、第四、第五、第六、第八、第十、第十一四甲、第十一乙、第十二、第十三、第十四、第十五、第十八甲、第十九、第二十四、第二十六、第三十、第三十一、第三十三、第三十六、第三十九、第四十二、第四十六、第四十七、第四十八、第四十九、第五十、第五十二、第五十三乙、第五十四板，總共三十板之多。

其中可相校正的整句的文字，漢牘本第十二板有十句可與阜陽本作比較，漢牘本第十板有九句可與阜陽本作比較，漢牘本第三、四、五、六、十三、二十六板各有八句可與阜陽本作比較，漢牘本第三十一板有七句可與阜陽本作比較，漢牘本第八、第十四本各有四句可與阜陽本作比較。至於漢牘本一板有一句或兩句見於阜陽本的，就不一一列舉了。凡此可證阜陽漢簡《蒼頡篇》與漢牘《蒼頡篇》相合之處頗爲不少，儘管阜陽本原來的字數可能達不到漢牘本那麽多，但章數肯定比二十章多。

由此分析，阜陽本《蒼頡篇》應是已開始脱離秦二十章本，而成爲向漢閭里書師五十五章過渡之本。該本儘管尚有一些秦本文字未及修改之處，但與漢牘《蒼頡篇》五十五章增補本相合之處已經偏多，這無疑是漢代閭里書師有所增益的結果。確定這點，有助於我們理清《蒼頡篇》本子淵源系統。

與阜陽本、漢牘本《蒼頡篇》相關的北大本《蒼頡篇》目前已出版，故在版本方面，可以與漢牘《蒼頡篇》作一些比較研究。

北大漢簡《蒼頡篇》現存各章標題共有十一個，即顓頊、雲雨、室宇、□輪、鶡鴇、漢兼、□禄、闊錯、幣帛、□悝、賣購。經過比較，可知上述各章標題中的有六個標題見於漢牘《蒼頡篇》，即：

□禄，即「賞禄」，見第三板。

漢兼，見第五板。

顓頊，見第十一板乙。

室宇，見第十三板。

雲雨，見第十九板。

賣購，應即「賚購」，見第三十九板末。

漢牘《蒼頡篇》雖無章名，然「賞禄」、「顓頊」分別出現在第三、第十一乙的首句，正合乎古書章名的命名原則。可見，北大本與漢牘本淵源頗有相合之處。

北大漢簡《蒼頡篇》現存標明字數的章末簡有九枚，即「百四」（一枚）、「百一十二」（一枚）、「百廿八」（三枚）、「百卅六」（一枚）、「百卌」（一枚）、「百五十二」（二枚）。結合章名來分析，北大本章名仍沿秦本之舊，不過漢初閭里書師本每章爲六十字，此則一百零四字，或一百一十二字，或一百二十八字，或一百三十六字，或一百四十字，或一百五十二字，因爲無法見到秦本，故亦無法判斷各章哪些是秦本之舊，哪些是被漢閭里書師增加的文字，有的一章文字已接近兩章一百二十字，有的一章已超過兩章字數，最多的一章已等於兩章半即一百五十字。漢代閭里書師增益的文字，其詳雖大都已不可考，但字數卻是可考的。北大本章名依秦之舊是其表象，實際上此本已是朝《漢書・藝文志》所著録的漢閭里書師五十五章本過渡較多之本。朱鳳瀚提出：

> 《蒼頡篇》在每章標題的寫法上采用在首簡與第二簡上端横向書寫的方式，亦見於秦簡，應是保存了秦簡原本的書寫方式。

這當然是可信的，不過這也屬於形式上的延續，並不能影響我們對其書寫内容的判斷。

由於漢牘本《蒼頡篇》在五十五章本的基礎上文字又有所增補，而未增加章數序號，就出現了第十一、第十八、第三十五、第四十三和第五十三板均爲兩板的序號重複。因此，漢牘《蒼頡篇》各篇的字數就應是：

《蒼頡》五百九十二字

《爰歷》一千三百五十二字加一百二十字（兩個十一板，兩個十八板）

《博學》一千三百五十六字加六十字（兩個三十五板，兩個四十板，兩個四十三板，兩個五十三板）共三千六百六十字

總字數已超出《漢書・藝文志》所述的三千三百字。字數增加的原因，自然是要滿足社會需求。自西漢初年的法律如《史律》就要求學童凡考史、卜、祝的要多識《史籀篇》和八體等文字，後來《蒼頡篇》取代了《史籀篇》，《蒼頡篇》與《史篇》都被稱爲《史篇》或《史書》，成爲考試做官必讀的課本，多識字仍然是社會主流需求。有關《史篇》《史書》的詳細考證，見本書《説漢牘〈史篇〉的定名》，兹不贅述。

關於北大本《蒼頡篇》，經過與漢牘本《蒼頡篇》的比較研究，初步形成以下認識。

北大本《蒼頡篇》的整理出書，由於該本雖然有相當一部分保留篇名，但整體缺少序號，故不得不按押韻情況進行排列。現在看來，各章文字排列可從的略占多數，可也有一些排列失次的。另外，在按韻排列中，排的對的雖占多數，但同韻中内容也有一些錯亂。凡此，將漢牘本與北大本進行比較後已經基本弄清。弄清北大本排列順序，對於漢牘本也有益處，那就是通過北大本各章的内容銜接，有助於進一步確

釋漢牘本漫漶難認的字。借助於這批新資料，漢牘本原失序號的如第二十九、第四十三甲重新確定了序號，從而又發現漢牘本有重號部分，這是以前所不知道的。

爲了知道北大本《蒼頡篇》是否等同於漢牘本《蒼頡篇》的排列順序，列表於下，以作比較：

北大本《蒼頡篇》章名	簡號	漢牘本《蒼頡篇》板（章）序號	内容説明
□（賞）禄	（一）（二），（一）的首句是「寬惠善志」	第三	北大本篇名「□禄」，應即「賞禄」，但北大本缺開頭的二十字
	（三）（四）（五）	第四	二者皆從「疢痛遬欬」開始，結尾分别爲「娩姁款餌」（北大本）、「娩娟款□」（漢牘本）。北大本是完本
漢兼	（六）（七），「漢兼」章（八）加上（九）頭兩句	第五	漢牘本從「戲業奢掩」開始，北大本此句在簡（六），不屬「漢兼」章
漢兼	「漢兼」章（九）的後三句，（一〇）（一一）	第六	漢牘本從「變大制裁」開始，即北大本（九）的第三句
幣帛	（二六），幣帛章（二七）（二八）連同（二九）前三句，第三句是「陷阱鍇釣」	第八	漢牘本從「肸嚌尼睆」開始，此句見於北大本（二六），漢牘本第三句是北大本「幣帛」章首句
	（六一）第四、五兩句，（六二）	第十	北大本（六一）第四句「漆鹵氏羌」，漢牘本爲本板首句
顓頊	「顓頊」章（四六）（四七）加上（四八）	第十一乙	二者起訖相同
	（四九）（五〇）（五一）	第十二	二者都從「游敖周章」開始，起訖相同
室宇	（五二）「室宇」章（五三）（五四）連同（五五）第一句	第十三	北大本（五二）「卜筮𣂔占」四句不屬「室宇」章，漢牘本從此開始
	（五五）後四句：亭庵陛堂。庫府廥廄，囷窖廪倉。桶概參斗	第十四	北大本殘存此四句，漢牘本即從此開始
	（六四）（五六）（五七）前四句	第十八乙	北大本與本板對校，可知本板缺首句，北大本（六四）「藿葦菅蔚」，屬本板次句

北大本《蒼頡篇》章名	簡　號	漢牘本《蒼頡篇》板（章）序號	内容説明
雲雨	（五七）最後一句，（五八）「雲雨」章，（五九）（六〇），加上（六一）前三句	第十九	北大本（五七）最後一句「伊雒涇渭」，本板是爲首句
	（一九）	第二十四	北大本（一九）「䑋（塍）籥望沙」，本板作「𦡶籥袒沙」是第八句
	（二九）第四、第五句，（三〇）	第二十六	北大本簡（二九）第四句「罯筍罘罝」，本板首句除「罯」作「窨」外，完全相同
	（三二）：頯勃醉酤。趚文窣窭，差費歓酺。細小貧寠	第二十九	北大本（三二）上引前四句，大致與本板相合。漢牘本頗有殘損字，而北大本缺前面的字
	（三二）第五句「乞匃貰賖」，（三三）（三五）（三六）前四句	第三十	本板首句「乞貽貰賖」即北大本（三二）第五句，北大本文字完整，可補本板缺字
	（三六）第五句，（三七）	第三十一	北大本（三六）第五句「旃翳簦笠」即本板首句，（三七）三句與此銜接
	（七三）（七一）	第三十四	北大本（七三）首句「…院」，即本板第四句「翩扁循院」。北大本（七一）首句「蔑疑齰圄」，本板作「蔑疑齰圄」
鶡鴇	鶡鴇（六九）末句、（七〇）：嫛䫜娄孅，婠㜸眇靖。姑𥽯姗䐪，訐𦳊竄筦。罪蠱訟郤	第三十六	北大本（六九）末句，即漢牘本首句「賴犺播耕」。（七〇）即漢牘本第二至第六句
	（七六）：…沽，蚰虖陬□。雋陼郝郅	第三十八	北大本（七六）末句，與本板殘字相合，其餘的字也基本相合
	（六六）（二二）（二三）（六七）	第三十九	北大本（六六）「狗獳𪊑𨂨」，本板次句作「狗獳𨄅跰」
	（七五）…郡邊…	第四十	北大本（七五）即本板第六句「郡邊沵濮」
	（三九）（三八），（四〇）前三句	第四十二	北大本（三九）首句「寍昚諫敦」，即本板第三句「賓昚諫敦」。（三八）與（三九）不銜接
	（四〇）後兩句「箠𣅽輴解。姎婞點媿」，（四一）	第四十三甲	漢牘本四十三甲序號無存，據北大（四〇）上下文推知順序

北大本《蒼頡篇》章名	簡　號	漢牘本《蒼頡篇》板（章）序號	内容説明
	（三四）「柳櫟檀柘」五句	第四十三乙	本板北大本僅存五句
	（四四）前四句	第四十六	北大本僅存「梧棫邸造」四句，爲本板後四句
闊錯	（四四）末句「嬈欺蒙期」，（四五）「耒旬緐氏」，闊錯章（一二）（一三）	第四十七	北大本（四四）（四五）兩句爲本板開頭兩句。「闊錯」章在本板占十句，四十字，可補本板殘文
	（一六）「猜常衮土」五句	第四十九	北大本五句爲本板結尾五句
	（一七）（一八）	第五十	北大本（一七）「嫺嬬范鹿」，即本板首句「嫺嬬肥麇」。北大本存前十句
	（一四）（一五）（二〇）第二句	第五十二	漢牘本此板殘損，據北大本可補足殘文
	（二〇）第三、四、五句，（二一）	第五十三甲	漢牘本首句「竆鮒解隋」，即北大本（二〇）第三句「竆鮒解觽」。北大本的連接，表明第五十三乙當時尚不存在
	（二四）（二五）	失序號第一	北大本可補本板闕文，但二者個别文字有異
	（六三）	失序號第四	漢牘本此板有可能是第十七板

以上比較，仍有懸疑的成分，例如北大本第五句及（三七）三句等於漢牘本第三十一板，然阜陽簡顯示（三七）最後一句可能是全書之末句。北大本與阜陽本排列順序相近，則這一排列是暫時做如此處理，聊供參考。

接下來便可以討論，北大本《蒼頡篇》是否等同於漢牘本《蒼頡篇》的排列順序的問題。

《蒼頡篇》的排列順序，在漢牘本之前，僅能知道其中幾章的次序。例如第一章「蒼頡作書」，據考古發現可知漢代常有習書者寫這一章，王國維判定此書始句是正確的；第五章，居延漢簡記述此章，已標明「第五」；據此，有學者考證出北大本第六章；此外，還有古書《顔氏家訓·書證》，談到第九章。以上次序，未見學者有異議。一般來説，一部流傳有序的古書，其定本或者與定本關係最近的本子，其中内容的排列順序大都傳承有序。不過由於有的古書歷經多次增補修改，則中間的本子中不免有些變化。那麽，漢牘本《蒼頡篇》的各章排列順序是否就是北大本的排列順序呢？通過上述的比較，可以説大體上北大本絶大多數簡與漢牘本的排列順序無異（字數問題下文再討論），唯有以下兩章明顯不同。一是北大本二六簡後兩句「肣齎尼晥，䶂餓鎌餔」，幣帛章二七、二八簡，還有二九簡前三句「蛟龍虫蛇，黿鼉鼈魚。陷阱緡鈞」，這些文字可構成六十字一章，其内容正是漢牘本第八板（章）。「陷阱緡釣」是此板（章）最後一句，而接下來北大本二九簡後兩句：「罾笱罘罝，毛觢觳熷」，却不是第九章，而是漢牘本第二十六板（章）。阜陽本C〇一三：「鼈魚，陷阱釒□釣，罾笱罯罝」，也是如此排列。説明阜陽本、北大本都在第八章之後是第二十六章，與漢牘本有區別。一是北大本五七簡末句「伊雒涇渭」，加上雲雨章的五九、六〇簡及六一簡第三句「阿尉馺瑣」，等於漢牘本第十九板（章）。接下來六一簡第四句「漆鹵氐羌」就應該是漢牘本第二十板（章）纔對，可是漢牘本却在第十板（章）。凡此表明，北大本與漢牘本各章内容的排列順序，儘管絶大多數相同，仍有少數不相同。看來很可能北大本與阜陽本相同。顯示出漢初早期本子的排列有特殊之處。

三、分章、字數與版本問題

由上表看來，北大本各章字數多不相同，然按六十字一章分割排列，内容大致與漢牘本無太大區別。也就是説，表面看來北大本分章與《漢書・藝文志》所述秦、漢本不同，然從内容方面分析，則與漢五十五章本並無很大的不同。《蒼頡篇》漢五十五章本以六十字爲一章，應與書寫載體字數以及作爲教材每章字數限定有關。阜陽漢簡《蒼頡篇》以殘簡爲多，其中C〇〇一簡二十字，C〇〇九簡十八字，C〇一〇簡十八字，C〇二一簡十八字，C〇二六簡十七字，估計原簡每支字數應以二十字爲常。北大《蒼頡篇》每簡二十字明確無誤。這些應該是比較規範的。至於水泉子簡每簡以十三至十四字爲多，也有多達十六至十七字者，不在此列。如此説來，古人教學爲求簡易，定每章六十字，是從講授和學習方便考慮的，所以漢代居延有六棱觚書寫《蒼頡篇》正好六十字，就是一章。我們不能忘記，學習此書的對象是學童。若是每章字數多寡不一，不能整齊劃一，學習起來定有許多不便。漢本五十五章，是按字數分割之本。北大本帶章名記字數之本，是漢初未按字數分章之本。按字數六十字分割爲一章的，便不再單獨出以章名，如漢牘本章名有的在首句，也有不少排在章中，二者的矛盾無法解決。

在漢牘本《蒼頡篇》與北大本《蒼頡篇》對校的過程中，依據簡文上下文之間的聯繫，發現漢牘本有兩個第十八板、兩個第三十五板和兩個第四十三板，述之於下：

第一例是漢牘《蒼頡篇》出現兩個第十八板，其一即：

□听□□，銚鏐督鶩，鱄鮮銒鈇，錐刀鋌釒□，釒□（鈒）戟□□，劒刃標屎，鏇鋸鏐釒□，捋軕轙□各（輅），又有一殘牘，其實也是第十八板：

□□□□，鞅韅□斤（靳）□，輂軺乘車，緜（絶）□□，
□□□□，□□□□，□全澤潤（？）□。（第十八甲）

□□□□熊羆，犀犛□狼，貙貍唐豻，麢……□鴛鶩，□□嗕（溝）咖洫，淵泉隄防，江漢氵□（汾）……（十八乙）

經與北大漢簡《蒼頡篇》相對照，該簡五七：「陂池溝洫，淵泉隄防，江漢澮汾，河泲涊漳，伊雒涇渭。」其中「洫，淵泉隄防，江漢汾」等字句見於漢牘本殘牘，北大本「澮汾」，漢牘本「汾」在上。北大本「伊雒涇渭」則明載於漢牘本十九板（章）爲首句。這説明漢牘《蒼頡篇》有兩個十八板，是後來的閭里書師對《漢書·藝文志》所載的漢閭里書師五十五章本又有所增益形成的。

第二例是漢牘本《蒼頡篇》有兩個第三十五板。

先看北大本七一、七二、六八、六九簡：

蕞疑醋圄，
袤緳糾絣。
律丸内戍，
闟踐贔朾。
戳烄熱構，（七一）
藿火燭熒。
媨尷窺鬐，
愿擾嫖娙。
樊厭妮秩，
私醓救醒。百廿（七二）
鶡鴇

鷊　鷊鴇牝牡，

雄雌俱鳴。

屆寵趯急，

邁徙覺驚。

犴潩僂繚，（六八）

鴇　頗科樹茎。

裡糈娙娣，

叚耤合冥。

踝企瘟散，

賴犺播耕。（六九）

北大本七一簡前四句，即漢牘本第三十四板（章）最後幾句：「蘮疑齰圄，表（袤）紅絇絣，律凡卯戌，閅（闐）踐鼎奸。」二者文字有幾處不同，已在該板「説明」中略加闡述。

那麼北大本接下來七一簡第五句「戳烄熱㯁」，無疑就是漢牘本第三十五板（章）的首句。而北大本六九簡「賴（賴）犺播耕」，阜陽本作「㪘散，賴犺播」（C〇四二），可以證明北大本「踝企瘟散，賴犺播耕」兩句實相聯接。漢牘本「賴犺播耕」爲第三十六板首句無疑。

漢牘本第三十五板原文是：

奚避翦䨟，渭（畏）巨（懼）讒詈，茸鷺檢凡，掌箴秉䨟，見黽幾巷，遴遒遠迡，饑渴止養，煮飧召㦖，帢紕緍緑，裦帬禓裎，郵寺幾（畿）䨟，沐茝（芷）像脂，蓄槃穖粥，煩非錢雎。魂恙公旦。

漢牘本第三十五板文字完整無缺，與「戳烄熱㯁」至「踝企瘟散」這六十字無一相合，由此證明漢牘本第三十五板可能在阜陽本、北大本出現時，尚不存在。故將漢牘本第三十五板定名爲第三十五乙，而北大本「戳烄熱㯁」六十字，可稱第三十五甲。

第三例可判定漢牘本應該有兩個第四十三板。

北大本四〇簡云：

娓殻譽姝，

蠻喊趍恚。

鬾袳娷再，

上述三句，漢牘本第四十二板作：

媚敞蠻如，

瞶䁍趍恚。

鬾哆（缺二字），

北大本四〇簡第四、第五兩句：

篳羣䡩解。姎婞點媿，

就應是漢牘本第四十三板之首。接下來也是支部韻的四一簡：

磐㲋嬬媞。

頪壞蠉虢，

廮序戊讗。

癄效姰卧，

滫䬙鸞赽。（四一）

漢牘本有一板失序號，其前面幾句作：

……（上缺三字）柤，□□□媿，瞀嫛如□，頪壞□□，□序□□，癟效□□，□□學䞓。

兩相對照，不難看出屬於同樣的内容，字字對應。這就證明北大簡四〇、四一聯接無誤。這也説明漢牘此板原序號應爲第四十三。然漢牘本已有序號第四十三者，即：

窒竅穴竇，氾滏泥塗，霑霂潰漏，水湶漄……（缺五字），□□□渠，墳壤埶下，涅（淫）淖漸洳，棓楢楡梜，槢……（缺三字），溉穿□石，柱橈𢻫（枝）〔枎〕，瓦蓋枌櫋，堊墍幔杅，端直（缺二字）。

與北大本的對校，已經知道第四十二板與此板不聯接，可能説明北大本所依據的底本上，此板内容尚未出現，故此板宜定名第四十三乙，而上述失序號板便是第四十三甲。

此外，還有根據北大本簡文判知漢牘本第四十板有重號及漢牘本同序號兩板排列順序的，於此不贅述。

接著我們談談水泉子本《蒼頡篇》的本子問題。

水泉子漢簡七言本《蒼頡篇》每句前四字的内容，絶大部分可與漢牘《蒼頡篇》相印證，其中大都相合，相異之處不多。兹將漢牘《蒼頡篇》諸板與水泉子漢簡七言本《蒼頡篇》的諸簡的對應關係列之於下：

第一板　暫二、暫八、暫三一、暫三二、暫三九、暫四三

第五板　例一〇、暫三八、暫一四、暫一五

第六板　暫一二、例十五、暫二〇、暫二五、暫三六

第十板　例一二、暫二一、簡二一、簡一四

第十一板乙　例一一（暫二七、暫四二）

第十二板　暫四四、暫四一、簡六、暫九、暫四

第十三板　暫二四、暫三三、例一八

第十四板　簡一九、暫三

第十五板　簡一一、例一六、簡八

第十六板　暫三五、簡一三、例二五

第十八板乙　例一九

第十九板　暫二二、暫二九、暫二八

第五十四板　暫一七、暫四五

失序號第四板　暫一六

水泉子漢簡七言本《蒼頡篇》簡二〇、暫一九兩簡應屬《史篇》，詳見本書《説漢牘〈史篇〉一的定名》，此不贅述。上引諸簡中可以找到文獻對照的是暫二一：「☑偃鼂運糧載穀[行]」，「偃鼂」一詞，胡平生、朝自强釋阜陽本時談到過。《説文・黽部》：「鼂，匽鼂也。讀若朝。揚雄説：『匽鼂，蟲名。』杜林目爲『朝旦』，非是。」段注：「蓋見揚雄《蒼頡訓纂》。《廣韻》亦引《蒼頡篇》云『蟲名』。按爲何蟲，許亦不憭也。」這就證明該簡應是《蒼頡篇》。其餘暫一、暫五、暫七、暫一〇、暫一一、暫一三、暫二三、暫三四等簡尚未找到合適的文獻對照。其中如暫二三：「☑嘗食黍粱，君侯整齊坐有行。」暫三四：「☑禿央，文文若若麇鹿熊」，七字一句的前四字文字平易，更像是《史篇》。

這樣説來，水泉子漢簡七言本《蒼頡篇》，除去其中幾簡是《史篇》及推測可能是《史篇》的之外，它所依據的四言本《蒼頡篇》無疑已是五十五章本，其年代可能略晚於漢牘本。張存良依據水泉子本有「萬石君」字樣，推斷出該本編纂的上限是在漢武帝之後，其説可從。

水泉子漢簡七言本《蒼頡篇》，有數枚簡末書「百五字」，即每百五字爲一章，折合成四言本仍是六十字一章，説明此書是在漢閭里書師五十五章本基礎上創作的普及本。水泉子七言本《蒼頡篇》每句七字，用後三字對前四字（即《蒼頡篇》正文）作通俗的解釋。七言的文字學著作，似乎可以追溯到司馬相如的《凡將篇》。本書《史篇》二：「《凡將》竟訖，《孝經》道術。」表明西漢武帝晚期或稍後，私學曾講授《凡將》，據《説文・敘》段玉裁考證：「《凡將》七言，如《蜀都賦》注引『黄潤纖美宜製禪』，《藝文類聚》引『鐘磬竽笙筑坎侯』是也。」《蒼頡篇》出現七言本，漢元帝時史游《急就篇》開首三句七言，隨後的部分爲三言，主要的正文則爲七言，還有幾句四言，看來很可能是受到《蒼頡篇》的七言形式的影響。

最後可以談談《英斯》一書的《蒼頡篇》殘簡。據該書《前言》介紹，這批木簡殘片絶大多數可能確實來自斯坦因在我國西北地區第二次考察（一九〇六—一九〇八年）所獲，「是斯坦因在疏勒河流域的漢代烽燧遺址中發掘的」。其中頗多《蒼頡篇》的殘片，初步研究，應屬於西漢時期所作。漢牘《蒼頡篇》第一板（章）的内容，《英斯》多達二十四枚；第三板的内容，《英斯》所載多達二十八枚；第四板的内容，《英斯》多達二十枚；第五板内容，《英斯》多達三十四枚；第六板的内容，見於《英斯》的有四枚；第七板的内容，見於《英斯》的有兩枚；第十一板乙的内容，見於《英斯》的有十七枚；第五十四板的内容，見於《英斯》的有十枚。上述諸多殘片固然有很多重複文字，但也有可貴之處，一是依據章首符號▲，可知《英斯》三五〇二「稻（稻）粱」爲章首，與漢牘本第七板相同；《英斯》三五四三：「☑癰痤，賞賜☒□。」二〇〇七：「☒▲☒。」則應以「賞禄」爲章首，漢牘本第三板即如此。筆者還考出《英斯》三六七五▲後爲「戲叢」殘文，「戲叢」應爲第五板（章）之首。其文字有助於校正，可補逸文，本板「景𣐈昭穆」，阜陽本作「曷𣐈昭穆」，都有一字右旁不清楚，《英斯》作「桓」，可補其闕。類似的例子數見，漢牘本第四板最後兩句釋文的確定，都參考了《英斯》的材料，均甚可貴。總的説來，《英斯》本與漢牘本相同之處很多，也應是五十五章本。

另外，通過與漢牘《史篇》一的比較，可知《英斯》中還有《史篇》的文字。此外，由於《蒼頡篇》我們所知道的內容比以前多，可以看出有的文字恐怕不屬於《蒼頡篇》，例如《英斯》三四二二：「☒案牀槃匜□☒。」二九一六：「☒緣（？）表裏相尚☒」，目前尚無法證明屬於《蒼頡篇》。三二一八：「☒陽春四月草木將☒□」，像這樣文字淺顯的著作，恐怕也是另有其書，可能是《三蒼》或者《史篇》中的作品。

四、關於漢牘《蒼頡篇》中的文字訓詁及押韻情况

關於《蒼頡篇》的文字，其排列成文有幾種方式，以前的學者已經有所論述。就漢牘本《蒼頡篇》來説，不外乎以下兩種方式。

一是所謂「羅列式」，即將字義相近或相關的字排列在一起，不拘於偏旁部首是否相同，而組成敘述文字。例如第十四板説人的身體「耳目鼻口，面頰頜顙，首頭頤䫉，肩臂股肵，肝肺心腎，脾胃腹腸，骨體牙齒，手足蹇□」。當然從局部看，其中從頁的字都排列在一起；從肉旁的字、從骨旁的字也都分别排在一起，可見也顧及按偏旁部首排列。這種部首排列方式，實開後來《説文》編撰排列文字之先河，對《廣雅》一書的編纂亦有影響。有的部分主題不太明確，就像後來字典似的按同一偏旁部首排列。例如第十二板説黑色：「鉗（黚）黶黯黮，黤黝黔黲，黔黤赫赮」，從黑字旁的字算上通假字共十個連在一起。有的地方則按相同音符排列。如二十四板「蓳墳𧮯㺌」的「𧮯㺌」，三十板「歠潘閒簡」的「閒簡」，三十四板「翩扁循晥」的「翩扁」，「增贈專斯」的「增贈」，五十三板「亶擅隱條」的「亶擅」，失序號之一「媷膊姚渷」的「媷膊」。關於這種排列，張政烺先生説：「歷史上無人注意這一點，要到宋代王聖美創『右文』説，清代朱駿聲作《説文通訓定聲》纔成爲有用的知識。」（《蒼頡篇》，《大百科全書·語言文字》條目）在《蒼頡篇》中這種巧妙組合，也表達了一定的文義。

二是所謂「敘述式」。以作文爲主，適當選用一些字詞。此書有的地方，作爲文章首尾完具，字書的意味反而不濃。這在原爲李斯所作，後來閭里書師有所增補的《蒼頡篇》這一部分中最爲明顯。例如第一板：「蒼頡作書，以教後嗣，幼子承詔，謹慎敬〔戒〕，〔勉力風誦〕，晝夜勿置，苟務成史，計會辯治，超等軼〔羣〕，〔出尤别異〕，初雖勞苦，卒必有憙，愨願忠信，微密瘢（窒）塞……」分明是勸學篇，教人努力學書（文字及書法），如何努力，達到做官目的，都講到了。再如第五板：「漢兼天下，海内屏（并）厠，胡無噍類，菹醢離異，戎翟

（翟）給賓，佰（百）越貢織。」從文意上判斷，這很像「秦兼天下」之後的形勢，却與漢初情勢也能相合。作爲文章，遣詞造句功力甚深，與其説像字書，不如説更像啓蒙讀物。

再如《博學》這部分，本書第三十五板「奚避翦乖（夷），漯（畏）巨（懼）譢詈」幾句，敘述某官吏爲了躲避被除掉的命運，被迫出走；第四十八板「濕報踢職，裝褱盡止」幾句，敘述因物品保管不善受潮所引起的後果，相關人員被責駡等情況，都是敘事之文。惟因文字艱澀，不易闡釋，很容易被誤解爲羅列之文。在此借用《論衡·奇怪》的説法，「蒼頡作書，與事相連」，頗能概括《蒼頡篇》一書的特點，很值得玩味。

《蒼頡篇》所載大量的是常見字，但也收録一些冷僻字。在整理漢牘《蒼頡篇》的過程中，我們確實看到有前所未見的字。例如第三板的愬，第六板的顧，第七板的𤼷、辭，第十一板甲的虜，第十一板乙的鄂，第二十四板的擻，第二十六板的𡧍，第三十五板的鬃，第四十九板的鼓，第五十板的庚，第五十一板的闕，第五十三板甲的屬，失序號一的𥧌，失序號二的𤞞，等等，凡此不備舉。這些字（其中包括一些偏旁簡化的寫法）都是後來字書未曾收載的，許慎著《説文解字》對於《蒼頡篇》中的文字並非收録無遺。古代學術講求師承，《漢書·藝文志》載，「《蒼頡》多古字，俗師失其讀，宣帝時徵齊人能正讀者，張敞從受之，傳至外孫之子杜林，爲作訓故，並列焉。」許慎對於《蒼頡篇》並非直接得到傳授，而是從揚雄、杜林的書中學得，很難做到字字有解，故亦未能盡録。

還有的字，以前曾有字書等著録過，但不如漢牘《蒼頡篇》出現得早。例如第十六板的「薌」字見於《説文》新附字，但漢牘是西漢時期的，《説文》新附字是東漢以後的。又如第三十六板的「耕」，其文作「賴犺播耕」，耕就是耕字。本書《史篇》一也載：「深耕穡種，近汝黍粱。」《漢語大字典》雖收有「耕」字説「同耕」。但書證一是《改併四聲篇海·禾部》引《搜真玉鏡》，一是《敦煌變文集·太子成道經》。《改併四聲篇海》是金代韓道昭對其父韓孝彦撰的《四聲篇海》加以改併而成，時在泰和八年（一二〇八）。《敦煌變文集·太子成道經》也不會早過唐代。

漢牘本《蒼頡篇》儘管是隸書，個别字却還依稀可見上古構形，有助於我們釋讀古文字。例如第六板奪寫作[illegible]，該字形可向上追溯到殷墟甲骨文[illegible]字，字本象一手持隹，另有一手來奪形。慧琳《金光明經音義》：「奪，强取也。」（據王國維《重輯〈蒼頡篇〉》）所訓甚是。前人不瞭解奪字構形，清錢大昕《十駕齋養新録》卷四釋「奪」説：「奪本脱失之正字，後人借爲攘奪之義」，看來是欠妥的。再如第三十八板的盭、擘兩字，字形顯然從《史籀篇》隸定而來。

過去一般認爲《蒼頡篇》中可能很少有重複的字，現在看來，並不盡然。最明顯的例子是漢牘本第五板（章）「漢兼天下」，第五十三板（章）有「兼吞天下」，兩處就有三字重複。至於兩個字重複的，也有出現，例如第十二板（章）「游敖周章」，第五十三板（章）作「上下敖游」，「游敖」顛倒重複。此外，還有一些單字重複，例如第三板「賜予分貸」，失序號牘之三：「□粢饒飽分□。」「分」字重複。第十二板：

「兒孺俚殤」，第十三板：「朿在社殤」，「殤」字重複。第六板：「骪失（臾）左右」，失序號牘之二：「軋宰犾右。」「右」字重複。秦代《蒼頡篇》原作者爲李斯等三人，漢代增補修改此書的閭里書師不知幾人，總之衆手成書，爲了編成文句，像這樣的重複似乎也很難避免。凡此不能一一列舉。

文字重複，一個字兩次出現，這就使訓詁問題增加了複雜性，有的字兩次出現，用法是有區别的，套用一個訓詁解釋就不對了。

王國維在《重輯〈蒼頡篇〉》中指出：「合《三蒼》之字，幾與《説文》相埒，而其通行較《説文》爲廣，蓋《説文》爲一家之學，起於後世；而此則秦漢以來相承誦習，便於通俗故也。」由於《蒼頡篇》是「秦漢以來相承誦習」之書，因此書中收載商周秦古詞語很多，例如：嫛願、忠信、微密（第一板），賜予、朋友（第三板），谿谷、故舊、便疌（捷）（第四板），觀望、逋逃、往來、菹（葅）醢（第五板）、環佩、狎習（第七板），卜筮（第十三板），鐘磬、衣裳（第十六板），錐刀（第十八板甲），淵泉（第十八板乙），婏嬞、秉豸（讀「彝」））、簦笠（第三十一板），飢渴（第三十二板）、蠢愚（第三十三板），罪（蟲）（罟）（第三十六板）、黿鼉（第三十七板），季孟（第四十二板），漸洳、端直（第四十三板），票（飄）風、塵埃（第四十九板），裘褐、券挈（契）（第五十板），鉗（黔）首、説譯（悦懌）、豊鼓（禮秩）（第五十四板），畢弋（失序號第五）、糟糠（失序號第八）。

漢代始見的詞語也不少，例如：勞苦（第一板），賞禄（第三板），制裁、潘（蕃）殖、觭（奇）贏（第六板），貿易（第十一板乙），俗傖（第二十四板），提挈（第二十六板），鼙鼓（第三十板），鬼魅（第四十板），剖判（第四十八板），狴犴、監牢（第五十板）等等。一些新生的詞語都被陸續編入書中。

有的詞語，如「檐魯」（第十板）以前書證爲《梁書·諸夷傳》，明顯偏晚。此詞見於漢牘，時代大爲提前。類似情況，還有「俗傖」（第二十四板）、「圜（圓）臚」（第三十九板）等。

本書還收録了秦漢時期的一些成語，如超等軼羣（第一板）、機杼滕複（第三十一板）、咸地斥境（第十板），典籍中都有相近或相同的説法。

其次，關於漢牘《蒼頡篇》的押韻情況也值得探討。前面我們説到漢牘《蒼頡篇》的一板並不一定就都是一章，常有不相值的情況。與此相應，在整理漢牘《蒼頡篇》時，也發現在一板文字中押韻有不是一韻到底的現象。以前整理阜陽漢簡《蒼頡篇》的學者，所接觸的是竹簡，自然無法看到這種情況。現在我們既然看出此點，便不能不將各板分章與押韻情況一併考慮。根據現有序號各章的押韻情況，可知《蒼頡篇》三篇不是一韻到底的。

具體各板（章）的押韻情況是：

第一板（章）　押之韻。嗣、〔戒〕、置、治、〔異〕、意、塞均屬之部字。

第三板（章） 主要押職韻。其中貸、克、識、德、背屬職部字，記、忌爲之部字，職、之通韻。

第四板（章） 主要押之韻。其中欬、久、載、舊、思、〔珥〕屬之部字，亟、熾是職部字，之、職通韻。

第五板（章） 其中該、載、睞、異屬之部字，服、厠、織爲職部字，胡平生、韓自强文中已指出此章爲之、職通韻。

第六板（章） 除試字爲職部外，裁、字、右、耐、柩、笥、莪均爲之部字，之、職通韻。

第七板（章） 其中食屬職部字，莪、佩屬之部字。職、之通韻。

第八板（章） 押魚韻。餔、姑、居、烏、〔菹〕、〔狐〕、〔魚〕均屬魚部字。

第一〇板（章） 押陽韻。前十二句羌、鑲、〔糧〕、亭、荒、踼、央屬陽部字。

以上爲李斯《蒼頡》增益後用韻情况。從各板（章）押韻情况分析，很可能李斯《蒼頡》原來是之職通韻，一押到底的，後來增補者做不到這點，就押了魚部韻，陽部韻。

第一〇板 後兩句「爰磨（磿）次貤，繼續前圖」，屬下篇《爰歷》，〔圖〕是魚部字。

第一一板（章）甲 押魚韻。屠、夸、夫、豬、蒠、且、筭，均屬魚部字。

第一一板（章）乙 押陽韻。光、鑲、鄣、慶、〔莊〕、臧、商屬陽部字。

第一二板（章） 押陽韻。章、黖、黄、殤、狂、〔傷〕、〔盲〕、〔詳〕均屬陽部字。

第一三板（章） 押陽韻。殤、諒、彊、蘠、郎、房、梁屬陽部字。

第一四板（章） 押陽韻。堂、倉、當、衡、顙、胻、腸屬陽部字。

第一五板（章） 押陽韻。兄、喪、羊、漿屬陽部字。

第一六板（章） 押陽韻。餳、簧、璜、牀、裳、薌屬陽部字。

第一八板（章）甲 似押魚韻。鈇、車二字屬魚部字。

第一八板（章）乙 似押陽韻。〔英〕、狼、鶩、防、〔漳〕屬陽部字。

第一九板（章） 押陽韻。方、霜、剛、陽、亢、庚、坑屬陽部字。

第二四板（章） 儵、蔆、恴（憂）、陶、橐、牟，其中儵字字書未載，但從攸得聲應爲幽聲，故此六字，除蔆屬侵部字外，其餘五字屬幽部字。侵、幽合韻。

第二六板（章） 押魚韻。罝、紆、狙、奭、于、於、扜、軥屬魚部字。

第三〇板（章） 押魚韻。賖、醵、華、苴、疏屬魚部字。

第三一板（章）押魚韻。譽、槫、纑、綮、〔盂〕、盧、壺均屬魚部字。

第三二板（章）前二十四字，押韻情况欠明。

以上屬趙高《爰歷》增益後用韻情况。從各板（章）押韻排列次序來推測，《爰歷》原來可能以押陽韻居多。

第三三板（章）從第二十五字「博學深惟」開始已屬《博學篇》，貞屬耕部字，應押耕韻。依每章六十字計算，第三四板前二十四字亦應屬此章。

第三四板（章）窺屬支部字，贏、程、甥、丁、絣、朾均屬耕部字。支、耕合韻。

第三五板（章）詈、乖、迟、艋、裎、脂、雎，除詈屬歌部外，裎屬耕部，乖此處假爲彝，屬脂部，其餘均爲脂部字。歌、耕、脂合韻。

第三六板（章）押耕韻。耕（耕）、婧、熒、刑、軨、轤、罃、精屬耕部字。

第三七板（章）押耕韻。婧、輕、纓、鉼、鞶、清、萍屬耕部字。

第三八板（章）似押耕韻。營、萍、檉屬耕部字。

第三九板（章）押耕韻。跰、瞾、綪、旌、請屬耕部字。

第四〇板（章）乙 第一句末尾「更」字，應屬上章，押耕韻。鄌、邔、觝、衙、譁屬脂部，押脂韻。

第四二板（章）咫、壐、棨、紫、恚，其中咫、棨、紫、恚爲支部字，壐屬脂部字，支、脂合韻。

第四三板（章）甲〔媞〕、讗、投、赴、是，除赴爲屋部外，其餘均属支部字。

第四三板（章）乙 押魚韻。塗、渠、洳、〔扶〕、杅均爲魚部字。

第四六板（章）瓶、維、多、蜫、迷、耆、稽，其中瓶、迷、耆、稽屬脂部字，維是微部字，多是歌部字，蜫是文部字。脂、微、歌文合韻。

第四七板（章）氐，脂部字。悝，之部字。脂、之合韻。

第四八板（章）押之韻。紀、止、騃、母、起、士均屬之部字。

第四九板（章）狸、鑄、留、茆、苞、擾，其中狸、鑄、留、苞、擾均屬幽部字，茆屬脂部字。

第五〇板（章）押幽韻。麃、袍、樛、劉、籌、牢、浮，均屬幽部字。

第五一板（章）頯、尻、罣、仇、郈、曹、抱，除罣屬鐸部字外，其餘六字屬幽部字。幽、鐸合韻。

第五二板（章）綏、需、〔包〕、衷、敖、窯、糟，其中需屬月部，衷屬藥部，敖、窯屬宵部，其餘爲幽部字。

第五三板（章）甲　鮹、羔、求、炮、脩、條，除羔屬宵部字外，其餘均爲幽部字。幽、宵合韻。

第五三板（章）乙繆、弢、鞣、保、陶、求、游，其中除弢字可能屬侯部字外，其餘均爲幽部字。侯、幽合韻。

第五四板（章）良、康、彭、湯、喪、明均爲陽部字。

以上爲胡毋敬《博學》增益後用韻情況，胡毋敬《博學》原作也許以押耕韻爲多。

上面漢牘《蒼頡篇》中已分出《蒼頡》《爰歷》和《博學》三個部分。因爲殘牘不少，依據尚顯不足，尚不能全部復原分章。當然開首幾板的板和章應是一致的，後來漸不相值，這方面多有可考。這些問題還是留待今後的研究者去解决。

由於漢牘《蒼頡篇》中還有一些因字迹模糊及殘毀失去序號者無法復原，其歸屬何篇不能確定，所以只能舉出上述各牘的押韻情況。儘管資料不全，通過分板列舉，仍可清楚地看出各篇都不是一韻到底的。秦本《蒼頡》三篇，是否各自一韻到底，估計可能性很大，但已無法詳考。

五、餘論

東漢光和年間的辭賦家趙壹在《非草書》中説：「齔齒以上，苟涉任學，皆廢《蒼頡》《史籀》，竟以杜、崔爲楷。」（《全上古三代秦漢三國六朝文·全後漢文》卷八二）。文中提到《蒼頡》《史籀》，已然是《蒼頡》在前，《史籀》在後，可見當時《蒼頡篇》較《史籀篇》爲流行。

通過查考《説文》《玉篇》《廣雅》等字書，及研讀王國維《重輯〈蒼頡篇〉》等輯佚書，可以約略知道，《説文》一書對於《蒼頡篇》的訓詁主要是揚雄、杜林之説，收得並不多。由於《蒼頡篇》自秦至西漢經過增補修訂，到了東漢此書仍存在，後來又被編入《三蒼》中。所以，當東漢許慎撰《説文解字》時，《蒼頡篇》仍是與之併行的書，因此許慎没有必要把《蒼頡篇》的訓詁資料全部收到自己書中。何況，《説文》是以明古義「復古」爲著述宗旨，而《蒼頡篇》「秦漢以來相承誦習，便於通俗故也」（王國維語），其文字訓詁内容，區別明顯，兩書各有分工。

在此不妨舉一些《蒼頡篇》與《説文》字義有區別的例子，説明這一點。先舉漢牘本《蒼頡篇》的例子。第一三板：「窻牖（牖）户房」，窻，《蒼頡訓詁》訓：「正牖也。」牖，《蒼頡解詁》訓：「旁窗也，所以助明者也。」而《説文》訓窻爲「通孔也」。段注：「十篇囱下曰：『在牆曰牖，在屋曰囱。』囱或從穴作窗。」《蒼頡篇》與《説文》的字義，顯然存在差異。

我們還可以從《原本玉篇殘卷》中摘引數例，以見《説文》與《蒼頡篇》文字訓詁之差別。

引用書目

羅振玉、王國維編著：《流沙墜簡》，中華書局，一九九三年。此書最初於一九一四年在日本京都出版，一九三四年又出版修訂本。中華書局本即據修訂本影印。

王國維：《重輯〈蒼頡篇〉》，《王國維遺書》第七册，上海書店，一九八三年。

文物局古文獻研究室、安徽省阜陽地區博物館：《阜陽漢簡〈蒼頡篇〉概述》，《文物》二〇一一年第六期。

胡平生、韓自强：《〈蒼頡篇〉的初步研究》，《文物》一九八三年第二期。

張政烺：《蒼頡篇》，中國大百科全書總編輯委員會、《語言文字》編輯委員會、中國大百科全書編輯部編《中國大百科全書·語言文字》，中國大百科全書出版社，一九八八年。

張存良、吴葒：《水泉子漢簡初識》，《文物》二〇〇九年第十期。

復旦大學出土文獻與古文字研究中心讀書會：《讀水泉子簡〈蒼頡篇〉札記》，復旦大學出土文獻與古文字研究中心網，二〇〇九年十一月十日。

胡平生：《漢簡〈蒼頡篇〉新資料的研究》，中國社會科學院簡帛研究中心編《簡帛研究》第二輯，法律出版社，一九九六年。

張存良：《水泉子漢簡七言本〈蒼頡篇〉蠡測》，中國文化遺産研究院編《出土文獻研究》第九輯，二〇〇九年。

胡平生：《讀水泉子漢簡七言本〈蒼頡篇〉》，復旦大學出土文獻與古文字研究中心網，二〇一〇年一月二十一日。

朱鳳瀚：《北大漢簡〈蒼頡篇〉概述》，《文物》二〇一一年第六期。

林素清：《〈蒼頡篇〉研究》，《漢學研究》一九八七年第五輯。

張標：《阜陽出土〈蒼頡篇〉的若干問題》，《河北師範大學學報》（哲學社會科學版）一九九〇年第四期。

蔡偉：《讀北大漢簡〈蒼頡篇〉札記》，復旦大學出土文獻與古文字研究中心網，二〇一一年七月九日。

梁静：《出土本〈蒼頡篇〉對讀一則》，武漢大學簡帛研究中心簡帛網，二〇一一年八月四日。

汪濤、胡平生、吴芳思主編：《英國國家圖書館藏斯坦因所獲未刊漢文簡牘》，上海辭書出版社，二〇〇七年。其中，除圖版、釋文外，裘錫圭《談談英國國家圖書館所藏的敦煌漢簡》、胡平生《英國國家圖書館藏斯坦因所獲簡牘中的〈蒼頡篇〉殘片研究》兩文亦爲筆者所參考。

王樾：《略説尼雅發現的〈蒼頡篇〉漢簡》，《西域研究》一九九八年第四期。

福田哲之：《水泉子漢簡七言本〈蒼頡篇〉考——在〈説文解字〉以前小學書中的位置》，武漢大學簡帛研究中心簡帛網站，二〇一〇年十一月二十六日。

孫淑霞：《出土〈蒼頡篇〉概述》，武漢大學簡帛研究中心簡帛網，二〇一三年十一月八日。

胡平生：《讀〈蒼頡篇〉札記》一至十二，復旦大學出土文獻與古文字研究中心網，二〇一五年十二月二十日—二〇一六年一月二十日。

李亦安：《據北大漢簡拼綴阜陽漢簡〈蒼頡篇〉》一則至續八，復旦大學出土文獻與古文字研究中心網，二〇一五年十一月十二日—十一月十六日。

李亦安：《阜陽漢簡〈蒼頡篇〉編排札記》，復旦大學出土文獻與古文字研究中心網，二〇一五年十一月十五日。

張存良：《〈蒼頡篇〉研讀獻芹》（一）—（十），武漢大學簡帛研究中心簡帛網二〇一五年十一月二十四日—十二月三十日。

馮希陸：《關於〈北京大學藏西漢竹書〉〔壹〕釋文注釋的幾點意見》，復旦大學出土文獻與古文字研究中心網，二〇一五年十一月十七日。

何余華：《北大藏漢簡〈倉頡篇〉研讀札記》（一），武漢大學簡帛網，二〇一五年十二月四日。

周飛：《〈蒼頡篇〉研讀札記》（一）（二），清華大學出土文獻研究與保護中心網，二〇一五年十二月二十三日、二十五日。

抱小：《北大漢簡〈蒼頡篇〉校箋》（一），復旦大學出土文獻與古文字研究中心網，二〇一五年十一月十七日。

抱小：《説水泉子漢簡〈蒼頡篇〉之疾偷廷》，復旦大學出土文獻與古文字研究中心網，二〇一六年一月一日。

秦樺林：《北大藏西漢簡〈蒼頡篇〉札記》（一）—（四），武漢大學簡帛研究中心簡帛網，二〇一五年十一月十四日—十一月二十三日。

王寧：《〈蒼頡篇〉首章箋注》，復旦大學出土文獻與古文字研究中心網，二〇一六年一月十九日。

李亦安：《英國國家圖書館藏〈蒼頡篇〉殘簡拼綴五則》，復旦大學出土文獻與古文字研究中心網，二〇一五年六月六日。

王寧：《英藏未刊〈蒼頡篇〉「寬葸」辨》，二〇一六年一月三十一日。

華東師範大學中文系出土文獻研究工作室：《讀新出版〈北京大學藏西漢竹書〉書後》（一）—（四），二〇一五年十一月十二日至二十日。

林少平：《漢簡〈蒼頡篇〉所見版本異字考》（一）（二），二〇一五年十一月十七日、十八日。

鞠煥文：《北大〈蒼頡篇〉讀書札記》（一），武漢大學簡帛研究中心簡帛網，二〇一五年十一月二十五日。

周飛：《北大簡〈蒼頡篇〉初讀》，清華大學出土文獻研究與保護中心網，二〇一五年十一月十六日。

王挺斌：《北大簡〈蒼頡篇〉「海内并廁」的解釋》，清華大學出土文獻研究與保護中心網，二〇一五年十一月二十七日。

王寧：《北大簡〈蒼頡篇〉「戲叢」別釋》，復旦大學出土文獻與古文字研究中心網，二〇一六年一月四日。

寧赫：《〈蒼頡篇〉研究》，東北師範大學二〇〇五年碩士畢業論文。

孫淑霞：《北大漢簡〈蒼頡篇〉匯校匯釋》，武漢大學簡帛研究中心簡帛網，二〇一三年七月二十三日。

張海棠：《水泉子漢簡〈倉頡篇〉校釋》，武漢大學簡帛研究中心簡帛網，二〇一二年八月十四日。

說漢牘《史篇》一的定名

——漢代仕宦考試課本由《史籀篇》、八體到《蒼頡篇》《史篇》的演變

本書這一部分定名爲《史篇》一，在我是經歷了一個認識過程的。這部分漢代木牘每板三行每行二十字，共六十個字，文字較爲淺近，整板僅剩有十五板。还有一板殘簡，失序號。最初我曾懷疑是揚雄的《訓纂篇》，或者是《三蒼》。繼而又懷疑是《蒼頡傳》、揚雄《蒼頡訓纂》、杜林《蒼頡訓纂》《蒼頡故》，不久都被我一一否定了，主要原因是體例内容均不相合。先説此書不可能是揚雄的《訓纂篇》，也不可能是《三蒼》。《漢書·藝文志》云：

> 武帝時司馬相如作《凡將篇》，無復字。元帝時黄門令史游作《急就篇》，成帝時將作大匠李長作《元尚篇》，皆《蒼頡》中正字也。《凡將》則頗有出矣。至元始中，徵天下通小學者以百數，各令記字於庭中。揚雄取其有用者以作《訓纂篇》，順續《蒼頡》，又易《蒼頡》中重復之字，凡八十九章。

許慎《説文解字敘》云：

> 孝平皇帝時，徵禮等百餘人，令説文字未央廷中，以禮爲小學元士，黄門侍郎楊雄采以作《訓纂篇》，凡《倉頡》已下十四篇，凡五千三百四十字，羣書所載，略存之矣。

唐張懷瓘《書斷》下：

> 至平帝元始中，徵天下通小學者以百數，各令記字於未央庭中，揚雄取其有用者作《訓纂篇》二（桓按，「二」應作「三」）十四章，以纂續《蒼頡》也；孟堅乃復續十三章。和帝永元中，賈魴又撰異字，取固所續章而廣之，爲三十四章，用《訓纂》之末字以爲篇目，故曰《滂喜篇》，言滂沱大盛也，凡百二十三章，文字備矣。

從章數上看，此書序號最大爲五十七，揚雄《訓纂篇》「順續《蒼頡》。凡八十九章」。二者章數不合，差得太多。從每章字數上説，段玉裁《説文解字注》已經指出：「自《蒼頡》至《彦均》，章皆六十字，凡十五句，句皆四言。」本書也是每板六十字，四言十五句。表明本書與《蒼頡篇》體例一致。至於内容方面，揚雄《訓纂篇》是《蒼頡篇》續篇，應有許多冷僻疑難字，此書却不見這種情況，故不可能是《訓纂篇》。此書也不可能是《三蒼》，《法書要録》引庾元威《論書》云：「《倉頡》五十五章爲上卷，揚雄作《訓纂記》《滂喜》爲中卷，賈升郎更續記《彦均》爲下卷，人倆爲《三倉》。」這一説法有不够準確之處，《滂喜》《彦均》其實是同一種書。唐張懷瓘《書斷》上：「至和帝時，賈魴撰《滂喜篇》，以《倉頡》爲上篇，《訓纂》爲中篇，《滂喜》爲下篇。」段玉裁的《説文解字注》已經考證清楚《三蒼》的内涵：「揚雄《訓纂》終於『滂熹』二字，滂熹者，言滂沱大盛。賈魴用此二字爲篇目，而終於『彦均』二字，故庾氏云揚記滂喜，賈記彦均。《隋志》則云揚作訓纂，賈作滂喜，其實一也。喜與熹古通用。熹者，大盛之意。彦音盤，大也。《大學》：『人之彦盛。』彦一作盤，是也。」《三蒼》凡一百二十三章，總字數是七千三百八十字，本書序號僅五十七，無法與之相合，且此書没有發現「滂喜」「彦均」的字樣，所以不可能是《三蒼》。

再説《蒼頡傳》、揚雄《蒼頡訓纂》、杜林《蒼頡訓纂》《蒼頡故》，對此清代段玉裁《説文解字注》已經考證清楚，「若《藝文志》又偁《倉頡傳》一篇，揚雄《蒼頡訓纂》一篇，杜林《蒼頡訓纂》一篇，杜林《蒼頡故》一篇，此四篇者，又皆漢人釋《蒼頡》五十五章之作，五十五章四言爲句，如今童子所讀千字文；此四篇者，如顔師古、王伯厚之釋《急就篇》也」。這十五板漢牘各板殘缺的文字不多。其中第一板説：「寧來學書，告子之方，蒼頡之寫，五十五章，□□□□，令人不忘，投筭計會，自致君卿，朝坐府廷，律令□□，道文辯法，治平久長，坐召立至，曉事有常，醪酒脯肉。」所謂「學書」就是通過讀書學寫字，實際包括認字和學習隸書書法以及相關的文化知識。此書介紹五十五章的《蒼頡篇》，説明其性質亦相類似。其第十八板云：「覆校四海，富貴高遷，丞相御史，家室殷昌，父母驩喜，延年益壽，後世長久，維筆之疏，□顯爲列，著文耶益益在前，載以竹帛名曰篇，史者讀之以自全，不史聞之。」文中既然説「載以竹帛名曰篇，史者讀之以自全」，顯然此書是供史者閲讀學習的課本，大概就是《史篇》。

甘肅永昌縣水泉子漢簡七言本《蒼頡篇》，經過學者與《居延漢簡》所引《蒼頡篇》、阜陽漢簡《蒼頡篇》及北大漢簡《蒼頡篇》仔細進行文字比對，看出該簡中七言的前四字屬於《蒼頡篇》，後三字是對前四字的解説或發揮，所以應該説這是一種普及本《蒼頡篇》，大致已成爲共識。但我認爲，這一結論主要部分雖可成立，考證還不是完全没有問題。漢代木牘《蒼頡篇》，每板六十字，總字數約二千一百六十字，是比北大漢簡《蒼頡篇》、阜陽漢簡《蒼頡篇》字數都要多的本子，其中很多木牘尚存序號，據此可以知道原書許多章先後次序，大約能看到《蒼頡篇》將近百分之六十的内容，尤爲可貴。因此，我根據漢代木牘《蒼頡篇》與水泉子漢簡七言本《蒼頡篇》的内容進行一些比較研究，對其中屬於《蒼頡篇》的内容作了進一步的確定。在釋讀比較研究中，我發現水泉子漢簡七言本《蒼頡篇》不盡是《蒼頡篇》，例如其中暫一九：「□貴富萬石君，瞻被卑賤不…」簡二〇：「□道至矣可東西，諸産皆備力…」簡九：「☑軒□輼輬輦郎極□☑」，這三段文字大都是常見字詞，不像《蒼頡篇》那樣難字彙集，在北大漢簡《蒼頡篇》、阜陽漢簡《蒼頡篇》和漢代木牘《蒼頡篇》中，也都不見這樣的文字。而在我所判斷爲《史篇》一的這批漢代木牘中，恰恰第二板作：「獨中上意，臨官使衆，恭肅畏事，終身毋怠，安樂貴富，詹彼卑賤，固谿無能，馴道至矣，諸産皆俻（備），人名元姬，師用爲佴，百蟲草木，关甲器械，禽獸虎兕，雜物奇恔（怪）。」兩相比較，可知「□貴富萬石君，瞻被卑賤不」，無疑出自「安樂貴富，詹彼卑賤」兩句。「□道至矣可東西，諸産皆備力…」無疑出自「馴道至矣，諸産皆俻（備）」兩句。第九板：「安車温涼」，簡九：「☑軒□輼輬輦郎極□☑」，可以對校。儘管前者「安」，後者作「軒」，但「温涼」即「輼輬」，此句出自第九板無疑。説明以上所舉出自《史篇》，而非出自《蒼頡篇》。除此之外，水泉子漢簡七言本《蒼頡篇》中，暫一三：「□□（不）亡，雅州葆德富且强，廣大四。」暫二三：「□嘗食黍粱，君侯整齊坐有行。」暫三四：「□禿央，文文若若麋鹿熊，□。」這幾處文字各句七個字中的前四字，也很可能是《史篇》的文字，而不屬於《蒼頡篇》，當然這只是初步推測。

無獨有偶，我們發現《英斯》中也是既有《蒼頡篇》的內容，也有《史篇》一的內容。關於《英斯》中《蒼頡篇》的內容，該書已經作了釋讀；以下幾枚顯然屬於上引《史篇》一的第二板的內容：《英斯》二二七四：「☑毋怠安樂☑。」三五七二：「☑□財用爲佴，□☑。」三二一三：「☑爲佴百（蟲）☑。」三五七四：「□佴，百蟲草☑。」三六三四：「☑雜物畸☑。」所言即「終身毋怠，安樂貴富」，「師用爲佴，百蟲草木」和「雜物奇恔（怪）」這幾句。

從《史篇》一的內容來看，爲了讓學童學到漢代政治法律和社會方面的實際知識，書中設計了若干人物場景，記述從雲陽歸來的史者，「歸事田方」，回來種地，通過史者的見聞，敘述當時「安樂富貴」有「廣田大宅」的人物；也有服徭役半道逃亡者，家屬受到牽連；還有爲了服軍役無錢辦裝而賣盡田宅者。同時描述了一些相關場景，如此等等。這樣編寫，反映了秦漢時期的政治、經濟、社會的真實情況，使得書中內容不至於空泛，便於學童不經意間從中學到知識，增長見聞。

《史篇》還有「史書」之名，在古書注疏中説法不一，一直困擾著文字學研究者，由於古書失傳，這個問題本不易説明。關於《史篇》，《漢書·平帝紀》載：元始五年「徵天下通知逸經、古記、天文、曆算、鍾律、小學、《史篇》、方術、《本草》及以《五經》《論語》《孝經》《爾雅》教授者，在所爲駕一封軺傳，遣詣京師。至者數千人」。《漢書·王莽傳》載：元始四年「徵天下通一藝教授十一人以上，及有逸《禮》、古《書》《毛詩》《周官》《爾雅》、天文、圖讖、鍾律、月令、兵法、《史篇》文字，通知其意者，皆詣公車」。注：「孟康曰：史籀所作十五篇古文書也。師古曰：周宣王太史史籀所作大篆書也。」這裏《史篇》是否確指《史籀篇》，其實值得思考。清代段玉裁《説文解字注》在對《説文敘》的解釋中，認爲《漢書·平帝紀》《漢書·王莽傳》這兩條材料所説其實就是《説文敘》所述的：「孝平皇帝時，徵禮等百餘人，令説文字未央廷中，以禮爲小學元士，黄門侍郎楊雄采以作《訓纂篇》。」因而引用《漢書·揚雄傳》：「《史篇》莫善於《蒼頡》。」提出「是則凡小學之書皆得偁《史篇》」。儘管段氏没有明確否認《史篇》即《史籀篇》的訓詁，但我認爲這一説法較爲可取。今按，《漢書·揚雄傳》：「《史篇》莫善於《蒼頡》，作《訓纂》。」揚雄《法言·吾子》：「或欲學《蒼頡》《史篇》（李軌注：「多知奇難之字，故欲學之」）曰：史乎史乎，愈於妄闕也（李軌注：「再言『史乎』者，善之也。言勝於不學而妄名，不知而闕廢」）。」應劭《漢官儀》上：「能通《蒼頡》《史篇》（按，《通典》引作『史籍』），補蘭臺令史，滿歲補尚書令史。滿歲爲尚書郎，出亦與郎通，宰百里。」值得注意的是揚雄以爲《史篇》之中包括《蒼頡》，特別是揚雄和應劭都將《蒼頡》《史篇》相提並論，此點正與漢代木牘《蒼頡篇》與《史篇》爲同一批材料相合；也與水泉子漢簡七言本《蒼頡篇》及《英斯》中《蒼頡篇》都混雜有《史篇》，情況如出一轍。《説文》「奭」字段注：「《史篇》之作，去周初未遠，未審何以乖異？《敘》自云：『及宣王大史籀著大篆十五篇。』《漢志》：『史籀十五篇，周宣王大史作。』又云：『《史籀篇》者，周時史官教學童書也。』按省言之曰《史篇》。《王莽傳》：『徵天下《史篇》文字』，孟康曰：『史籀所作十五篇也。』許三偁《史篇》，『姚』下云《史篇》以爲姚易也，『匋』下云《史篇》讀與缶同，此云《史篇》名醜。計度其書，必四言成文，教學童誦之。《蒼頡》《爰歷》《博學》實仿其體。」又在《説文敘》中説：「是則凡小學之書皆得偁《史篇》。」最早的《史篇》有可能是《史籀篇》的省稱，書寫的文字是大篆，也就是《説文》中的籀文，這種字體帶有不少象形成分，古奧難寫。但是隨著《蒼頡篇》的流行，《史篇》之名就讓給後起的《蒼頡篇》了。王莽時徵集有「《史篇》文字，通知其意者，皆詣公車」。若是《史篇》是常見的隸書，習之者衆，人人皆識，何勞皇帝從全國範圍徵集「通知其意者」呢？廣義的《史篇》應該是包括《蒼頡篇》一類的書，儘管已是隸書書寫，但其中有許多冷僻字、疑難字，還有訓詁缺失，需要講解的文字。這正符合段玉裁所説的「是則凡小學之書皆得偁《史篇》」。大約是從西漢中期開始，供史者學習的識字課本已是《蒼頡篇》《史篇》，揚雄《法言·吾子》：「或欲學《蒼頡》《史篇》。」應該就指這種狹義的《史篇》。張政烺先生在《〈説文〉燕召公〈史篇〉名醜解》一文中，考證道：「惟秦時同一文書，《史籀篇》已不適於用，李趙胡毋有作，起而代之，皆取《史籀》大篆，或頗省改。此後學爲史者自當習此，而不更學《史籀》。於是此三者遂有《史篇》之名，而其書體亦即謂之史書也。」這當是一種很得要領的説法。現在根據出土文獻可以補充的一點是，西漢時期確實有書名爲《史篇》的書，它與《蒼頡篇》都是史者學習的書，故常常被統稱爲《史篇》。

在兩漢書中屢見「史書」。《漢書·元帝紀》：「元帝多才藝，善史書。」《嚴延年傳》：「尤巧爲獄文，善史書。」《王尊傳》：「王尊字子贛，涿郡高陽人也。少孤，歸諸父，使牧羊澤中，尊竊學問，能史書。年十三，求爲獄小吏。」《後漢書·皇后紀》：「和熹鄧皇后諱綏，太傅禹之孫也……六歲能史書。」「順烈梁皇后諱妠，大將軍商之女，恭懷皇后弟之孫也……少善女工，好史書，九歲能誦《論語》，治《韓詩》，大義略舉。」《北海靖王興傳》説靖王興之子睦「又善史書，當世以爲楷則」。《章帝八王傳》：「帝所生母字左姬，號小娥……小娥善史書，喜辭賦。」根據清代段玉裁的研究，所謂「史書」均指隸書。我個人認爲以上西漢漢元帝及東漢鄧皇后、梁皇后等貴族，以及西漢嚴延年、王尊少時所學的可能均指用隸書書寫的識字讀本《蒼頡篇》《史篇》而言。兩漢時期，貴族兒童或者希圖讀書做官的子弟，識字必學史書，主要是《蒼頡篇》《史篇》。根據現有的資料判斷，西漢早期無疑是學《史籀篇》，或者《蒼頡篇》，後者有安徽阜陽西漢汝陰侯夏侯竈（？—前一六五年）墓出土的《蒼頡篇》爲證。但起碼到漢武帝時期一般人提到的「史書」實即《蒼頡篇》《史篇》等用隸書書寫的識字讀本，也許有時單指《史篇》，此點不易確知。《漢書·貢禹傳》説出了學習史書的功用，貢禹説：

> 武帝始臨天下，尊賢用士，闢地廣境數千里，自見功大威行，遂從耆欲，用度不足，乃行壹切之變，使犯法者贖罪，入穀者補吏，是以天下奢侈，官亂民貧，盜賊並起，亡命者衆。郡國恐伏其誅，則擇便巧史書習於計簿能欺上府者，以爲右職；姦軌不勝，則取勇猛能操切百姓者，以苛暴威服下者，使居大位。故亡義而有財者顯於世，欺謾而善書者尊於朝，誖逆而勇猛者貴於官，故俗皆曰：「何以孝弟爲？財多而光榮。何以禮義爲？史書而仕宦。何以謹慎爲？勇猛而臨官。」

可以説，漢武帝時許多讀書人學好史書，會寫公文，就能做官；善於欺上瞞下者，還有升遷的機會。善史書成了仕宦的捷徑。所以當時出現了「史書而仕宦」的説法，可見史書所起的作用了。《漢書·酷吏傳》説漢宣帝時，嚴延年「尤巧爲獄文，善史書」。這種風氣不絶。到了東漢時期，如王充《論衡·程材》所載：「是以世俗學問者，不肯竟經明學，深知古今，急欲成一家章句。義理略具，同超學史書，讀諷令，治作情奏，習對向，滑習跪拜，家成室就，召署輒能。」王充（公元二七—九九年？）是東漢前期人，他的這番話可以説明當時一般讀書人爲了做官而讀史書成爲風氣的情况。因此，西漢時期學習史書也就是《蒼頡篇》《史篇》的人，一定很多很多，無怪乎水泉子漢簡七言本《蒼頡篇》中不盡是《蒼頡篇》，其中也有《史篇》了。漢元帝時史游所作的《急就篇》時代在《蒼頡篇》《史篇》之後，其文字往往沿襲這兩書，特别是沿襲《史篇》。所以在我定名爲《史篇》一的漢牘中，經比較發現第一板的「律令□□」，《急就篇》卷四作：「《春秋》《尚書》、律令文。」第五板的「谷口」「甘泉」兩地名見於《急就篇》，第八板「廉潔平端」，《急就篇》卷四作「廉絜平端撫順親」。第九板：「樓殿東箱」，《急就篇》卷三作：「室宅廬舍樓殿堂。」又：「壂壘廥廄庫東箱。」「樓殿」「東箱」襲用該板之文。第十板：「隨汝畔疆」，《急就篇》卷三：「疆畔畷伯（一作陌，一作佰）耒犁鋤。」「疆畔」爲「畔疆」之倒。第十一板：「（如）畏鷹鷂」，《急就篇》卷三作：「鷹鷂鴇鴰翳雕尾。」第十四板：「四辟垣蘠」，《急就篇》卷三作「泥塗堊墍壁垣墻。」第十六板：「碓磑扇隤。」《急就篇》卷三作：「碓磑扇隤舂簸揚。」第十八板：「富貴高遷」，《急就篇》卷三作：「綸組縌綬以高遷。」同板「丞相御史」，《急就篇》卷四作：「丞相御史郎中君。」關於《急就篇》文字的來源，《漢書·藝文志》已經揭明，王國維《重輯〈蒼頡篇〉》亦每每用《急就篇》中的字來證明《蒼頡篇》有此字，説明兩書存在繼承的淵源關係。事實證明，《急就篇》所沿襲的不單是《蒼頡篇》，其中也有《史篇》一的内容。《史篇》的内容應該是很豐富的，它究竟是單指一種書還是幾種書？我初步認爲應包括本書收録的《史篇》一和《史篇》二，因爲二者内容是互補的，詳細理由見本書《談談漢牘〈史篇〉

二》。當然這個問題還需要進一步討論研究確定。

我們知道，《漢書·藝文志》記載，西漢時期「『太史試學童，能諷書九千字以上，乃得爲史。又以六體試之。課最者以爲尚書御史史書令史。吏民上書，字或不正，輒舉劾。』六體者，古文、奇字、篆書、隸書、繆篆、蟲書，皆所以通知古今文字，摹印章，書幡信也。」《説文解字敘》引《尉律》云：「學童十七以上，始試。諷籀書九千字乃得爲史。又以八體試之。郡移太史並課，最者以爲尚書史。書或不正輒舉劾之。」《張家山漢簡·二年律令·史律》云：

> 試史學童以十五篇，能風書五千字以上，乃得爲史。有（又）以八體試之，郡移其八體課大史，大史誦課，取最一人以爲其縣令史，殿者勿以爲史。三歲壹並課，取最一人以爲尚書卒史。

李學勤先生在《試説張家山簡〈史律〉》一文中説：「『試史學童以十五篇，能風書五千字以上，乃得爲史。』『十五篇』就是小學書《史籀篇》。《漢志》載『《史籀》十五篇』，自注：『周宣王太史，作大篆十五篇，建武時亡六篇矣。』」又説：「簡文要求史學童『能風書五千字以上』，《漢志》《説文》所引却爲『九千字以上』，標準大爲提高，這可能是《史籀篇》後來多有增益，或把注解也計算在內。」

從西漢初期學童仕宦考試學習大篆《史籀篇》和八體，到西漢後期考試學習《蒼頡篇》《史篇》，這種變化説明傳統的篆書文字學與讀經書相關聯的學問，逐漸在官場和社會變得不適用，取而代之的是盡收常見字以及冷僻字的隸書《蒼頡篇》，以及教授做官處理公務等各方面實用知識和倫理道德、禮儀常識的《史篇》，二者作爲仕宦考試的課本，正是因爲其内容豐富適合做官的需要，而到處流行起來。甚至當東漢許慎《説文解字》著成之後，也無法改變這種情況。

引用書目

張存良、吴葒：《水泉子漢簡初識》，《文物》二〇〇九年第十期。

張存良：《水泉子漢簡七言本〈蒼頡篇〉蠡測》，中國文化遺産研究院《出土文獻研究》第九輯，二〇〇九年。

汪濤、胡平生、吴芳思主編：《英國國家圖書館藏斯坦因所獲未刊漢文簡牘》，上海辭書出版社，二〇〇七年。

張家山二四七號漢墓竹簡整理小組：《張家山漢墓竹簡》，文物出版社，二〇〇一年。

段玉裁：《説文解字注》，第七五八—七六一頁，上海古籍出版社，一九八三年。

桂馥：《説文義證》第五十下《説文解字附説》，第一三四一頁，上海古籍出版社，一九八七年。

桂馥：《札樸》卷六，「史篇史書」條，中華書局，一九九二年。

王國維：《重輯〈蒼頡篇〉》，《王國維遺書》第七册，上海古籍書店，一九八三年。

張政烺：《〈説文〉燕召公〈史篇〉名醜解》，《張政烺文史論集》，二〇〇四年。

李學勤：《試説張家山簡〈史律〉》，《文物》二〇〇二年第四期。《中國古代文明研究》，華東師範大學出版社，二〇〇五年。

趙平安：《新出〈史律〉與〈史籀篇〉的性質》，《中國語言文字學論壇》第一輯，中國社會科學出版社，二〇〇二年；又載《華學》第八輯，紫禁城出版社，二〇〇六年；氏著《新出簡帛與古文字古文獻研究》，商務印書館，二〇〇九年。

高明：《中國古文字學通論》第四—七頁，北京大學出版社，一九九六年。

謝光輝、徐學標：《兩漢「史書」名實考辨》，《古籍整理研究學刊》，二〇〇五年第五期。

談談漢牘《史篇》二

這部分漢牘定名《史篇》二，每板六十四個字（其中有一板七十二個字），分三行，從右起前兩行每行二十個字，第三行則爲二十四個字，該行最後八個字每個字之間距離很小，成爲識别此書的一個特點。其隸書書法字體與漢牘《蒼頡篇》《史篇》一完全相同，應是同一人書寫，惟不知其書寫時間先後。這種每篇六十四字的韻文，溯其淵源，應該是受《詩經》的影響，《詩經》中四言十六句六十四字的詩，共有《緑衣》《終風》《雄雉》《凱風》《竹竿》《伯兮》《載驅》《候人》《下泉》《湛露》《菁菁者莪》《桑扈》《鴛鴦》《采緑》《隰桑》《瓠葉》《何草不黄》《雝》等達十八首之多。

在西漢後期的文學作品中也曾出現過六十四字的韻文，例如清嚴可均校輯的《全上古三代秦漢三國六朝文》中所載劉向的《杖銘》：

歷危乘險，匪杖不行。年耆力竭，匪杖不彊。有杖不任，顛跌誰怨。有士不用，害何足言。都蔗雖甘，殆不可杖。佞人悦己，亦不可相。杖必取便，不必用味。士必任賢，何必取貴。

這篇韻文六十四字，可證漢代六十四字韻文曾經流行（揚雄《太史令箴》每句四字，共六十五字，實際上也應屬此體），説明這部分漢牘每章六十四字的形式不是憑空出現的。下及晉代，受《詩經》的影響，四言詩也有六十四字的，如嵇康《贈秀才入軍五首》的第一首：

良馬既閑，麗服有暉。左攬繁弱，右接忘歸。風馳電逝，躡景追飛。凌厲中原，顧盼生姿。携我好仇，載我輕車。南凌長阜，北厲清渠。仰落驚鴻，俯引淵魚。盤于游田，其樂只且。

這五首詩唯有這首是十六句六十四字，其餘四首都是十二句四十八字。

至於那板七十二個字的漢牘，也不是憑空出現的。《文選》卷十九束皙《補亡詩》六首，其中《白華》一詩就是十八句，每句四字，共七十二字。詩既然有之，韻文也應該有之。

對於這部分每章六十四字漢牘的定名，筆者頗爲躊躇，因爲在這部分漢牘中看不到書名，最後暫定爲《史篇》二，主要是基於如下考慮：

一、第一板文字開宗明義，應視爲全書之總綱。其文曰：

興章造寫，教敇僮子，發蒙眧（昭）性，從表入裏，以著卷次。天地本紀，陰陽變化，消息所起，五方□□，〔四〕時之始，〔萬〕物升降，人道義理，聖賢所貴，脩文書史，勉力亟學，福禄歸之。

顯然，從「教敇僮子」「脩文書史」等句來看，這當是西漢閭里書師教授的《史篇》一類的識字課本。因此其内容十分廣泛，而且頗有條理，從天地形成，陰陽變化，到人道義理，方方面面，全都談到。從各板情況看，内容涉及爲君之道、爲臣之道等政治倫理道德，冠禮、昏禮、喪禮等禮儀，還有家庭倫理道德，包括孝道，以及個人修養。書中所述的爲政之道，博涉典籍，但很有分寸，似非書生論道，像是具有許多政治經驗者所作。本書内容涉及《詩經》《易經》《周禮》《論語》《孟子》《禮記》《儀禮》《管子》《荀子》《韓非子》《文子》《淮南子》、賈誼《新書》、董仲舒《春秋繁露》《孔子家語》和《孝經》等，其中許多部分簡直可以説是《禮記》内容的簡寫普及本。《禮記》對於童子並非很好讀，可是當把它編成淺顯押韻的文字，讀起來就朗朗上口，好記得多，這正是宦學啓蒙課本所需要的内容。另外，第二板敘述天地形成的内容，東漢時王符《潛夫論·本訓》頗有沿襲。透露出此書在東漢時的流傳情況。書中第五十一板明載「《凡將》竟訖，《孝經》道術」，是説當時的教材還有《凡將》（司馬相如的《凡將》是七言一句）和《孝經》，《急就篇》説：「宦學諷《詩》《孝經》《論》」，西漢時期有許多讀書人讀過《孝經》和《論語》。

二、與《蒼頡篇》的共存關係，我們已經在前面列舉過《漢書·揚雄傳》所説《史篇》之中包括《蒼頡篇》，揚雄《法言·吾子》和應劭《漢官儀》都將《蒼頡篇》《史篇》相提並論，此點正與漢牘《蒼頡篇》與《史篇》爲同一批材料相合；也與水泉子漢簡七言本《蒼頡篇》中混雜有《史篇》，《英斯》既有《蒼頡篇》亦有《史篇》，情況如出一轍。另外，漢元帝時史游作《急就篇》，該書的許多文字抄自《蒼頡篇》和《史篇》一，王國維在《重輯〈蒼頡篇〉》中已經説明《蒼頡篇》中的很多字後來見於《急就篇》，漢牘《蒼頡篇》進一步證明了這點，釋文注釋對此有若干補充；《急就篇》中的字詞見於《史篇》一，亦已得到了證明，從而確知《史篇》一定名爲《史篇》是有依據的。那麽，每板六十字的漢牘《史篇》一和每板六十四字的這部分漢牘既然屬於同一批材料，又同屬於啓蒙課本，後者也發現了與《急就篇》相同的句子，如第五二板：「賢聖並進」（見《急就篇》卷四），自以定名爲《史篇》爲宜。所以將每板六十四字的這部分漢牘定名爲《史篇》二。

此書不可能是揚雄的《訓纂篇》，也不可能是《三蒼》，詳細理由見本書《説漢牘〈史篇〉的定名》一文，這裏不擬重複。從章數上看，此書序號最大爲五十二，揚雄《訓纂篇》「順續《蒼頡》，凡八十九章」。《三蒼》凡一百二十三章，均與此書不相合。從每章字數上説，《説文》段注已經指出：「自《蒼頡》至《彦均》，章皆六十字，凡十五句，句皆四言。」而本書除去一板七十二字外，其餘均爲六十四字，凡十六句，句皆四言。二者字數不相合是很明顯的。至於内容方面，揚雄《訓纂篇》是《蒼頡篇》續篇，應有許多冷僻字，此書却不見這種情況，所以不可能是《訓纂篇》。《三蒼》一書，包括揚雄、班固和賈魴的著作，都是續《蒼頡篇》的，應該是有許多冷僻字，本書却文字平易，而且書中也没有發現「滂喜」「彦均」的字樣，所以不可能是《三蒼》。

東漢晚期崔寔《四民月令》於正月下説：「命幼童入小學，學篇章。」注：「謂九歲已上十四已下也。篇章，謂《六甲》《九九》《急就》、《三蒼》之屬。」可知東漢晚期學童學習文字使用的課本已是《急就》《三蒼》。上面我們已經談到《三蒼》出現於漢和帝（公元八九—一〇五年）時，那時可以算東漢中期，從那以後到東漢晚期《四民月令》中的《三蒼》就不僅指《蒼頡篇》，而是指包括《蒼頡篇》，還有揚雄、班固、賈魴續作在内的《三蒼》。段玉裁注《説文解字敘》説：「自張揖作《三倉訓詁》，陸璣《詩疏》引《三倉説》，郭璞作《三倉解詁》，魏晉時早有『三倉』之偁。」那已是後話。漢牘此書時代在西漢後期，當時《三蒼》還未出現，所以不可能屬於《三蒼》。

從版本方面來説，這部分包括個别殘板共四十六板，其中三十四板有序號，十二板無序號。在有序號的部分中，我們發現存在兩個第四十一，兩個第四十六。借鑒於對漢牘《蒼頡篇》的考證，可知《史篇》二這四板可能也是後來修改增補的。關於此書的成書年代，約略在漢武帝晚期之後，是有一些旁證的，例如第二十三板：「人道泰初，序在三綱」，「三綱」即君爲臣綱，父爲子綱，夫爲妻綱，這是漢武帝時董仲舒所强調提出來的；又如第五十一板明載「《凡將》竟訖，《孝經》道術」，是説當時的教材有《凡將》和《孝經》，《凡將》是司馬相如在漢武帝時寫成的，《孝經》也是當時宦學必讀之書，這就透露出《史篇》二必成書於漢武帝晚期之後，上限不可能早於此時。漢武帝時獨尊儒術，爲了適應當時政治的需要，儒學的政治色彩也明顯增多，這在《史篇》二中也可以看得很清楚。

此書文字淺近，便於學童接受。可是也有個别文字保存的隸書字形，例如第三十板的[illegible]、第三十四板的仝字，第五十二板的[illegible]是過去字書所不載的。還有一些字的寫法，文字通假也有過去不多見的，例如冶字假爲野，屵假爲焉，等等。值得注意的是，儘管此書文字淺近易懂，但是由於失傳已久，在書中我們看到的一些當時流行詞語因爲訓詁失傳，對於今天的我們，還是很生疏的。例如第十二板的「涉難攻苦」，第二板的「氣長人顯」，第二十八板的「閉門脩己」，第三十三板的「禍亂相赴」，第四十一板的「毀人自功」，第四十四板的「依仇起怨」，第四十五板的「舉豪乇（託）善」，第四十六板的「懷賊好毀」，還有失序號第一的「賢臣不耐，族旖（倚）將失」，失序號第三的「賤義輕教」，失序號第七的「棄駕鼓馬」，失序號第九的「鷵連若結」，等等，不能一一列舉。

總之，《史篇》二較之《史篇》一内容更爲豐富，涉及的典籍也更多，對於我們研究秦漢史以及研究我國的學術史、教育史，以及漢代的語言文字學，都提供了非常重要的資料。

引用書目

段玉裁：《説文解字注》，上海古籍出版社，一九八三年。
嚴可均校輯：《全上古三代兩漢魏晉六朝文》，中華書局，一九五八年。
姚振宗：《後漢藝文志》，《二十五史補編》二，中華書局，一九五五年。

讀北大《蒼頡篇》零札

北大藏《蒼頡篇》問世之後，我在拜讀其釋文、注釋的同時，也陸續從網上看到一些關於該簡的論文，這些論文或爲釋文正誤，或與注釋商榷。一時文章頗多，有令人目不暇接之感。

平心而論，北大《蒼頡篇》絶大多數釋文準確，可議之處並不多，但學者正誤之快，還是有些出人意料之外。例如漢牘《蒼頡篇》第五板「戲叢奢掩」，北大本此句釋作「戲叢者插」，該書問世不久即見有學者將此句改釋作「戲叢奢掩」。説明只要細心對照隸書字形，就不難糾正釋文之誤，取得共識，至於注釋，北大簡整理者及有關學者也都各有創獲。我初研簡文，見有的訓詁有得有失，因而略作一點札記，著之於篇，謹以此就正於讀者。

一

北大簡一二：「棁虺隖闍。」整理者認爲棁通「脱」，假作「蜕」，即蛇、蟬蜕皮。虺，引《國語・吴語》韋昭注：「虺，小蛇。」棁、虺二字皆按單字作解。胡平生《讀〈蒼〉札記四》亦讀「棁虺」之棁爲蜕，釋爲蛇蜕皮。可是我却看不出蛇蜕皮與「隖闍」之間在字義上有何聯繫，且下句「鈐鏅閏悝」的「鈐鏅」應是一個詞，因此我認爲「棁虺」也應是一個詞。棁虺，從字音來看，應釋陮隗。陮，《廣韻》音「徒猥切」；而從兑得聲的字如「脱」，《集韻》「吐外切」，二者音近。虺可讀隗，《書序》「仲虺」，《大戴禮・虞戴德》作「仲傀」；《詩・周南・耳》：「我馬虺隤」，《易林・賁之小過》「虺隤」作「瘣隤」；《詩・小雅・斯干》：「維虺維蛇。」《玉燭寶典》二載劉向《五行論》引虺作螝。（《古字通假會典》第五〇〇、五〇一頁）陮隗，高峻不平貌。《説文》：「陮，陮隗，高也。」又，「隗，陮隗」。《玉篇》：「陮，陮隗，不平狀也。」隖闍，《説文》：「隖，小障也。一曰庳城也。」《廣韻》引《埤蒼》：「隖，小障也。」《文選・北征賦》李善注引《蒼頡篇》曰：「障，小城也。」闍，《説文》：「城内重門也。从門，亜聲。《詩》曰：『出其闉闍。』」全句是説高峻不平的小城和城内的重門。

二

北大簡六八：「豣潠僂繚。」整理者引陸機《弔魏武帝文》：「豈長筭之所研。」謂「筭」義近於謀劃；研，「喻思慮也」（鄭玄《周易》注），説當是。唯釋「僂」可讀摟，有「曳聚」「牽引」義；「繚」爲纏繞義，似有未合。胡平生讀爲「研算數料」，亦可商。按，僂通縷，今成語有「條分縷析」，縷指細綫，喻有條理，深入細緻地進行剖析。《文選·七發》：「固未能縷形其所由然也。」李善注：「縷，覼縷也。」亦謂將綫理順，即次序、有條理之義。繚，典籍通撩，《説文》：「撩，理也。」《廣雅·釋詁二》：「撩，理也。」《一切經音義》十四：「通俗文云：『理亂謂之撩。』《説文》云：『撩，理也。』謂撩捋整理也。今多作料量之料。」字又作「繚」，《莊子·盜跖》：「繚意體而争此。」《釋文》：「繚，理也。」（以上「繚」字，參看王力《同音字典》第二一五頁）繚，後來多作料不誤，但此處字義則是撩捋整理，僂繚是同義詞。犴濆讀研筭，有謀劃、思慮義；僂繚應讀縷繚，謂有次序、有條理地整理。

三

北大簡二〇：「飫猒然稀，支衺牒膠。」整理者讀「飫猒」爲「飫饜」是對的，所引《春秋序》「饜而飫之，使自趨之」。《玉篇》：「飫，食多也。」（按，《玉篇》還有「飫，同上」）「猒，足也，飽也。」應是此簡的字義。《左傳·襄公二十六年》：「加膳則飫賜。」杜注：「飫，饜也。」即此義。但讀「然稀」爲晞、烯，從上下文看未必妥當。我意「然」表示轉折，有可是、但、却等義。稀同希，表示稀少義。《爾雅·釋詁》：「希，罕也。」《老子·第七十章》：「知我者希。」注：「希，少也。」《文選·曹植〈朔風詩〉》：「朱華未稀。」李注：「希與稀同，古字通也。」此句大意謂酒足飯飽的時候可是很稀少的。支衺，支、丈二字形近，王寧《北大漢簡〈蒼頡篇〉讀札》（中）從jileijilei（網名）釋「丈衺」，但從上下兩句文義判斷，支不能釋爲丈。支通枝，有支撑義。《文選·魯靈光殿賦》：「漂嶢峴而枝柱。」衺，《説文》：「衺，衣帶以下。从衣、矛聲。一曰南北曰衺，東西曰廣。」按，本簡衺字應以指「衣帶以上」爲是，「支衺」是説衣帶以上（肚子）都支撑起來，與上句「飫猒」言飽食相應。牒膠，應指飽食者的行爲。牒，似應通喋，義爲多言，喋喋不休。膠，《文選·〈魏都賦〉》注引《李克書》：「言語辨聽而不度於義者，謂之膠言。」故本簡這兩句是説酒足飯飽時可真少見，那時衣帶以上肚子都撑得鼓起來，説話很多又不中聽。

四

北大簡一四：「狄署賦賨」，簡一五：「貇鶩駣謷。」這兩句聯讀可與漢牘本對校。整理者釋狄爲敡置之敡，署爲置、部署等義，賦引《説文》訓「斂也」。《玉篇》訓「税也」。賨，《説文》「南蠻賦也」。《玉篇》「蠻賦也」。按，整理者對「狄署」的理解似有所偏，本人在漢牘《蒼頡篇》此句注釋中已謂指遠的官署，應該合乎本義。上述關於「賦賨」的注釋則不誤。故前一句大意是説很遠的官署徵收賨爲賦税。

後一句「貇鶩駊讐」，整理者釋貇即狧。《說文》：「狧犬食也。」謂即犬舔食也。所說當是。又釋鶩爲駿馬名，所引文獻爲《吕氏春秋·察今》高誘注「鶩，千里馬名也」。又謂鶩通讐，《商君書·更法》：「有獨知之慮者，必見鶩於民。」《新序·善謀》引此句作「必見讐于民」。桓按，鶩亦通傲，《漢書·王吉傳》：「率多驕鶩。」顔注：「鶩與傲同。」傲又通嗷，《荀子·勸學》：「故不問而告謂之傲。」楊注：「或曰：傲讀爲嗷，嗷與傲通。」鶩應讀嗸、嗷，《詩·小雅·鴻雁》：「鴻雁于飛，哀鳴嗸嗸。」釋文「嗸，本又作嗷，聲也」。此指犬吠聲。駊，整理者引《說文》「馬摇頭也」。《說文》：「駊，駊騀。」（桓按，《玉篇》同此訓）《文選》揚雄《甘泉賦》李善注：「駊騀，高大貌也。」按，駊應以馬摇頭爲古義。整理者謂讐爲傲視他人。引《說文》：「讐，不肖人也。」又《莊子·德充符》：「讐乎大哉」，成玄英疏：「讐，高大貌也。」然循上下文意，此處以讀嗷，指馬叫聲爲是。由於整理者以「狄署」的「署」爲部署，以致下句不好串講。鄙意，這兩句大意是說遠方官署來徵收賨爲賦税，正在吃食的狗叫了起來，正在摇頭的馬也在叫。顯然是說徵收賦税，騷擾地方。這兩句簡文可謂既簡潔又形象。

五

北大簡一二：「騁虧刻枊」，簡一三：「䭲津郖鄙。」兩簡相聯。前一句整理者說：「『騁』有狂奔、飛奔之義。『虧』則可讀『騖』。」又說：「『騁』有『縱』義，《莊子·天地》『時騁而要其宿』，成玄英疏曰：『騁，縱也。』『虧』則通作『詭』。」刻通核，義爲緊實。枊可讀作「卬」或「仰」。後一句胡平生《讀〈蒼〉札記七》讀䭲爲稽，「『稽津』應當理解爲詣津、至津，即『去到渡口』」。又讀郖爲逗，留止之意，郖鄙是逗留居住在一個居民聚居區。今按，前一句整理者說騁有縱義爲得之，其餘解釋似有未合。後一句，胡平生解說得其大意。我認爲騁義爲放縱。虧，《說文》：「氣損也。」引申爲減損義。《易·謙》：「天道虧盈而益謙。」孔穎達疏：「虧，謂減損，減損盈滿，而增益謙退。」今語「吃虧」實含此義。故「騁虧」意爲放縱就吃虧（或有損於自己）。刻枊，刻通克，與放縱的意思相反，義爲約束自己，或者嚴格要求自己。《論語·顔淵》：「克己復禮爲仁，一日克己復禮，天下歸仁焉。」《漢書·杜周傳》：「歸咎于身，刻己自責。」可爲證。關於「放縱」與「克義」相反，《左傳·昭公十年》記子皮謂子羽曰：「非知之實難，將在行之，夫子知之矣，我則不足。《書》曰：『欲敗度，縱敗禮。』我之謂矣。夫子知度與禮矣，我實縱欲，而不能自克也。」可爲證。枊《說文》訓「馬柱……一曰堅也」。在此應讀抑，《方言》卷十三：「抑，安也。」刻枊，意即約束自己纔安全。《書·大禹謨》：「滿招損」與「騁虧」的意思多少有些相似。合起來說，「騁虧刻枊，䭲津郖鄙」，大意是放縱自己會吃虧，約束自己纔安全，（應該這樣）到渡口去和留在邊遠的地方。

六

北大簡一二：「闊錯蹵葆，堂據趌等。」胡平生《讀〈蒼〉札記二》讀蹴爲僦，秦漢時雇傭運輸謂之僦。又讀葆爲後世城堡之堡，依據是《墨子·迎敵祠》《史記·匈奴列傳》。又讀闊錯爲闊綽，疑有從容之意。按，闊錯以「闊綽」讀之似可從，類似的詞語還有「寬綽」。《漢書·王莽傳下》：「闊其租賦。」師古曰：「闊，寬也。」胡氏舉出《廣雅·釋詁二》：「闊，廣也。」又舉出綽有寬緩義（《玉篇》）。故闊錯指有寬廣的空間。蹵，即蹴，慧琳《坐禪三昧經毗條耶雜事律經律異相音義》：「躡也。」（《重輯〈蒼頡篇〉》卷下）葆，通「堡」。指小城、土堡。此句是説從很寬綽的外面走進城堡裏。堂據，後來亦作牚距。《考工記·弓人》：「維角堂之。」鄭司農注：「堂讀如牚距之牚，車牚之牚。」字亦作堂拒，撐之以增其力，《考工記·弓人》此句，孫詒讓正義：「先鄭意弓隈撓曲，恐其力弱，故以角堂距之，以輔其力也。」趌，《説文》：「距也。」斥有廣大義。《史記·司馬相如列傳》：「除邊關，關益斥。」索隱引張揖曰：「斥，廣也。」等，《説文》：「齊簡也。从竹、从寺，寺，官曹之等平也。」由等齊義，衍生等級義。段玉裁《説文解字注》：「凡物齊之，則高下歷歷可見，故曰等級。」此句大意是説（在城堡内由於擁擠），就力撐著增大面積爲維持等級。

七

北大簡一七：「毲屨帣袍。」注釋：「毲，即『𤮕』字。《説文》：『𤮕，羽獵韋絝。从甏、𢍏聲。𧝝，或从衣、从朕。《虞書》曰：鳥獸𧝝毛。甏，柔韋也。』此絝指無襠套褲。《後漢書·馬援傳》『身衣羊裘皮絝』，亦作『袴』。」按，漢牘第五十板作「䑳屨帣袍」。北大簡亦應從卷聲，從甏旁的字有甏、甏、𤮕，毲不能釋𤮕，因爲字左下端不從瓦，而從㔾。此字右端的「关」與左下端的「㔾」，合在一起正是卷字。《説文》：「卷，厀曲也。从卪、𢍏聲。」卪，就是㔾。故字應作𩏄是，顯然從卷聲。漢牘本的䑳，《説文》作觠，「曲角也。从角、𢍏聲」。《廣雅·釋詁一》：「觠，曲也。」王念孫疏證：「觠有權捲二音，竝通作卷。」如此二者相通方可講通，北大本「𩏄屨」，應讀「觠屨」，如漢牘本。

八

北大簡三九：「瘧斷痜痈，膩僞槃桀。」整理者注釋：「瘧斷，《説文》：『瘧，熱寒休作。从疒、从虐，虐亦聲。』即瘧疾，瘧與虐通。《説文》：『虐，殘也。虎足反爪人也。』」而謂虐的引申義「斬伐」（《國語·越語下》韋昭注）與『截斷』之斷，字義有聯繫。又説：「痜，《説文》：『馬脛瘍也。』又『一曰將傷。』」而取段注「『將』疑當作『捋』。『捋』、『瘯』疊韻。」於「⿸疒开」（⿸疒冉），則引「《説文》：『⿸疒开，皮剥謂之⿸疒开。』」我意瘧通虐，虐，《説文》訓「殘也」。此當爲殘害義。《國語·楚語下》：「下虐上爲弑，上虐下爲討。」斷，義爲截斷。瘯，《玉篇》：「馬脛傷也。」⿸疒开，則從《説文》訓「皮剥也」。「瘧斷瘯⿸疒开」，義即殘害截斷使馬脛（小腿，或腿部）受傷，皮膚剥脱。膩僞檠桀，整理者取《楚辭·招魂》王逸注：「膩，滑也。」謂與「狡猾」之「猾」通。又取《説文》訓「僞」爲「詐也」。今按，「膩僞」應指對檄桀的作假。膩，《玉篇·肉部》：「垢膩也。」指污垢，下文「淺汙（污）盱復」，與此義呼應。僞，《急就篇》卷四：「誅罰詐僞劾罪人。」顔注：「詐僞則責治。」故全句大意是説用污垢的東西作假於檄（徵召、曉諭的文書）、桀（用木刻製的一種符信）。聯繫上下文，知是列舉殘害馬的行爲和對文書符信的作假的現象。

九

北大簡四二：「齎購件妖，羕櫄杪柴。箸涏縞給，勸怫槈桂。」整理者已舉出阜陽簡可與此對校的字句C○四四、C○七五，除北大本「廷」，阜陽本作「梃」；北大本「羕」，阜陽本作「杒」外，未見不同。齎購，《急就篇》卷三：「妻婦聘嫁齎媵僮。」顔注：「齎者，將持而遺之也。」非此處之義。齎應通資，《史記·陳丞相世家》：「平既娶張氏女，齎用益饒，游道日廣。」齎用即資用。資指錢財。購，《説文》「以財有所求也」。件妖，「件」義爲分別，《玉篇》：「《説文》云：『分也。从牛，牛大物故可分。』」妖，通夭，《國語·魯語》：「澤不伐夭。」韋注：「草木未成曰夭。」此句大意謂拿錢財購求東西，要分别未長成的草木。羕櫄杪柴，羕，《説文》：「羕，水長也……《詩》曰：『江之羕矣。』」《詩·周南·漢廣》羕作永，鄭箋：「永，長也。」櫄，《説文》：「杶，或从熏。」《急就篇》卷三：「桐梓樅寀榆椿樗。」顔注：「椿字或作櫄。」杪，《説文》：「木標末也。」《廣雅·釋詁一》：「標，末也。」《方言二》：「木細枝謂之杪。」注：「杪，言杪梢也。」柴，《説文》：「小木散柴。」此句是説（要分别的有）長得長的椿木，還有樹木細枝的散柴。箸涏縞給，涏應讀筳。整理者已讀「箸筳」分别爲「筷子」、「小竹枝」，縞爲犒勞之犒，給爲供足之義。所考之義應不誤。勸怫槈桂，勸義爲勸勉，似無異議。怫，整理者已指出義爲《説文》的「恨怒也」和《廣韻》的「意不悦皃」，這也是對的。但此字又通邁，《詩·小雅·白華》：「視我邁邁。」毛傳：「邁邁，不悦也。」釋文：「《韓詩》及《説文》作怫怫，《韓詩》云：『意不説好也。』許云：『很怒也。』」槈，應通耨。《玉篇》：「耨，耘也。」《孟子·梁惠王上》：「深耕易耨。」《淮南子·謬稱訓》：「害生於弗備，穢生於弗耨。」桂，《廣雅·釋地》：「桂，耕也。」此句是説勸勉不高興（的農民）投入耕耘勞動。合觀此二句，大意當是（擺上）筷子、小竹枝（也可以當筷子用）來犒勞供給，勸勉不高興的人投入耕耘勞動。勸農之義甚爲明顯。

十

北大簡四〇、四一：「篝䡷輴解，妜婞點媿」，「瞀嫛嬬媞，頫壞蠉虠，廮序戌讙，瘸效姁卧，潃創鶩趌」。這些内容與漢牘本第四十三板甲組合，二者可對勘，北大簡可補漢牘本的殘缺字。

篝䡷輴解，篝有兩義，一是《説文》：「治車軸也」，指旋治車軸；一是車軸，《墨子·備城門》：「五十步一藉車，藉車必爲鐵篝。」此處作爲名詞，當指車軸。軸的功用在於它可以持輪。《廣雅·釋器》：「軺謂之軸。」王念孫疏證：「軸之言持也。《説文》：『軸，持輪也。』舟柁謂之舳，機持經者謂之柚，義竝同也。」䡷，《説文》：「直轅車轒也。」古時大車直轅上纏繞的皮革。或指直轅車，見徐鍇《説文繫傳》。此當用前一義。䡷即轒，《急就篇》卷三：「蓋轑俾倪枙縛棠。」顔注：「縛在車下，主縛軸令與相連，即今所謂鉤心也。」王應麟補注：「《説文》：輹，車軸縛也。」《易》曰：輿説輹，《左傳》：車説其輹。輹音服，車下縛也。一云伏菟，《考工記》：鑿其鉤。注：鉤心。《説文》又云：「轒，車衡三束也。曲轅轒縛，直轅篝縛。」可知轒（轒）起著與車體連接的作用，一旦如《太玄經·羨·上九》所説「車軸折，其衡解」，車就解體了。輴，象聲詞，車聲。《説文》：「輴，車輴弘聲也。」（段注本）段注：「輴弘，大聲。」解，本義爲剖開、解開，《説文》：「解，判也，从刀判牛角。」是其本義。此處爲解散義。《廣雅·釋詁三》：「解，散也。」全句説車軸和大車直轅上纏繞的皮革在車行的聲音中解散。

妜婞點媿，瞀嫛嬬媞，根據押韻情況，應聯讀。妜，《説文》：「女人自偁，我也。」此用自稱義。婞，説文訓「很也」。字又通悻，《孟子·公孫丑下》：「悻悻然見於其面」，音義引丁音：「悻悻，字當作婞，很也。」婞又通幸，《廣雅·釋詁三》：「婞，親。」王念孫疏證：「婞，通作幸。」點，《廣雅·釋詁三》：「污也。」王念孫疏證：「點者，《楚辭·七諫》：『唐虞點灼而毁議』」，王逸注云：「點，污也。」司馬遷《報任少卿書》：「適足以見笑而自點耳。」點是玷污義。媿，《説文》：「慙也。从女、鬼聲。媿、愧或从恥省。」《漢書·文帝紀》集注：「媿，古愧字。」此用爲慚愧義。全句大意是説女子自稱被偏愛，其實是被玷污而覺得慚愧。下一句「瞀嫛嬬媞」，與此相關。瞀，《説文》訓「轉目視也」。嫛，《廣雅·釋訓》：「嫛嫛，往來也。」我意「瞀嫛」在句中作爲一個詞，可讀嫛嫛，往來之義。嬬，《説文》訓「弱也」，又訓「下妻也」。後一義，段注：「猶小妻。」《廣雅·釋親》：「妻謂之嬬。」媞，《説文》：「江淮之間謂母爲媞。」《廣韻》：「媞，江淮呼母也。」故此句是説往來的妻子和母親。頫壞蠉虠，頫，《説文》：「低頭也。」字亦作俯、俛。壞，《説文》：「敗也。」《爾雅·釋詁》：「毁也。」同書釋文引《字林》：「自敗也。」蠉，《説文》：「蟲行也。」《淮南子·原道訓》：「跂行喙息，蠉飛蠕動。」高誘注：「蟲行動貌。」虠，《廣雅·釋訓》：「虠虠，懼也。」《説文》：「《易》：『履虎尾，虠虠恐懼。』」此字通隙，指牆壁上的裂縫。《韓非子·亡徵》：「牆之壞也，必通隙。」此句意爲低頭損壞了蟲子爬行的牆的縫隙。廮序戌讙，廮，《説文》：「屋階中會也。」序，《説文》：「東西牆也。」戌，《玉篇》：「屋牝瓦下也。」

譪，即譪，《説文》：「言壯皃。一曰數相怒也。」《玉篇》：「疾言皃。」因此她們在屋階中間、在東西牆（或東西廂房）、在屋牝瓦下吵了起來。瘡效姁卧，瘡即瘡，《説文》：「創裂也。一曰疾瘡。」《玉篇》：「一曰疾也。」效，效仿。《玉篇》：「效，法效也。」姁，《説文》：「鈞適也。男女併也。」卧，此指睡覺。《漢書·灌夫傳》：「夫至門，蚡尚卧也。」全句大意爲患了病便效仿男女相併而卧。滫創鷽趏，滫，《説文》：「久泔也。」即放置久了的泔水，引申爲污水、臭水。人們在此生活就要產生生活污水。創，此處是創傷的引申義，指傷害。鷽，《説文》：「鵻鷽，山鵲，知來事鳥也。」段注説指喜鵲，是。趏，《説文》：「行皃。」段注：「《小雅》：『鹿斯之奔，維足伎伎。』」《玉篇》：「趏，麇鹿走皃。」趏又通蚑、跂，《淮南子·原道訓》：「蟆動蚑作」，高誘注：「蚑讀鳥跂步之跂也。」此句是説泔水妨害了喜鵲的行走。

以上這幾句的譯文是：

車軸和直轅上纏繞的皮革在車行聲中解散。
女子自稱得寵，那是被玷污覺得慚愧，
那些來來往往的妻子和母親，
低頭弄壞了蟲子爬行的牆的縫隙，
人們在屋階中間、在東西牆（或東西廂房）、在屋牝瓦下吵了起來，
生了病便效仿男女相併而卧，
（生活中）泔水（的氣味）妨害了喜鵲的跂步行走。

參考文獻

《漢語大字典》，漢語大字典編輯委員會編著，四川辭書出版社、湖北辭書出版社，一九九五年。
《漢語大詞典》，漢語大詞典編輯委員會、漢語大詞典編纂處編著，漢語大詞典出版社，一九九七年。
《康熙字典》，〔清〕張玉書、陳廷敬等編著，光緒癸卯上海慎記書莊石印本，一九〇三年。
《同源字典》，王力著，商務印書館，一九八二年。
《古代漢語詞典》，古代漢語詞典編寫組編，商務印書館，一九九八年。
《清經解　清經解續編》，〔清〕阮元、王先謙編，上海書店，一九八八年。
《十三經注疏》，中華書局影印本，一九八〇年。
《史記》《漢書》、《後漢書》《三國志》，中華書局標點本。
《二十二子》，上海古籍出版社，一九八五年。
《諸子集成》，浙江古籍出版社，一九九九年。
《文選》，〔梁〕蕭統編，〔唐〕李善注，中華書局，一九七七年。
《二十五史補編》，中華書局，一九五五年。
《文獻通考》，〔元〕馬端臨撰，中華書局影印本，一九八六年。
《全上古三代秦漢三國六朝文》，〔清〕嚴可均校輯，中華書局，一九五八年。
《太平御覽》，〔宋〕李昉等撰，中華書局影印本，一九六〇年。
《玉海》，〔宋〕王應麟輯，廣陵書社，二〇〇三年。
《尚書覈詁》，楊筠如著，黄懷信標校，陝西人民出版社，二〇〇五年。
《逸周書校補注譯》（修訂本），黄懷信著，三秦出版社，二〇〇六年。
《詩集傳》，〔宋〕朱熹集注，上海古籍出版社，一九八〇年。
《春秋左傳注》，楊伯峻編著，中華書局，一九八一年。
《論語疏證》，楊樹達著，上海古籍出版社，二〇〇六年。
《論語譯注》，楊伯峻譯注，中華書局，一九八〇年。

《墨子閒詁》，〔清〕孫詒讓撰，孫啓治點校，中華書局，一九八六年。

《孟子正義》，〔清〕焦循著，中華書局，一九八七年。

《孟子譯注》，楊伯峻譯注，中華書局，一九六〇年。

《四書章句集注》，〔宋〕朱熹撰，中華書局，一九八三年。

《管子集校》，郭沫若集校，《郭沫若全集·歷史編》第五、第六、第七卷，人民出版社，一九八四年；第八卷，人民出版社，一九八五年。

《管子輕重篇新詮》，馬非百著，中華書局，一九七九年。

《列子集釋》，楊伯峻集釋，中華書局，一九七九年。

《太玄集注》，〔宋〕司馬光集注，中華書局，一九九八年。

《韓非子》，〔戰國〕韓非著，四部備要本。

《商君書注譯》，高亨注譯，中華書局，一九七四年。

《商君書錐指》，蔣禮鴻撰，中華書局，一九八六年。

《楚辭集注》，〔宋〕朱熹集注，上海古籍出版社，一九七九年。

《禮記訓纂》，〔清〕朱彬撰，饒欽農點校，中華書局，一九九六年。

《儀禮》，彭林注譯，嶽麓書社，二〇〇一年。

《大戴禮記解詁》，〔清〕王聘珍撰，中華書局，一九八三年。

《大戴禮記斠補》，〔清〕孫詒讓撰，雪克點校，齊魯書社，一九八八年。

《戰國策》，〔西漢〕劉向集録，上海古籍出版社，一九七八年。

《孔子家語》，廖名春、鄒新明校點，遼寧教育出版社，一九九七年。

《淮南鴻烈集解》，劉文典撰，馮逸、喬華點校，中華書局，一九八九年。

《説苑校證》，〔漢〕劉向撰，向宗魯校證，中華書局，一九八七年。

《文子疏義》，王利器撰，中華書局，二〇〇〇年。

《鹽鐵論校注》，王利器校注，中華書局，一九九二年。

《淮南子證聞　鹽鐵論要釋》，楊樹達撰，上海古籍出版社，一九八五年。

《論衡校釋》，黄暉校釋，中華書局，一九九〇年。

《〈揚子法言〉今讀》，紀國泰著，巴蜀書社，二〇一〇年。

《風俗通義》，〔東漢〕應劭撰，吴樹平校釋，天津人民出版社，一九八〇年。

《八家後漢書輯注》，周天游輯注，上海古籍出版社，一九八六年。

《方言校箋及通檢》，周祖謨校，吴曉鈴編，科學出版社，一九五六年。

《釋名疏證補》，〔清〕王先謙撰集，上海古籍出版社影印本，一九八四年。

《漢書補注》，〔清〕王先謙撰，中華書局，一九八三年。

《漢書窺管》，楊樹達著，上海古籍出版社，一九八四年。

《漢書新證》，陳直撰，天津人民出版社，一九七九年。

《九朝律考》，程樹德著，中華書局，二〇〇三年。

《困學紀聞》，〔宋〕王應麟撰，孫通海校點，遼寧教育出版社，一九九八年。

《札迻》，〔清〕孫詒讓著，梁運華點校，中華書局，一九八九年。

《札樸》，〔清〕桂馥撰，趙智海點校，中華書局，一九九二年。

《晚學集》，〔清〕桂馥著，叢書集成初編，商務印書館，一九三六年。

《凡將齋金石叢稿》，馬衡著，中華書局，一九七七年。

《考古學論文集》，夏鼐著，河北教育出版社，二〇〇〇年。

《漢代物質文化資料圖説》，孫機著，文物出版社，一九九〇年。

《甲金篆隸大字典》，徐無聞等編著，四川辭書出版社，一九九一年。

《戰國古文字典——戰國文字聲系》，何琳儀著，中華書局，二〇〇四年。

《戰國文字編》，湯餘惠主編，福建人民出版社，二〇〇一年。

《古璽文編》，羅福頤主編，文物出版社，一九八一年。

《〈古璽文編〉校訂》，吴振武著，人民美術出版社，二〇一一年。

《古陶文彙編》，高明編，中華書局，一九九〇年。

《睡虎地秦簡文字編》，張守中撰集，文物出版社，一九九四年。

《包山楚簡文字編》，張守中撰集，文物出版社，一九九六年。
《郭店楚簡文字編》，張守中等撰集，文物出版社，二〇〇〇年。
《流沙墜簡》，羅振玉、王國維編著，中華書局，一九九三年。
《馬王堆簡帛文字編》，陳松長編著，鄭曙斌、喻燕姣協編，文物出版社，二〇〇一年。
《齊文字編》，孫剛編纂，福建人民出版社，二〇一〇年。
《經籍籑詁》，〔清〕阮元編，成都古籍書店影印本，一九八二年。
《古字通假會典》，高亨纂著，董治安整理，齊魯書社，一九八九年。
《古文字通假字典》，王輝編著，中華書局，二〇〇八年。
《包山楚簡》，湖北省荆沙鐵路考古隊編，文物出版社，一九九一年。
《望山楚簡》，湖北省文物考古研究所、北京大學中文系編，中華書局，一九九五年。
《九店楚簡》，湖北省文物考古研究所、北京大學中文系編，中華書局，二〇〇〇年。
《郭店楚墓竹簡》，荆門市博物館編，文物出版社，一九九八年。
《睡虎地秦墓竹簡》，睡虎地秦墓竹簡整理小組編，文物出版社，一九七八年。
《戰國縱横家書　馬王堆漢墓帛書》，馬王堆漢墓帛書整理小組編，文物出版社，一九七六年。
《馬王堆漢墓帛書　五十二病方》，馬王堆漢墓帛書整理小組編，文物出版社，一九七九年。
《孫子兵法　銀雀山漢墓竹簡》，銀雀山漢墓竹簡整理小組編，文物出版社，一九七六年。
《張家山漢墓竹簡》，張家山二四七號漢墓竹簡整理小組編，文物出版社，二〇〇一年。
《疏勒河出土漢簡》，林海村、李均明編，文物出版社，一九八四年。
《樓蘭尼雅出土文書》，林梅村編，文物出版社，一九八五年。
《居延漢簡甲乙編》，中國社會科學院考古研究所編，中華書局，一九八〇年。
《居延新簡》，甘肅省文物考古研究所、甘肅省博物館、文化部古文獻研究室、中國社會科學院歷史研究所編，文物出版社，一九九〇年。
《漢簡綴述》，陳夢家著，中華書局，一九八〇年。
《英國國家圖書館藏斯坦因所獲未刊漢文簡牘》，汪濤、胡平生、吴芳思編著，上海辭書出版社，二〇〇七年。

《阜陽亳州出土文物文字編》，韓自强主編，二〇〇四年。

《説文解字》，〔漢〕許慎撰，〔宋〕徐鉉校訂，中華書局影印本，一九六三年。

《中國簡牘集成》〔標注本〕第五册，甘肅省、内蒙古自治區卷〔居延漢簡〕一，中國簡牘集成編輯委員會編，敦煌文藝出版社，二〇〇一年。

《説文解字繫傳》，〔南唐〕徐鍇撰，中華書局，一九八七年。

《説文解字注》，〔清〕段玉裁注，中華書局，一九八五年。

《説文解字義證》，〔清〕桂馥撰，中華書局，一九八七年。

《説文通訓定聲》，〔清〕朱駿聲撰，中華書局，一九八四年。

《原本玉篇殘卷》，〔梁〕顧野王編撰，中華書局影印本，一九八五年。

《宋本玉篇》（據張氏澤存堂本影印），北京市中國書店，一九八三年。

《廣雅疏證》，〔魏〕張揖撰，〔清〕王念孫疏證，萬有文庫本。

《鉅宋廣韻》，〔宋〕陳彭年撰，上海古籍出版社，一九八三年。

《急就篇》，〔漢〕史游著，曾仲珊校點，嶽麓書社，一九八九年。

《汗簡　古文四聲韻》，〔宋〕郭忠恕、夏竦編，李零、劉新光整理，中華書局，一九八三年。

《隸釋　隸續》，〔宋〕洪适著，中華書局，一九八五年。

《隸辨》，〔清〕顧藹吉編撰，中華書局，一九八六年。

《隸韻》，〔宋〕劉球編，中華書局，一九八九年。

《隸字編》，洪鈞陶編，文物出版社，一九九一年。

《王國維遺書》，王國維著，上海古籍書店，一九八三年。

《甲骨文字詁林》，于省吾主編，中華書局，一九九六年。

《西周青銅器銘文分代史徵》，唐蘭撰，中華書局，一九九六年。

《張政烺文集》，張政烺著，中華書局，二〇一二年。

《李學勤文集》，李學勤著，上海辭書出版社，二〇〇五年。

《簡帛佚籍與學術史》，李學勤著，江西教育出版社，二〇〇一年。

《古文字論集》，裘錫圭著，中華書局，一九九六年。
《中國出土古文獻十講》，裘錫圭著，上海復旦大學出版社，二〇〇四年。
《于豪亮學術文存》，于豪亮著，中華書局，一九八五年。
《上海博物館藏戰國楚竹書〈詩論〉解義》，黃懷信著，社會科學文獻出版社，二〇〇四年。
《許慎與〈説文解字〉》，姚孝遂著，中華書局，一九八三年。
《新出簡帛與古文字古文獻研究》，趙平安著，商務印書館，二〇〇九年。
《郭店楚簡校釋》，劉釗著，福建人民出版社，二〇〇三年。
《帛書老子校注》，高明撰，中華書局，一九九八年。
《郭店楚簡老子集釋》，彭裕商、吳毅强著，巴蜀書社，二〇一一年。
《考古發現與〈楚辭〉校讀》，徐廣才著，綫裝書局，二〇〇九年。
《馬王堆天文書考釋》，劉樂賢著，中山大學出版社，二〇〇四年。
《尹灣漢墓簡牘綜論》，連雲港市博物館、中國文物研究所編，科學出版社，一九九九年。
《長沙三國吳簡暨百年來簡帛發現與研究國際學術研討會論文集》，長沙市文物考古研究所編，中華書局，二〇〇五年。
《二十世紀出土簡帛綜述》，駢宇騫、段書安著，文物出版社，二〇〇六年。
《漢簡研究》，（日）大庭修編著，徐世虹譯，廣西師範大學出版社，二〇〇一年。
《經學歷史》，〔清〕皮錫瑞著，中華書局，一九五九年。
《秦漢史》，吕思勉著，上海古籍出版社，一九八六年。
《先秦兩漢史研究》，吳榮曾著，中華書局，一九九五年。
《中國文字學史》，胡樸安著，北京市中國書店，一九八三年。
《中國古文字學通論》，高明著，北京大學出版社，一九九六年。
《沈兼士學術論文集》，沈兼士著，中華書局，一九八六年。
《周祖謨語言文史論集》，周祖謨著，學苑出版社，二〇〇四年。
《校勘雜志　附司馬法校注》，鄭慧生著，河南大學出版社，二〇〇七年。
《古韻通曉》，陳復華、何九盈著，中國社會科學出版社，一九八七年。

《字源》李學勤主編，天津古籍出版社，二〇一二年。

《北京大學藏西漢竹書》〔壹〕，北京大學出土文獻研究所編，上海古籍出版社，二〇一五年。

後記

本書稿完成後，我想就《蒼頡篇》《史篇》的編寫成書過程，略作一點説明。

自從二〇〇九年，我得到這批漢代木牘圖片資料後，首先釋讀的是《蒼頡篇》，這項工作頗費工夫。其間，我還進行古文字、古史方面的研究，不能集中全力從事於此，所以對漢牘《蒼頡篇》的文字辨識斷斷續續。後適逢北大漢簡《蒼頡篇》、水泉子漢簡七言本《蒼頡篇》發表了很多資料，加上原來阜陽漢簡《蒼頡篇》的資料，我便嘗試對漢牘本《蒼頡篇》作一些版本研究，這一整理研究直到二〇一一年十一月初步完成。漢詩一首也同時整理出來。至於其餘的大量漢牘資料，在釋文完成了大半之後，我發現其中一部分每句四字，每板六十字的很可能是《史篇》，但是由於缺少篇名，一時還難以確定，故其釋文也未全部做完，更談不上加以整理，遂擱置一邊。此後，在對水泉子漢簡七言本《蒼頡篇》與漢牘本《蒼頡篇》《史篇》進行版本比較研究中，我受到啓發，認識到水泉子漢簡七言本《蒼頡篇》不全是《蒼頡篇》，其中有《史篇》的存在。由此進一步確定這批漢牘中《蒼頡篇》《史篇》的存在。但每句四字，每板六十四字的部分，一時仍難以確定書名，所以這部分内容就一直没有整理出來。《蒼頡篇》既然已經整理出來，這批珍貴資料正是研究者需要瞭解掌握的，乃亟謀付梓，以供大家利用。二〇一一年底釋文有了新的進展，我又對原來的版本研究作了進一步的補充修正，結果使我能確定漢牘本《蒼頡篇》是《漢書・藝文志》所載的五十五章本的增補本。得此座標，對於其它幾個相關的本子，也有了比以前更明確的認識。六十四字爲一板的那部分漢牘的釋文，經過補充完成後重新加以整理，使我逐漸明白，這種與《蒼頡篇》《史篇》相伴的古書，也是當時的教學課本，故也應是《史篇》的一種。二〇一二年，我又儘可能加了一些注釋，共花了三個多月時間纔完成初稿。此後我又對初稿作了兩次增補修改。在補充修改中，我從《英國國家圖書館藏斯坦因所獲未刊漢文簡牘》一書中獲得許多珍貴的《蒼頡篇》資料，豐富了本書的内容。最後一次也是最重要的一次增補修改是在二〇一三年二月初春節前，我原想利用過年休息時間再下一番工夫，得益於我在上世紀七十年代精讀過段玉裁《説文解字注》和王念孫《廣雅疏證》二書，以及這次利用簡帛資料對讀，研讀的次數多了，對於《蒼頡篇》艱澀的文句，原來不明其義，竟也由淺入深，漸有心得，於是又花了三個多月的時間全力增補，終於得以脱稿。

在我問學的道路上，難忘已故張政烺先生對我的教誨關懷，已故于北辰先生對我的鼓勵幫助，年已八旬的李學勤先生對我的學術研究曾給予鼓勵指教。

對於漢牘《蒼頡篇》《史篇》的問世，爲了慎重起見，中華書局建議請數位專家進行考古論證。爲此，我首先請李學勤先生對這些資料過目，他建議對實物進行鑒定，並説這些資料如果是真的，那就是一個很重要的發現。陝西考古研究院王輝先生看過有關資料後認爲，對漢牘《蒼頡篇》《史篇》的校釋與研究，是有重大意義的。

本書在校對過程中，恰逢《北京大學藏西漢竹書》（壹）即《蒼頡篇》出版，因爲本書成書在即，只能對北大本《蒼頡篇》與漢牘本《蒼頡篇》對校一過，簡單注釋，加入書中。儘管如此，亦感收獲頗豐，因爲釋出了漢牘本若干漫漶難認的字，儘可能減少了誤釋，對個別失序號板確定序號亦得到了依據。同時，對北大本的各篇次序、本子時代均産生了新的認識，已撰文補入書中。凡此增補修改，頗費工夫，但我深信是值得的。

此書的出版，首先要感謝中華書局的領導，由於他們的重視，方得以批準立項和出版；感謝責任編輯陳喬女士，在後期寫作修改過程中，她認真敬業，給予不少幫助。感謝排版的工作人員，耐心細緻地打出這麽多繁難的文字。感謝愛人金英一如既往地支持我進行學術研究，從各方面對我關心照顧，我女兒也在資料方面給我一些幫助，纔能寫成此書。面對這些失傳已久的漢代古籍，個人學殖荒陋，研究中深感綆短汲深，此書難免有謬誤不當之處，竭誠希望方家和廣大讀者予以批評指正。

劉　桓　二〇一八年八月